Trost
aus dem
Jenseits

Bill Guggenheim
Judy Guggenheim

Trost aus dem Jenseits

Unerwartete Begegnungen mit Verstorbenen

Aus dem Englischen
von Maja Ueberle-Pfaff

Weltbild

Die amerikanische Originalausgabe erschien unter dem Titel
Hello from Heaven bei ADC Project, Longwood, Florida.

Dieses Buch ist unserer Freundin und Lehrerin
Elisabeth Kübler-Ross gewidmet und Ihnen für Ihre Offenheit,
über ein ewiges Leben und die ewige Liebe nachzudenken.

Genehmigte Lizenzausgabe für Verlagsgruppe Weltbild GmbH,
Steinerne Furt, 86167 Augsburg

Einzig berechtigte Übersetzung
aus dem Englischen: Maja Ueberle-Pfaff
Gesamtherstellung: Clausen & Bosse GmbH,
Birkstraße 10, 25917 Leck
Printed in Germany
ISBN 3-8289-7354-x

2006 2005 2004 2003
Die letzte Jahreszahl gibt die aktuelle Lizenzausgabe an.

Inhalt

Wenn
eine Raupe
stirbt,
wird
ein
Schmetterling
geboren

Vorwort

«Wie wird man ein Schmetterling?» fragte sie nachdenklich. «Du mußt so sehr fliegen wollen, daß du bereit bist, deine Existenz als Raupe aufzugeben.»
Trina Paulus

Gibt es ein Leben nach dem Tod? Treten wir in einen anderen Daseinszustand ein, wenn wir sterben? Viele Menschen glauben, daß der Tod das Ende ist. Dieses Buch will in ein neues, spannendes Forschungsgebiet einführen, das sich mit der Frage befaßt, ob der Tod vielleicht lediglich ein Übergang von dieser physischen Welt in ein spirituelles Reich ist.

Sie sind eingeladen, die hier gesammelten Berichte aus erster Hand zu begutachten und selbst zu entscheiden, ob es sich um authentische Begegnungen mit verstorbenen Familienangehörigen und Freunden handelt. Wenn dies der Fall ist, können wir neue Gewißheit darüber erlangen, daß wir und die Menschen, die wir lieben, nach dem Tod weiterleben und in einer spirituellen Dimension wieder vereint sein werden.

Wenn Sie dieses Buch mit offenem Geist und offenem Herzen lesen, gelingt es Ihnen möglicherweise, Ihre Angst vor dem Tod beträchtlich zu verringern. Wie der Raupe, die auf die Erde beschränkt ist, kann auch Ihnen eine innere Transformation gelingen, durch die Sie sich wie ein Schmetterling in die Luft erheben. Diese neue Freiheit wird Ihnen gestatten, ein reicheres und fröhlicheres Leben zu führen und größeren Frieden zu empfinden.

1 Das Projekt Nachtod-Kontakte

> Der Tod ist ganz einfach das Heraustreten aus dem physischen Körper, und zwar in gleicher Weise, wie der Schmetterling aus seinem Kokon heraustritt. Der Tod ist ein Hinübergehen in einen neuen Bewußtseinszustand, in welchem man fortfährt zu fühlen, zu sehen, zu hören, zu verstehen, zu lachen, und wo man befähigt ist, weiterhin zu wachsen.
>
> *Elisabeth Kübler-Ross*

Wie eine Raupe, die in ihrem Kokon schläft, stand auch ich vor einer Veränderung; doch zu jener Zeit war ich nicht im mindesten darauf gefaßt. Es war Sommer 1976, und meine Frau Judy und ich lebten in der Stadt Sarasota in Florida.

«Elisabeth Kübler-Ross kommt gleich im Fernsehen», rief meine Frau Judy eines Tages aus dem Wohnzimmer.

«Wer ist denn das? Der Name kommt mir irgendwie bekannt vor.»

«Sie ist die bekannte Ärztin, die mit Sterbenden arbeitet», antwortete Judy.

Diese Antwort weckte nicht gerade meine Neugierde. Wozu sollte ich mir eine Sendung über ein Thema ansehen, mit dem ich mich nur sehr ungern beschäftigte? Als Finanzanalyst und ehemaliger Börsenmakler an der Wall Street war ich ein erklärter Materialist. Mein Hauptinteresse galt dem Dow-Jones-Index und profitablen Investitionen. Meine Vorstellungen von Leben und Tod ließen sich in aller Kürze zusammenfassen: Wenn du tot bist, bist du tot.

Zu meiner Verblüffung entpuppte sich die Sendung jedoch als eine der spannendsten, die ich je gesehen hatte. Die Psychiaterin Dr. Elisabeth Kübler-Ross stammt ursprünglich aus der Schweiz. Ihre Pionierarbeit mit Todkranken hat zahllosen Menschen geholfen, ihre Angst vor dem Sterben und dem Tod zu überwinden.

In der Sendung sprach Elisabeth über die Sterbeerlebnisse, von denen ihre Patienten ihr erzählt hatten und über ihren Glauben an ein Leben nach dem Tod. Sie sprach mit einem solchen Mitgefühl, einer solchen Aufrichtigkeit und Überzeugungskraft, daß ich sehr beeindruckt war.

Nachdem ich auch noch die Wiederholung der Sendung auf einem anderen Fernsehkanal gesehen hatte, überwies ich Frau Kübler-Ross eine Summe zur Unterstützung ihrer humanitären Arbeit. Einige Wochen später bekam ich einen Brief und einige Tonbandkassetten und wurde von Frau Kübler-Ross zu einem fünftägigen Seminar über «Leben, Tod und Sterben» eingeladen, das zu Beginn des folgenden Jahres in Florida stattfinden sollte. Zuerst fühlte ich mich durch diese Einladung sehr geschmeichelt, aber mit der Zeit wurde mir beim Gedanken an das Seminar doch unbehaglich. Seit dem Tod meines Vaters im Jahre 1947 – ich war erst acht Jahre alt – hielt ich den Tod für grausam und schrecklich.

Obwohl ich es mir nicht eingestehen wollte, hatte ich wohl den Tod meines Vaters noch nicht wirklich verarbeitet.

Im November, am letzten Anmeldetag für das Seminar, rief ich im Büro von Frau Kübler-Ross an, um abzusagen. Ich hatte erwartet, einen Mitarbeiter am Apparat zu haben, aber Frau Kübler-Ross nahm selbst ab. Ich dankte ihr für die Kassetten und spulte dann schnell eine fadenscheinige Entschuldigung ab, warum ich am Seminar nicht teilnehmen könne.

Frau Kübler-Ross hörte aufmerksam zu und sagte dann mit ihrem reizenden schweizerischen Akzent: «Mr. Guggenheim, ich meine, Sie sollten kommen.» Es war etwas in ihrer Art, die mich antworten ließ: «Wenn Sie meinen, dann komme ich.»

Mit einer Mischung aus Neugier und Unbehagen fuhr ich im Februar 1977 in das Seminarhaus in North Palm Beach. Aber meine Befürchtungen erwiesen sich als unbegründet, denn in dem Seminar ging es in Wirklichkeit um das Leben und weniger um Tod oder Sterben.

Die siebzig Teilnehmer schlossen sich rasch zusammen und wurden zu einer solidarischen Gemeinschaft, während sie sich gegenseitig ihre Geschichten von Verlust und Schmerz erzählten.

Obwohl ich es damals nicht bemerkte, wurde bei diesem Seminar die Saat für das vorliegende Buch gesät. Es begann alles bei einer Gruppensitzung, in der Maggie, eine Krankenschwester aus Illinois, uns erzählte, daß sie ein Kind verloren hatte. Ihre 15jährige Tochter Joy war von einem Auto überfahren worden.

Maggie berichtete uns von einem Traum, den sie nach dem Tod ihrer Tochter gehabt hatte, aber sie fügte gleich hinzu: «Es war kein gewöhnlicher Traum! Er war ganz real!»

Es war kurz nach Weihnachten, ungefähr dreizehn Monate, nachdem meine Tochter überfahren worden war. Es ging mir schlecht, an jenem Abend hatte ich mich in den Schlaf geweint. Und dann träumte ich, daß Joy zu mir kam. Wir saßen auf einem Baum, auf einem niedrigen, überhängenden Ast. Die Landschaft war sehr hell, und alle Farben waren kräftig und intensiv. Der Baum, das grüne Gras und der blaue Himmel – alles leuchtete.

Joy sah sehr glücklich aus. Sie trug ein hellrosafarbenes, transparentes Gewand. Es war hauchdünn und fließend und hatte lange Ärmel und eine Kordel um die Taille. Es ähnelte keinem ihrer Kleider. Sie saß neben mir, umarmte mich und legte den Kopf auf meine linke Brust. Ich spürte ihr Gewicht, ihren Körper. Dann sagte sie mir, daß sie gehen müsse, aber sie könne wiederkommen. Wie um es zu demonstrieren, schwebte sie weg, kam dann zurück und setzte sich wieder zu mir. Sie zeigte mir, daß meine Trauer nicht notwendig war, weil wir nicht wirklich getrennt sein würden.

Joy tröstete mich. Sie war glücklich, und sie wollte, daß ich auch glücklich bin. Dann umarmten wir uns wieder und blieben noch eine Weile nebeneinander sitzen. Aber schließlich mußte sie gehen.

Ich wachte sehr getröstet auf, weil ich fühlte, daß Joy wirklich bei mir gewesen war. Von da an ging es mir wieder besser, und ich war imstande loszulassen. Für meine Tochter war es an der Zeit weiterzugehen, und für mich war es Zeit, andere Dinge im Leben zu tun.

Es war offenkundig, daß Maggie aufgrund dieses positiven und aufbauenden Erlebnisses mit ihrer verstorbenen Tochter schon ein gutes Stück auf dem Weg zur Heilung zurückgelegt hatte. Weil sie ihre Erfahrung einen «Traum» nannte, betrachtete auch ich ihn als solchen. Manche Menschen träumten eben lebhaft. Aber für mich waren Träume Produkte unseres Unbewußten und weiter nichts. Doch Maggie hatte noch mehr zu sagen. Sie beschrieb eine Begegnung, die ihr 17jähriger Sohn Bob mit seiner Schwester erlebt hatte.

> Das passierte vor meinem Traum, ungefähr sechs bis acht Wochen nach Joys Tod. Derjenige von uns, der wohl am meisten am Boden zerstört war, war mein Sohn Bob. Er war nur zwanzig Monate älter als seine Schwester. Er vermißte sie schrecklich und litt furchtbar. Aus einem der beliebtesten Jungen an der Schule wurde ein Einzelgänger.
> Eines Abends machte er gerade in seinem Zimmer Hausaufgaben, während mein Mann und ich im Wohnzimmer vor dem Fernseher saßen. Plötzlich schrie Bob laut auf, kam zu uns gerannt und sagte: «Mama! Ich habe gerade Joy gesehen!» Er sagte, er habe gelesen, konnte sich aber nicht richtig konzentrieren. Als er hochschaute, sah er Joy vor dem Schrank stehen. Ihr Haar sah so aus wie immer, und sie trug Jeans und ein gestreiftes T-Shirt, das er noch nie an ihr gesehen hatte. Sie sagte nichts zu ihm, aber er meinte, der Ausdruck auf ihrem Gesicht habe ihm gezeigt, daß es ihr gutging, daß alles okay sei.
> Bob sagte, er sei so erschrocken gewesen, daß er sich ein paar Minuten lang nicht rühren konnte. Dann sei er aufgesprungen, aber Joy sei nicht mehr dagewesen.

War das Erlebnis dieses Jungen glaubhaft? War es überhaupt möglich? Konnte ein junges Mädchen im zwanzigsten Jahrhundert irgendwo im Mittleren Westen der USA ihrem Bruder erscheinen, nachdem sie von einem Auto überfahren worden war? Ich dachte darüber nach, aber dann siegte mein Zweifel, und ich schrieb Bobs Erfahrung seiner Trauer, seinem Wunschdenken oder seiner überaktiven Phantasie zu.

Ich erinnerte mich an mein Motto: «Wenn du tot bist, bist du tot.»

Elisabeth Kübler-Ross bestätigte, daß sie von ähnlichen Vorfällen gehört hatte, und zwei Tage später erzählte sie uns einen, den sie selbst erlebt hatte.

Ich war an einem Scheideweg angekommen. Ich meinte, meine Arbeit mit Sterbenden aufgeben zu müssen. An jenem Tag war ich entschlossen zu kündigen und die Klinik und die Universität von Chicago zu verlassen. Es war keine leichte Entscheidung, denn ich liebte meine Patienten wirklich. Nach meinem letzten Seminar über Tod und Sterben ging ich über den Flur zum Lift. In diesem Augenblick trat eine Frau auf mich zu. Sie lächelte mich auf merkwürdige Weise an, als würde sie jeden meiner Gedanken kennen. Sie sagte: «Dr. Ross, ich nehme nur zwei Minuten ihrer Zeit in Anspruch. Wenn Sie nichts dagegen haben, begleite ich Sie zu Ihrem Büro.»

Es war der längste Gang in meinem ganzen Leben. Ich wußte, dies hier ist Mrs. Schwarz, eine Patientin von mir, die vor einem Jahr gestorben und begraben worden ist. Aber ich bin Wissenschaftlerin, und ich glaube nicht an Geister und Spuk! Ich versuchte, sie anzufassen, weil sie etwas wachsartig und transparent wirkte. Nicht daß man die Möbel durch sie sehen konnte, aber sie wirkte auch nicht ganz real. Trotzdem konnte ich sie spüren, als ich sie berührte.

Wir kamen zu meinem Büro, und sie öffnete die Tür. Wir traten ein, und sie sagte: «Ich mußte aus zwei Gründen zurückkommen. Erstens wollte ich Ihnen und Pfarrer G. noch einmal für alles danken, was Sie für mich getan haben. Aber vor allem muß ich Ihnen sagen, daß Sie Ihre Arbeit über den Tod und das Sterben nicht aufgeben dürfen. Wenigstens noch nicht.»

Mir wurde bewußt, daß dies tatsächlich Mrs. Schwarz war. Aber wenn ich das weitererzählte, würde mir niemand glauben. Alle würden denken, ich sei übergeschnappt! Deshalb warf ihr die Wissenschaftlerin in mir einen sehr durchtriebenen Blick zu und sagte: «Wissen Sie, Pfarrer G. würde sich bestimmt über ein paar Zeilen von Ihnen sehr freuen. Hätten Sie etwas dagegen?» Die Wissenschaftlerin in mir brauchte ein Beweisstück, verstehen Sie? Ich brauchte ein Blatt Papier mit ein paar Worten in ihrer Handschrift und hoffentlich sogar ihrer Unterschrift.

Diese Frau konnte meine Gedanken lesen und wußte, daß ich nicht die Absicht hatte, ihren Zettel je Pfarrer G. zu geben. Dennoch nahm sie ein Blatt Papier, schrieb ein paar Zeilen und unterschrieb mit ihrem vollen Namen. Dann lächelte sie mich unglaublich lieb und verständnisvoll an und sagte: «Sind Sie nun zufrieden?»

Schließlich wiederholte sie noch einmal: «Sie dürfen Ihre Arbeit über den Tod und das Sterben nicht aufgeben. Es ist nicht die richtige Zeit dafür. Sie werden es wissen, wenn die Zeit gekommen ist. Versprechen Sie mir das?» Ich versprach es ihr, und sie verließ den Raum.

Kaum war die Tür zu, stürzte ich hinter ihr her, um nachzuschauen, ob es sie wirklich gab. Auf dem ganzen, langen Flur war keine Menschenseele!

Als Elisabeth Kübler-Ross zu Ende gesprochen hatte, waren alle Workshopteilnehmer sprachlos. Es war so still im Raum, daß man eine Stecknadel hätte fallen hören.

Konnte so etwas tatsächlich passieren? Und noch dazu einer berühmten Wissenschaftlerin? Konnte dieses Erlebnis wirklich authentisch sein? Waren auch andere Leute von jemandem kontaktiert worden, der tot und angeblich für immer entschwunden war? Wenn ja, hatte das enorme Konsequenzen!

Elisabeth Kübler-Ross' Geschichte widersprach allem, was ich wußte und verstand und in bezug auf das Leben auf der Erde und das Leben nach dem Tod für wahr gehalten hatte. Sie zwang mich, meine festgefügten Meinungen gründlich zu überprüfen. In meinem Kopf jagten sich Hunderte von unbeantworteten Fragen, für die ich nach logischen Erklärungen suchte.

Dr. Raymond Moody hat in seinem Buch *Leben nach dem Tod* über Sterbeerlebnisse geschrieben, und Elisabeth Kübler-Ross hatte ihn eingeladen, einen Vortrag in unserem Seminar zu halten. Im Anschluß an diesen Vortrag berichteten mehrere

Leute von Nachtod-Erfahrungen, und wir alle waren davon tief berührt.

Am Ende des Seminars war meine persönliche Einstellung, was «wirklich» und «unwirklich» ist, über den Haufen geworfen. Die materialistischen Ziele und Wünsche, die mir beigebracht worden waren und die ich achtunddreißig Jahre lang verfolgt hatte, erschienen mir jetzt, da ich einen Einblick in ein viel größeres und von Wundern erfülltes Universum erhalten hatte, plötzlich oberflächlich. Mir wurde klar, daß ich von einer spirituellen Dimension berührt worden war. Meine inneren Augen und Ohren, mein Herz und mein Geist hatten sich geöffnet, und ich verspürte einen unersättlichen Hunger, dieses Universum näher kennenzulernen, es zu erforschen und es zu einem permanenten Teil meines Lebens zu machen.

Gemeinsam mit meiner Frau beschloß ich, meine eigenen Antworten auf einige der ältesten und tiefsten Menschheitsfragen zu finden: Gibt es ein Leben nach dem Tod? Treten wir in eine andere Dimension oder Existenzebene ein, wenn unser physisches Leben vorüber ist? Treffen wir nach dem Tod wieder mit Familienangehörigen und Freunden zusammen, die vor uns gestorben sind? Ist es möglich, daß Verstorbene, die wir lieben, in Kontakt mit uns treten?

Wir arbeiteten Dutzende von Büchern über das Leben nach dem Tod durch. Manche enthielten Berichte, die denen ähnelten, die wir von Maggie und ihrem Sohn und von Elisabeth Kübler-Ross gehört hatten. Aber niemand hatte bisher das Gebiet gründlich erforscht oder ein ganzes Buch darüber geschrieben. Ja, es gab nicht einmal einen Namen für diese ungewöhnlichen Ereignisse, und so erfanden wir selbst einen. Wir nannten diese Erfahrungen «Nachtod-Kontakte», kurz NTK.

Es stellte sich heraus, daß NTK vermutlich so alt sind wie die Menschheit selbst und daß es Aufzeichnungen gibt, die bereits vor über 2.000 Jahren gemacht wurden. Das folgende Beispiel stammt aus dem Text «Über die Wahrsagung» von Marcus Tullius Cicero, dem bekannten römischen Staatsmann, der von 106 bis 43 v. Chr. lebte:

Als zwei befreundete Arkadier zusammen eine Reise machten und nach Megara gelangten, kehrte der eine bei einem Gastwirt ein, der andere bei einem Gastfreunde. Als sie nach dem Abendessen sich zur Ruhe begeben hatten, kam es dem, der bei seinem Gastfreunde eingekehrt war, so vor, als ob der andere ihn bäte, ihm zu Hilfe zu kommen, da der Wirt ihn mit dem Tode bedrohe. Anfangs erschreckt und aufgestanden, dann aber dieser Traumerscheinung doch keine Bedeutung beimessend, legte er sich wieder nieder. Da aber erschien ihm jener im Schlafe neu und bat, er möchte doch, weil er ihm im Leben nicht zu Hilfe gekommen sei, wenigstens seinen Tod nicht ungerächt lassen: Er sei ermordet worden und von dem Wirt auf einen Wagen geworfen und mit Mist überdeckt worden. Er bitte ihn daher, frühmorgens am Tore zu sein, bevor der Wagen aus der Stadt fahre.

Durch diesen Traum erschüttert, fand der Freund sich rechtzeitig am Tore ein. Als der Wagen kam, fragte er den Knecht, was darauf sei. Der erschrak und floh, der Tote wurde hervorgezogen und der Wirt bestraft.

Durch die Erscheinung seines ermordeten Freundes erfuhr der Reisende vier Dinge, die er davor nicht wissen konnte: daß sein Freund ermordet worden war, wo und wann sein Leichnam gefunden werden konnte und wer das Verbrechen begangen hatte.

Auch die Handlung eines der größten Dramen der englischen Sprache basiert auf einer Nachtod-Erfahrung. In *Hamlet* von William Shakespeare betrauert der junge Prinz Hamlet den Tod seines Vaters, des Königs von Dänemark, der angeblich von einer giftigen Schlange gebissen wurde. Der verstorbene König erscheint Hamlet und enthüllt ihm, daß sein Bruder Claudius ihn ermordet habe, um seine Witwe, Königin Gertrude, heiraten und neuer König von Dänemark werden zu können. Hamlets verstorbener Vater berichtet auch noch, daß Claudius ihm Gift ins Ohr geträufelt habe, als er im Garten schlief, damit es so aussähe, als sei er von einer Schlange getötet worden. Er verlangt von seinem Sohn: «Räch seinen schnöden, unerhörten Mord!» Hamlet schwört, den Tod des Vaters zu rächen, und die Erfüllung seines Versprechens bildet den Rest des Stückes.

Ein anderer Nachtod-Kontakt prägt eine der bekanntesten Geschichten in englischer Sprache, das *Weihnachtsmärchen* von Charles Dickens. Darin kehrt Jacob Marley, der verstorbene Geschäftspartner von Ebenezer Scrooge, zurück und ermahnt diesen eindringlich, seine materialistische Lebensführung aufzugeben und sich in Zukunft barmherziger zu verhalten. Scrooge mißachtet zunächst die Warnung, ändert sich allerdings später doch noch.

Ist es lediglich ein Zufall, daß diese beiden großen Kunstwerke von Nachtod-Kontakten handeln? Oder ist es möglich, daß Shakespeare und Dickens mit zeitgenössischen NTK-Berichten vertraut waren und sie lediglich für literarische Zwecke adaptierten?

Die bekanntesten Nachtod-Kontakte sind natürlich die verschiedenen Erscheinungen von Jesus, die in der Bibel aufgezeichnet sind, und die Marienerscheinungen, von denen Gläubige immer wieder berichten. Aber für die Christen nehmen Jesus und Maria den Status göttlicher Wesen ein, die einzigartige spirituelle Kräfte besitzen, weshalb ihre Nachtod-Erscheinungen mit jener gewöhnlicher Menschen nicht zu vergleichen sind.

Sechs Monate nach dem Seminar flog ich zu einem Vortrag, den Elisabeth Kübler-Ross in Georgia hielt. Dort lernte ich John Audette kennen, der sich mit Sterbeerlebnissen beschäftigt und ein Jahr später einen Verein zur Erforschung von Sterbeerlebnissen gründete. Aus diesem Verein ging 1981 die International Association for Near-Death-Studies (IANDS) hervor, der ich seit ihren Anfängen angehöre.

Während der folgenden Jahre lernten meine Frau und ich durch unsere Verbindung zu IANDS viele Experten kennen. Wir sprachen mit Hunderten von Menschen, die aus eigener Erfahrung von Sterbeerlebnissen, Out-of-body-Reisen, Nachtod-Kontakten und anderen spirituellen Erlebnissen berichten konnten. Viele sagten uns, ein Nachtod-Kontakt habe ihnen großen Trost und Beistand bei der Bewältigung ihrer Trauer beschert. Dies galt insbesondere für Menschen, die gerade erst einen Angehörigen verloren hatten, und jene, deren Erfahrung eine verbale Mitteilung enthielt. Manche versicherten, sie seien mehr als einmal von einer geliebten Person kontaktiert worden.

Nach so vielen Berichten aus erster Hand wollten wir wissen, wie häufig Nachtod-Kontakte in unserer Kultur auftreten. Ist das Verhältnis eins zu einer Million? Eins zu tausend? Eins zu hundert? Wir nahmen an, daß es sich um ein sehr seltenes Phänomen handeln mußte.

Die Zeitschrift *American Health* veröffentlichte in ihrer Januar/Februar-Ausgabe von 1987 die Ergebnisse einer Umfrage, die vom National Opinion Research Center durchgeführt worden war. Konzipiert hatte diese Umfrage Andrew Greeley, ein in den USA bekannter katholischer Priester und Autor. Den Ergebnissen zufolge glauben 42% der erwachsenen Amerikaner, schon einmal mit einem Verstorbenen Kontakt gehabt zu haben. Bei den Frauen bekannten sich sogar 67% zu einer derartigen Erfahrung. Diese Zahlen überraschten uns, denn sie waren viel höher, als wir je vermutet hatten.

Wenn diese Umfrageergebnisse stimmen, stellt sich die Frage, warum so viele Menschen meinen, ihre Berichte mit Worten einleiten zu müssen wie: «Ich erwarte nicht, daß Sie mir glauben...» oder «Sie werden mich wahrscheinlich für verrückt halten, wenn ich Ihnen mein Erlebnis erzähle...» oder «Das wird Ihnen jetzt ganz merkwürdig vorkommen...»

Warum ist es so unangenehm, über so entscheidende Augenblicke unseres Lebens zu sprechen? Warum werden Nachtod-Kontakte nicht offen und frei diskutiert? Warum untersucht man sie nicht als potentielle Beweise für ein Leben nach dem Tod?

Natürlich gibt es für diese Scheu eine logische Erklärung. Obwohl die meisten Menschen, die in Heilberufen tätig sind, schon einmal von Nachtod-Kontakten gehört haben, halten viele von ihnen sie nicht für authentisch. Es hat Tradition, daß Psychologen, Psychiater, Trauerbegleiter, Geistliche und andere derartige Erfahrungen als Wunschvorstellungen, Phantasien, Wunderglauben oder Projektionen verwerfen. Nachtod-Kontakte wurden lange als «von Trauer verursachte Halluzinationen» abgetan.

Eines Nachmittags dann, im Frühjahr 1988, elf Jahre nach Elisabeth Kübler-Ross' Seminar, hatte ich ein merkwürdiges Erlebnis. Ich hörte im Geist eine «Stimme», die zu mir sagte: «Führ eigene Untersuchungen durch und schreib ein Buch. Das ist deine Aufgabe.» Diese Stimme hatte schon einmal zu mir gesprochen:

> Es war ein schwüler, grauer Sonntagnachmittag im März 1980. Als Judy und ich gerade unser Wohnzimmer verließen, hörte ich im Kopf eine ruhige Stimme sagen: «Geh hinaus und sieh in den Swimmingpool.» Ich verspürte keine Dringlichkeit, der Stimme Folge zu leisten, sondern war nur über sie verwundert.
>
> Trotzdem ging ich zurück ins Wohnzimmer und sah durch die Schiebetür hinaus. Unser Pool war durch eine größere Terrasse vom Haus getrennt und mit einem Zaun umgeben. Mir fiel auf, daß die Tür des Zaunes offenstand. Aber das war nicht ungewöhnlich, weil unsere beiden älteren Söhne den Poolbereich als Abkürzung zum Garten benutzten und manchmal vergaßen, die Tür zu schließen.
>
> Ich trat auf die Terrasse, um das Tor zu verriegeln, und warf beiläufig einen Blick in den Pool. Plötzlich stockte mir das Blut in den Adern, und alles schien wie in Zeitlupe abzulaufen. Mitten im Wasser lag unser jüngster Sohn Jonathan. Er war noch keine zwei Jahre alt und konnte nicht schwimmen. Ich rannte zum Pool und sah unseren Kleinen mit dem Gesicht nach oben ein paar Zentimeter unter der Wasseroberfläche treiben. Er bewegte sich nicht, seine Augen waren weit geöffnet.
>
> Ich sprang ins Wasser und zog Jonathan heraus. Er fing sofort an zu weinen und spuckte Wasser. Wie durch ein Wunder war ihm nichts geschehen. Als ich meiner Frau von der Stimme erzählte, wurde uns klar, daß unser kleiner Junge nur Sekunden, bevor mich die Stimme alarmierte, in den Pool gefallen sein mußte.

Als die Stimme mich 1988 aufforderte, ein Buch zu schreiben, vertraute ich ihr, wenn mich auch die Größe und Komplexität des Projekts einschüchterten. Aber schließlich wurde mir klar, daß ich mich seit Jahren auf eine solche Aufgabe vorbereitet hatte und die Zeit, die Mittel und das leidenschaftliche Interesse am Thema aufbrachte.

Doch nach wenigen Wochen wurde ich wieder schwankend, denn ein nagender Zweifel machte sich bemerkbar. Wie konnte ich mir und anderen beweisen, daß Nachtod-Kontakte nicht nur Trauerphantasien sind, wie so viele Fachleute glauben? Wie sollte ich Beweise finden, die demonstrierten, daß solche Erfahrungen wirklich existierten?

Eines Tages, als ich gerade mit meiner Frau das Projekt besprach, klingelte das Telefon. Eine Bekannte, Darcie Miller, die mein Interesse an Nachtod-Kontakten kannte, wollte mir ein ungewöhnliches Erlebnis erzählen. Ihre Mutter, die Krebs hatte und mit Chemotherapie behandelt wurde, war unerwartet im Krankenhaus gestorben. Einige Stunden später besuchte Darcie Rose, die älteste Freundin ihrer Mutter, um sie von dem Tod zu informieren. Doch Rose empfing sie, noch bevor sie etwas sagen konnte, mit den Worten: «Ich habe vor ein paar Stunden etwas ganz Merkwürdiges erlebt. Deine Mutter kam durch die Wand meiner Wohnung und sagte: ‹Ich habe dich immer geliebt und werde dich immer lieben.› Dann war sie wieder weg.» Niemand hatte angerufen oder Rose persönlich mitgeteilt, daß Darcies Mutter gestorben war. Rose hatte diesen Nachtod-Kontakt erlebt, bevor sie vom Tod ihrer Freundin erfuhr.

Darcie Miller hätte zu keiner passenderen Zeit anrufen können. Ich war wieder voller Enthusiasmus, und auch Judy ließ sich anstecken. Da Rose nicht gewußt hatte, daß jemand gestorben war, konnte sie sich auch nicht in einem Zustand der Trauer befunden haben, als sie den Nachtod-Kontakt mit Darcies Mutter erlebte. Und wenn das für einen Menschen zutraf, den wir kannten, dann war es sehr wahrscheinlich, daß auch andere Menschen ähnliche Erfahrungen gemacht hatten. Hier war endlich der erste Beweis, der die Theorie von Nachtod-Kontakten als «Trauerhalluzinationen» widerlegte. Er gab mir die innere Sicherheit, die ich gesucht hatte. Nun konnten Judy und ich an die Arbeit gehen.

Als erstes mußten wir das Forschungsgebiet eingrenzen, um festzulegen, welche Erfahrungen wir in unsere Untersuchung einbeziehen wollten. Wir definierten es folgendermaßen: Ein Nachtod-Kontakt (NTK) ist eine spirituelle Erfahrung, bei der ein Mensch direkt und spontan von einem verstorbenen Familienangehörigen oder Freund kontaktiert wird.

Ein Nachtod-Kontakt ist eine unmittelbare Erfahrung, an der kein Dritter, wie zum Beispiel ein Medium oder Hypnotiseur, beteiligt ist. Der Verstorbene kontaktiert die lebende Person direkt und unmittelbar.

Ein Nachtod-Kontakt ist ein spontanes Ereignis, weil der Kontakt immer vom Verstorbenen hergestellt wird.

Wir haben aus unserer Untersuchung all jene Erfahrungen ausgeschlossen, bei denen Séancen, Alphabettafeln, Kristallkugeln und ähnliches eine Rolle spielten.

Das NTK-Projekt startete im Mai 1988 in Orlando mit 1.000 Fragebögen, 1.000 Visitenkarten, einem Telefonanschluß und einem Postfach. Diane Silkey, die vorher bei einem lokalen Fernsehsender ihre eigene Talk-Show moderiert hatte, führte die ersten Interviews.

Die Hauptfrage lautete: «Sind Sie schon einmal von einem Verstorbenen kontaktiert worden?» Wie viele Menschen würden mit «Ja» antworten und bereit sein, an unserer Untersuchung teilzunehmen? Würden wir fünfzig Gesprächspartner finden? Hundert? Wie lange würde es dauern, das Ziel zu erreichen, das wir uns gesteckt hatten: fünfhundert Interviews? Das NTK-Projekt war in der Tat ein Sprung ins Ungewisse.

Wir fanden praktisch überall gesprächsbereite Interviewpartner – in Trauergruppen, Kirchen, Sterbekliniken, Selbsterfahrungsgruppen, Selbsthilfegruppen, Wohlfahrtseinrichtungen, spirituellen Buchläden und in verschiedenen Seminaren. Allein im ersten Jahr sprachen wir mit über fünfhundert Menschen. Unsere Untersuchung erwies sich als fulminanter Erfolg, der unsere Erwartungen weit übertraf. Sie entwickelte sich weiter, als habe sie ein Eigenleben, und viele Menschen boten uns von sich aus ihre Unterstützung an.

Zu unserer Überraschung stellte sich heraus, daß einige unserer Ausgangshypothesen zu begrenzt waren. Sie mußten erweitert oder durch andere ersetzt werden, um mit der Quantität und Vielseitigkeit der Berichte, die wir erhielten, Schritt zu halten. Auch setzten wir wiederholt die Anzahl der Interviews herauf, da wir von neuartigen Nachtod-Kontakten hörten, die wir bislang nicht berücksichtigt hatten.

Uns öffneten sich Türen, von deren Vorhandensein wir nichts geahnt hatten. Leiter örtlicher Trauergruppen baten uns, vor ihren Mitgliedern über unsere Arbeit zu referieren, und bald entwickelten sich diese Ansätze zu abendfüllenden Vorträgen und sogar Workshops.

Die *Compassionate Friends*, die größte Selbsthilfeorganisation für trauernde Hinterbliebene, lud uns ein, 1989 auf ihrer Jahrestagung in Tampa zwei Workshops abzuhalten. Diane Mason, eine Journalistin der *St. Petersburg Times*, schrieb darüber einen sehr informativen Artikel. Das machte unser Projekt weiter publik. In der Folge erschienen zahlreiche Berichte über unsere Arbeit in den unterschiedlichsten Zeitungen in den gesamten Vereinigten Staaten und in Kanada. Da meist unsere Adresse und Telefonnummer genannt war, erhielten wir Hunderte von Briefen und Anrufen. Sogar aus der Ukraine, Japan und Australien erreichten uns Zuschriften. Unsere Begeisterung kannte keine Grenzen mehr, als uns klar wurde, daß wir uns nicht nur auf einem bislang unerforschten Gebiet der menschlichen Erfahrung betätigten, sondern damit auch Lesern auf der ganzen Welt eine Art erster Orientierungshilfe boten.

Judy und ich sprachen in sechzehn Fernseh- und Radiosendungen in den USA und Kanada, und jede Sendung führte zu weiteren Interviews. Trauergruppen und andere Organisationen veröffentlichten Hinweise über unsere Arbeit in über hundert Rundschreiben und Artikeln. Zahllose Menschen unterstützten unser Vorhaben voller Enthusiasmus.

Besonders beeindruckte uns, als wir auf Menschen trafen, die durch einen Nachtod-Kontakt vor einer Gefahr – zuweilen sogar einer lebensbedrohenden – beschützt worden waren. Manche der Interviewten gaben an, sie hätten sich mit Selbstmordabsichten getragen und seien davon abgekommen, als sich ein verstorbener Angehöriger oder Freund einschaltete.

Viele berichteten, sie seien einem Verstorbenen begegnet,

bevor sie von dessen Tod erfahren hätten, während andere erklärten, daß ihr Kontakt erst zehn oder zwanzig Jahre später stattgefunden habe. Manche hatten mit anderen zusammen einen Nachtod-Kontakt erlebt. Täglich erhielten wir durch Telefon und Post neue Beweise für die tatsächliche Existenz von Nachtod-Kontakten.

Uns wurde immer deutlicher, daß so gut wie alle Betroffenen – auch jene, die sich als eingefleischte Skeptiker bezeichneten – durch einen Nachtod-Kontakt emotionell als auch spirituell stark beeinflußt worden waren. 1993 endlich waren auch wir davon überzeugt, daß in den Berichten, die wir erhielten, authentische Kontakte mit Verstorbenen beschrieben wurden.

Es dauerte insgesamt sieben Jahre, bis das NTK-Projekt zu seinem Abschluß kam. Während dieser Zeit sammelten wir mehr als 3.200 Berichte aus erster Hand, indem wir 2.000 Menschen aus fünfzig amerikanischen Bundesstaaten und den zehn kanadischen Provinzen befragten. Diese Menschen kamen aus allen Lebensbereichen, Berufen und sozialen Schichten. Der Jüngste war acht Jahre, der Älteste zweiundneunzig.

Fast alle Interviewten waren im christlichen oder jüdischen Glauben aufgewachsen. Während der Interviews sprachen manche vom Himmel in seiner traditionell christlichen Bedeutung, andere benutzten das Wort als Synonym für ein künftiges Leben. Wir verwenden das Wort Himmel, wenn wir die höheren spirituellen Bereiche des Lebens nach dem Tod meinen.

Ein Telefoninterview dauerte im Schnitt fünfundvierzig Minuten, wenn auch viele weit über eine Stunde in Anspruch nahmen. Jedem Gesprächspartner wurden eine Reihe von Standardfragen gestellt und darüber hinaus andere, die sich speziell auf die von ihm oder ihr geschilderte Erfahrung bezogen. Da ein Nachtod-Kontakt ein äußerst eindrückliches und denkwürdiges Ereignis ist, konnten sich die Interviewten mit großer Klarheit an die Details ihrer Kontakte erinnern.

In unserer Studie sind nur Berichte aus erster Hand enthalten. Obwohl wir eine ganze Anzahl eindrucksvoller Geschichten über Dritte hörten, ließen wir sie unberücksichtigt, sofern wir nicht die Betroffenen selbst befragen konnten. Weiterhin mußte ein Bericht, um in das Buch aufgenommen zu werden, Parallelen zu mindestens zwei anderen Berichten in unserer Sammlung aufweisen.

Alle Befragten waren zu dem Zeitpunkt ihrer Erfahrung bei guter Gesundheit. Wir akzeptierten einige wenige Ausnahmen, aber dies wird in den Berichten stets vermerkt. Wir schlossen alle jene Nachtod-Kontakte aus, die unter Alkohol- oder Drogeneinfluß stattfanden.

Viele der Befragten drückten die Hoffnung aus, daß die Leser von ihren Nachtod-Kontakten profitieren mögen. Sie wollten anderen die Verwirrung ersparen, die sie ertragen mußten, als nur wenige Verwandte oder Freunde ihren Geschichten Glauben schenkten.

Die Interviewer, die Transkribenten, Judy und ich waren oft zutiefst bewegt, daß fremde Menschen uns ihre höchst privaten und heiligsten Erinnerungen anvertrauten. Bei zahlreichen Gelegenheiten wurden die Interviews sehr emotional, und manche wurden durch Tränen an beiden Seiten des Telefonkabels unterbrochen.

Die Transkripte der Interviews ergeben über zehntausend Seiten. Unsere schwierigste Aufgabe bestand darin, die Nachtod-Kontakte auszusuchen, die die Bandbreite unserer Arbeit am besten repräsentierten. Jeder Bericht wird in den Worten des oder der Betroffenen wiedergegeben, und die Mehrzahl von ihnen enthält auch die emotionellen und spirituellen Auswirkungen auf die Personen. Weil die Erfahrungen für sich selbst sprechen, haben wir beschlossen, unsere Kommentare möglichst kurz zu halten. Auf diese Weise kann man sich unseres Erachtens am besten ein eigenes Bild über die Glaubwürdigkeit von Nachtod-Kontakten bilden.

Wir erwarten nicht, daß unsere Leser mit all unseren Schlußfolgerungen einverstanden sind.

Wir sind oft gefragt worden: «Wie viele Menschen haben einen Nachtod-Kontakt erlebt?» Auf der Basis unserer Befragungen schätzen wir, daß mindestens 50 Millionen Amerikaner beziehungsweise 20% der Bevölkerung der Vereinigten Staaten eines oder mehrere Erlebnisse dieser Art hatten. Um einen Vergleich zu bieten: Umfragen haben ergeben, daß zehn Millionen Amerikaner beziehungsweise 4% der amerikanischen Bevölkerung ein Sterbeerlebnis hatten. Der Prozentsatz von Nachtod-Kontakten ist demnach mindestens fünfmal höher als der von Sterbeerlebnissen. Als Sterbeerlebnis wird eine spezifische außerkörperliche Erfahrung bezeichnet, die Menschen machen, während sie klinisch tot sind, und an die sie sich erinnern können, wenn sie überleben.

Menschen, die ein Sterbeerlebnis hatten, befanden sich an der Schwelle des Todes, und viele behaupten, daß sie eine spirituelle Welt kennengelernt haben, bevor sie in ihren irdischen Körper zurückgekehrt sind. Im Gegensatz dazu wurden alle in diesem Buch beschriebenen Kontakte von Menschen hergestellt, die tatsächlich gestorben sind.

In anderen Teilen der Welt werden Nachtod-Kontakte häufig viel eher als Mitteilungen von Verstorbenen gesellschaftlich akzeptiert. Menschen, die derartige Erfahrungen gemacht haben, können diese mit anderen teilen, und alle profitieren davon, daß offen darüber gesprochen wird. Wir sind der Meinung, daß Nachtod-Kontakte auch in unserer Kultur öffentliches Interesse und Akzeptanz verdienen.

2 Unsichtbare Besucher: Nachtod-Kontakte mit Gegenwartsempfinden

> Wir sind nicht menschliche Wesen, die eine spirituelle Erfahrung machen, sondern spirituelle Wesen, die eine menschliche Erfahrung machen.
>
> *Wayne W. Dyer*

Unsere Befragungen haben ergeben, daß es zwölf Haupttypen oder Formen von Nachtod-Kontakten (NTK) gibt. Am häufigsten hörten wir von Fällen, in denen die Gegenwart eines verstorbenen Familienmitglieds oder Freundes gespürt wurde. Diese Form des Nachtod-Kontaktes wurde als intuitive Wahrnehmung beziehungsweise als inneres Wissen beschrieben, daß der Verstorbene sich im selben Raum oder Umfeld befindet. Dabei stellte sich das unmittelbare, fast körperliche Empfinden von Nähe ein. Die Gegenwart wurde als vertraut empfunden und ließ eindeutig auf die Identität und Persönlichkeit des Verstorbenen schließen. Eine Psychologin erklärte es so: «Jeder hat einen Wesenskern oder ein persönliches Energiemuster, das ebenso einzigartig und unverwechselbar ist wie seine Fingerabdrücke.»

Viele Menschen berichteten, daß sie während eines solchen Nachtod-Kontaktes die Gefühle und die allgemeine Stimmungslage des Verstorbenen spüren konnten. Manche erhielten zusätzlich nonverbale Botschaften.

Die Gegenwart eines anderen zu spüren, ist die am wenigsten greifbare und gleichzeitig subtilste Form von Kontakterfahrung. Die Betroffenen nehmen genau wahr, wann ihre verstorbenen Verwandten und Freunde kommen und wann sie wieder gehen.

Die folgenden Berichte sind typische Beschreibungen dieser Form von Nachtod-Kontakten.

Diane ist 53 und arbeitet als Krankenschwester an einem Sterbehospiz in Ohio. Sie erhielt Besuche von ihrer Großmutter, die achtzehn Monate zuvor an Krebs gestorben war:

Als ich eines Tages am Spülbecken stand, empfand ich auf einmal Wärme, als wäre jemand bei mir. Es war nicht, als sei etwas körperlich neben mir, sondern eher so, als umhülle mich etwas ganz. Ich wußte, es war meine Großmutter!
Zu dieser Zeit war in meinem Leben nichts Besonderes los, und ich hatte auch gar nicht an sie gedacht. Das Erlebnis war auch nicht spektakulär, nur eben so ein Gefühl, daß meine Großmutter bei mir war. Dann hörte es wieder auf, nach weniger als einer Minute.
Ich fühlte mich sehr geborgen und geliebt. Es war wirklich ein sehr schönes Erlebnis.

Unsere Forschungsergebnisse lassen darauf schließen, daß für keine Art von Nachtod-Kontakten besondere Vorbereitungen notwendig oder möglich sind. Menschen machen solche Erfahrungen gewöhnlich, während sie gerade mit ganz alltäglichen Verrichtungen beschäftigt sind, und denken dabei meist nicht einmal an den Verstorbenen.

Marjorie, eine 59jährige Hausfrau aus Florida, hatte etwa zwei Jahre nachdem ihre Mutter an einer Lungenentzündung gestorben war, die folgende Begegnung:

Ich saß auf dem Sofa und las gerade einen Krimi. Plötzlich fühlte ich, daß meine Mutter links neben mir saß. Ich konnte sie weder sehen noch hören, aber ich wußte, sie war da. Ihre Persönlichkeit war so unverkennbar wie zu ihren Lebzeiten.
Es genügte ihr, einfach neben mir zu sitzen. Nichts mußte gesagt werden – unsere Gedanken verschmolzen einfach. Es war ein warmes, sehr angenehmes, freundschaftliches Gefühl.
Es hielt drei oder vier Minuten an, und dann war meine Mutter fort.
Ich war sehr dankbar für diese gemeinsamen Augenblicke.

Nachtod-Kontakte, bei denen eine Gegenwart wahrgenommen wird, können sehr kurz sein oder mehrere Minuten andauern. Ungeachtet ihrer Dauer haben die Betroffenen oft das Gefühl, Wärme und Liebe zu spüren.

Jeffrey, 36 Jahre alt, ist Lehrer und Schriftsteller in Kalifornien. Seine Großmutter nahm nur wenige Stunden nach ihrem Tod an Herzversagen Kontakt mit ihm auf:

> Ich saß im Wohnzimmer und schaute das Bild an, das meine Großmutter immer am liebsten gemocht hatte. Es heißt *Der gute Hirte*, und Jesus hält darauf ein Lamm im Arm. Plötzlich war so etwas wie Sanftheit um mich – ein starkes Gefühl von Frieden, das ich mir nicht erklären konnte. Ich spürte, daß meine Großmutter im Zimmer war. Ihre Gegenwart fühlte sich ganz natürlich und wohltuend an. Ich spürte ihre Gedanken; sie schien mir zu versichern, daß sie glücklich und in Frieden sei. Es war fast so, als wollte sie mir ein letztes Mal Lebewohl sagen, bevor sie weiterging.
> Das dauerte ungefähr zwanzig Minuten, und dann ließ dieser Frieden allmählich nach. Es war tröstlich zu wissen, daß es Großmutter gutging.

In unseren Umfragen berichteten zahlreiche Menschen von einem umfassenden Frieden und Trost während ihrer NTK-Erfahrungen. Auch Menschen, deren Verlust noch nicht lang zurücklag, verglichen dieses Gefühl mit einem «Frieden, der alles Vorstellbare übersteigt».

Lynn, eine 38jährige Friseuse aus Florida, erzählte von einem fast heiteren Erlebnis mit ihrem Freund Fred, nachdem dieser an einem Herzanfall gestorben war:

> Eines Nachmittags goß ich auf der Veranda Blumen. Fred und ich liebten Pflanzen – das war unser gemeinsames Hobby. Beim Gießen kam ich zu einer Pflanze, die er besonders geliebt hatte. Sie sah ziemlich mickrig aus, aber mir lag sie nicht so am Herzen.

Während ich vor der Pflanze stand und dachte, wie kümmerlich sie doch aussah, hatte ich plötzlich das Gefühl, daß Fred bei mir war. Ich wußte, Fred befand sich hinter mir – wenn ich zwei Schritte zurückgetreten wäre, hätte ich gegen ihn stoßen müssen. Das machte mich richtig fröhlich; ich mußte sogar lachen. Dann goß ich weiter.

Die Gegenwart eines Verstorbenen scheint im allgemeinen zweifelsfrei erspürt zu werden, seine Identität eindeutig zu sein.

Ken ist ein 58jähriger Werbefachmann aus Florida. Er erlebte eine erstaunliche Begegnung mit seinem Freund Oscar, der nach einem Schlaganfall gestorben war:

Ich hatte Oscar immer sehr bewundert, obwohl ich ihn nicht häufig sah. Über seinen Tod habe ich eigentlich nicht viel nachgedacht. Nur daß er weg war und daß ich ihn vermissen würde, weil ich nicht mehr mit ihm reden konnte – und solche Dinge.
Ein paar Monate nach seinem Tod ging ich im Büro den Flur entlang, wie ich das tausendmal getan hatte. Plötzlich spürte ich Oscar! Es war kein Tagtraum, und ich hatte nicht mal an ihn gedacht! Ich war auf dem Weg zum Empfang, um einen Besucher abzuholen.
Ich spürte seine Gegenwart – sie war überall um mich her. Es kam mir vor, als sei ich in eine Luftblase eingetaucht, die mit seiner Energie erfüllt war. Freude stieg in mir auf. Es war, als würde ich Oscar wiedersehen! Aber ich ging einfach weiter, während ich leise etwas zu ihm sagte, und dann verschwand er wieder.

Nachtod-Kontakte können überall stattfinden. Sie geschehen zu Hause und bei der Arbeit, im Freien und in geschlossenen Räumen, wenn wir allein sind oder in Anwesenheit anderer.

Nachtod-Kontakte können sowohl kurze als auch längere Zeit nach dem Tod eines geliebten Menschen stattfinden.
Edith, eine Trauerbegleiterin aus Florida, hatte im Zusam-

menhang mit ihrem 65jährigen Patienten Howard, der an einer Rückenmarkserkrankung litt, ein unerwartetes Erlebnis:

> Ich war zu Hause, als die Krankenpflegerin mich anrief und mir sagte, daß Howard im Sterben liege, es aber noch Stunden dauern könne. Seine Frau bat darum, daß ich kommen solle, um sie zu unterstützen. «Natürlich», sagte ich und ging mich umziehen.
>
> Ich stand in meinem begehbaren Kleiderschrank, als ich plötzlich Howards Gegenwart spürte. Er war rechts neben mir. Es ging eine Art Leichtigkeit von ihm aus, viel Freude und das Gefühl von Freiheit. Es kam mir vor, als könne ich in meinem Herzen sein Lebewohl hören und seinen Dank dafür, daß ich mich um ihn gekümmert hatte. Er blieb nicht lange, vielleicht dreißig Sekunden.
>
> Als ich aus dem Wandschrank trat, warf ich einen Blick auf die Digitaluhr. Sie zeigte 4.23 Uhr. Ich zog mich fertig an und fuhr zu Howards Haus. Als ich klingelte, sagte mir seine Frau, daß er um 4.23 Uhr gestorben war.

Edith hatte das Empfinden einer Gegenwart, bevor sie erfuhr, daß ihr Patient gestorben war. Die Zeit ihrer Erfahrung und die tatsächliche Todeszeit stimmten genau überein, wodurch die Authentizität ihres Nachtod-Kontaktes noch zusätzlich erhärtet wird.

Wir haben ein ganzes Kapitel Nachtod-Kontakten gewidmet, die sich ereigneten, bevor die lebende Person vom Tod des geliebten Menschen informiert wurde.

Lori ist eine junge Hausfrau aus Texas. Sie schilderte uns das folgende Erlebnis nach dem Tod ihres zweijährigen Sohnes Kevin, der an AIDS gestorben war:

> Ich fuhr mit meinem Auto zu einer Sitzung des Stadtrats, um mich für mehr Gelder zur AIDS-Beratung einzusetzen. Ich hatte noch nie vor einem solchen Publikum gesprochen und war ein bißchen nervös. Ich stellte das Radio an und hörte zum ersten Mal *Tears from Heaven*, einen Song von Eric Clapton,

den er für seinen Sohn geschrieben hatte, der mit vier Jahren gestorben war.

Während ich den Worten lauschte, spürte ich Kevins Gegenwart. Mir stiegen die Tränen in die Augen und ich begann zu weinen. Während des ganzen Songs spürte ich ihn in meiner Nähe und war von einem überwältigenden Frieden erfüllt. Dann war Kevin nicht mehr da.

Danach war ich imstande, meine Kräfte für den Vortrag zu mobilisieren, weil ich wußte, daß ich nicht allein war. Und alles, um was ich den Stadtrat bat, wurde bewilligt.

Seit diesem NTK mit ihrem kleinen Sohn spricht Lori in vielen High Schools und Vereinen über das Thema AIDS. Ihr persönliches Engagement verleiht Kevins kurzem Leben einen höheren Sinn.

Auch Betty, eine 56jährige Hausfrau aus Florida, hatte nicht erwartet, ihre Mutter drei Jahre nach deren Tod an einer bösartigen Bluterkrankung noch einmal bei sich zu haben:

Ich fuhr die Straße entlang – wie jeden Tag auf dem Heimweg von der Arbeit. Plötzlich war meine Mutter bei mir im Auto! Sie war einfach da. Ich spürte ihre Gegenwart, ihr ganzes Wesen, als säße sie neben mir. Fast glaubte ich, sie berühren zu können! Ich empfand ein unbeschreibliches Gefühl von Wärme, einer liebevollen und tröstlichen Wärme, so als wolle meine Mutter mir zu verstehen geben, daß sie immer für mich da sei.

Es war ein wunderbares Erlebnis. Obwohl es nur kurze Zeit dauerte, schwebte ich danach fast vor Glück.

Irene besitzt in Virginia einen Handwerksbetrieb. Sie erlebte nach sechs Jahren ein Wiedersehen mit ihrer Tochter Tracy, die mit 22 Jahren bei einem Autounfall gestorben war:

Ungefähr um halb sechs Uhr nachmittags waren mein Mann und ich auf einem Feld, das wir besitzen, beschäftigt. Wir hatten sehr angestrengt gearbeitet und waren unten am Teich angelangt. Ich mußte etwas vom Traktor holen und ging mit raschen Schritten, wie ich das immer tue, auf ihn zu. Plötzlich wußte ich, daß Tracy neben mir war! Sie ging mit mir im Gleichschritt – wir marschierten gemeinsam schnell und zielbewußt nebeneinander her. Ich empfand eine überwältigende Liebe und Freude. Es war unglaublich! Es war, als würde ich das Glück mit einem tiefen Atemzug in mich einsaugen.

Es ist, wie wenn jemand neben einem hergeht und man dabei nach vorne schaut. Man weiß, daß der andere da ist. Man fühlt es, und der Körper spürt, daß jemand gegenwärtig ist. Genau das habe ich gefühlt.

Dann merkte ich plötzlich, daß ich wieder allein auf dem Feld war. Ich war ungeheuer froh über dieses Erlebnis und gleichzeitig traurig, daß ich Tracy nicht an der Hand nehmen und mit ihr noch einmal loslaufen konnte.

Das Erstaunliche und Beglückende an einem Nachtod-Kontakt ist, daß er aus völlig heiterem Himmel geschieht, aus keinem erkennbaren Grund und zu keinem erkennbaren Anlaß. Diese spontanen Augenblicke der spirituellen Vereinigung mit einem Verstorbenen können uns mit Freude erfüllen und uns ein inneres Wissen vermitteln, das ein Leben lang anhält.

Lawrence ist Geistlicher der Episkopalkirche und lebt in Virginia. Er war 28, als ihm klar wurde, daß seine Großmutter, die acht Jahre zuvor an einem Schlaganfall gestorben war, ihn immer noch liebte:

Es war zu der Zeit, als unser älterer Sohn geboren wurde. Meine Frau lag schon sehr lange in den Wehen. Schließlich mußten sie einen Kaiserschnitt machen. Die Krankenschwester kam herunter und sagte mir, alles sei in Ordnung.

Als ich zum Lift ging, um zu meiner Frau in die fünfte Etage hochzufahren, war ich dankbar, daß alles gut ausgegangen war. Die Fahrt im Lift war sehr friedlich und still. Ich war allein – das glaubte ich wenigstens! Aber plötzlich war da jemand im Raum, und ich spürte, daß es meine Großmutter Anna war. Es war richtig beruhigend. Ich fühlte, daß sie über die Geschehnisse wachte. Ich sagte zu ihr: «Alles in Ordnung, Oma. Es geht ihnen beiden gut. Es ist ein Junge!» Es war ihr erster Enkelsohn, der den Familiennamen weitertragen würde.

Es ist sehr tröstlich zu wissen, daß es eine Verbundenheit gibt, die nicht aufhört. Die christliche Kirche spricht vom Leben nach dem Tod, und diese Erfahrung hat für mich bestätigt, daß das stimmt. Was der Herr gesagt hat, ist wahr.

Die Vorstellung, daß unsere Angehörigen möglicherweise an den Höhepunkten unseres Lebens anwesend sind, empfinden viele Menschen als beglückend. Lawrence' Nachtod-Kontakt läßt darauf schließen, daß ihr Interesse an unseren Angelegenheiten nicht nachläßt und sie mit liebevoller Fürsorge und Anteilnahme über uns wachen.

Nicht selten treten mehrere Nachtod-Kontakte hintereinander auf. Die folgenden Berichte stammen von Menschen, die mehr als eine Begegnung mit demselben verstorbenen Familienmitglied hatten.

Susan, eine 48jährige Hausfrau aus Florida, begann die Gegenwart ihres Schwiegervaters zu spüren, kurz nachdem dieser an Krebs gestorben war:

Es war sehr spät nachts, und ich saß am Wohnzimmertisch und sah die Rechnungen durch. Plötzlich hatte ich das Gefühl, als wäre ich nicht allein. Ganz stark spürte ich die Gegenwart meines Schwiegervaters. Zuerst war ich überrascht und irgendwie verwirrt. Aber dann beruhigte ich mich schnell, denn ich spürte nichts als Frieden und Wärme. Ich war ganz aufgeregt, daß er da war.

Dasselbe passierte noch zweimal, immer spät nachts. Er wirkte neugierig und um unser Wohlergehen besorgt, und ich hatte den Eindruck, als wolle er bei seinen Besuchen nach dem Rechten sehen.

Dann kam er nicht mehr. Anscheinend waren seine Fragen beantwortet, und er hatte befriedigt festgestellt, daß unsere Familie harmonisch zusammenlebte.

Tom, 42 Jahre alt, besitzt eine Kette von Friseurläden im Südosten der USA. Während einer sehr schwierigen Phase seines Lebens erhielt er mehrfach Unterstützung von seiner verstorbenen Mutter:

> Meine Frau Marilyn starb an Krebs. Während ihrer Krankheit spürte ich, wie meine Mutter sich mir immer wieder näherte, um mir Trost zu geben. Ich konnte ihre Gegenwart nur spüren. Es war nichts weiter als ein Gefühl, aber ich wußte, sie war bei mir. Durch die Liebe meiner Mutter fühlte ich mich nicht so allein. Am Tag, als meine Frau starb, stand ich praktisch unter Schock. Ich war wie gelähmt. Dann brach ich zusammen. Sechzehn Stunden später wachte ich auf und spürte die Gegenwart meiner Mutter so stark, als trauere sie mit mir. Und in gewisser Weise kam es mir vor, als hieße sie Marilyn willkommen.

Es scheint so, als könnten verstorbene Angehörige uns auch weiterhin beistehen, wenn wir sie am meisten brauchen. Sie sind zuweilen eine Quelle des Trostes und der Kraft, auf die wir uns in besonders schwierigen Lebenslagen stützen können.

Eleanor ist Psychotherapeutin und lebt in Washington, D. C. Sie erhielt eine Reihe von Besuchen von ihrem Vater, der während ihrer Schulzeit an einem Herzanfall gestorben war:

> Mein Vater war ein sehr lieber, sensibler und intelligenter Mann. Ich liebte ihn sehr. Er hat viel gelitten in seinem Leben. In den Jahren nach seinem Tod spürte ich immer wieder seine Gegenwart. Ich fühlte sein Wesen in seiner ganzen Tiefe. Es fühlte sich an wie zu der Zeit, als er noch lebte und gesund war. Dieses Gefühl war sehr deutlich, sehr wohltuend und gab mir viel Kraft.
>
> Mein Vater ermutigte mich, mein Leben anzupacken und nicht in Trauer über seinen Tod zu versinken.

Wiederholte Nachtod-Kontakte mit ein- und derselben Person können äußerst segensreich wirken. In der Regel verringern sie unseren Schmerz und beschleunigen unseren Heilungsprozeß.

Manche NTK-Berichte erwähnen die Gegenwart von zwei oder mehr verstorbenen Angehörigen oder Freunden. Auch in solchen Fällen war der oder die Betroffene in der Lage, jedes Individuum separat zu identifizieren.

Nancy arbeitet als Krankenschwester in Alabama. Zwei Jahre nach dem Tod ihres Sohnes Jason an Leukämie brauchte sie dringend Ermutigung:

> Ich erhielt eines Tages einen Anruf von meiner Schwester, die mir sagte, daß Brandon, mein achtjähriger Neffe, mit dem Fahrrad tödlich verunglückt war. Am nächsten Tag flog ich nach North Carolina, um an der Beerdigung teilzunehmen. Ich brachte ein Gedicht mit, das ich bekommen hatte, als mein Sohn Jason gestorben war – es hatte mir über die dunkelsten Stunden hinweggeholfen. Meine Familie wollte, daß ich dieses Gedicht an Brandons Grab las. Aber mir war nicht wohl dabei, weil ich nicht wußte, ob ich den Gottesdienst durchstehen würde. Ich betete und grübelte und bat um Führung und Kraft.
>
> Als ich das Gedicht schließlich las, spürte ich plötzlich die Gegenwart von Jason und Brandon. Jason war links von mir und Brandon rechts. Sie waren da – das stand für mich fest!
>
> Was ich am meisten spürte, war Liebe und Fürsorge und sehr viel Ruhe und Gelassenheit. Intuitiv wußte ich, daß sie mir in dieser schwierigen Situation helfen wollten.

Die Unterstützung der beiden Jungen richtete Nancy innerlich auf und half ihr, bei der Beerdigung ihre Aufgabe zu erfüllen. Später war sie imstande, Brandons Eltern von ihrer Erfahrung zu berichten. Wenn ein Nachtod-Kontakt anderen mitgeteilt wird, kann er für viele Menschen zu einer Quelle emotioneller und spiritueller Heilung werden.

Auch der letzte Bericht in diesem Kapitel läßt vermuten, daß weder Raum, Zeit noch Tod verstorbene Freunde oder Angehörige daran hindern können, uns auch weiterhin ihre Liebe und ihr Mitgefühl zu bekunden.

Sandy ist eine 49jährige Krankenschwester aus Washington. Fünf Jahre nachdem ihr Vater an Krebs gestorben war, änderte sich ihr Leben dramatisch:

> Ich war OP-Schwester in Vietnam. Das folgende passierte zwei oder drei Wochen nach meiner Ankunft in Vietnam im Jahre 1968. Kurz nachdem ich schlafen gegangen war, wurde das Krankenhaus bombardiert. Die Erde bebte und der Lärm war ohrenbetäubend! Ich kroch unter das Bett auf den Betonboden. Mir war sehr kalt, es war unbequem und ich hatte Angst. Plötzlich war mein Vater bei mir! Ich spürte seine Gegenwart und Wärme – ich war umgeben von seiner Liebe und Fürsorge. Ich fühlte mich geborgen in der Gewißheit seiner Stärke und fühlte einen überwältigenden Frieden. Er versicherte mir, daß alles gutgehen würde. Er blieb mehrere Minuten da, dann verließ er mich wieder.
> Dieses Erlebnis hat meinen Glauben gestärkt und mir die Angst vor dem Tod genommen.
> Während meiner Zeit in Vietnam begegnete ich vielen jungen Männern, die schwer verwundet waren oder im Sterben lagen. Der Krieg hörte nicht auf – es wurden immer mehr Verwundete eingeliefert. Ich blieb bei vielen Schwerverletzten, weil es für mich undenkbar war, daß sie allein in einem fremden Land sterben sollten.
> Das Erlebnis mit meinem Vater hat mir geholfen, all das durchzustehen.

Obwohl Sandy von ihrem Vater eine Mitteilung in nichtsprachlicher Form erhielt, war seine Botschaft klar. Zum einen gab er seiner Tochter, was sie in diesem Augenblick brauchte, darüber hinaus jedoch machte er ihr ein Geschenk, von dem sie ihr Leben lang zehren kann, eines, das sie an unzählige verwundete und sterbende junge Männer weitergeben konnte, die mit ihr im Vietnamkrieg gedient hatten.

3 Stimmen und Botschaften: Nachtod-Kontakte mit Gehörwahrnehmungen

Niemand soll den Tod fürchten, denn der Tod des Leibes ist nur ein sanftes Hinübergleiten in ein viel freieres Leben.

Helen Greaves

Häufig werden bei Nachtod-Kontakten auch verbale Botschaften übermittelt. Manche Menschen berichten von einer Stimme, die von außen kommt. Sie hören sie, wie sie jeden anderen Sprecher hören würden.

Die meisten jedoch geben an, daß sie eine Stimme in ihrem Inneren gehört hätten, im Kopf oder in den Gedanken. Aber auch sie waren überzeugt davon, daß diese Stimme von einer Quelle stammte, die außerhalb ihres Körpers lag. Wir nennen dies telepathische Kommunikation.

Ungeachtet dessen, ob die Befragten den Verstorbenen nun von außen oder in ihrem Inneren hörten, klangen die Sprachmelodie und andere typische Merkmale der Stimme stets vertraut. Es war in jedem Falle leicht zu erkennen, um wen es sich handelte.

Im allgemeinen sind die Botschaften, die bei Gehörwahrnehmungen übermittelt werden, kurz und präzise. Man könnte sie mit Telegrammen vergleichen.

Die folgenden Beispiele berichten von Nachtod-Kontakten, bei denen die Betroffenen eine Stimme von außen vernahmen.

Alfred war vor seinem Ruhestand Farmer und Fabrikarbeiter in Nova Scotia, Kanada. Er verlor seinen Sohn Trevor mit 11 Jahren durch Krebs:

Trevor starb um 4 Uhr morgens. Als meine Frau und ich das

Krankenhaus verließen, stieg die Sonne gerade am Horizont auf. Meine Schwester saß mit uns im Auto und sagte: «Ich habe im ganzen Leben noch nie einen so schönen Sonnenaufgang gesehen.»

Gerade als ich zur Sonne aufblickte, hörte ich Trevors Stimme. Er sagte: «Es ist alles in Ordnung, Papa.» Es war seine Stimme, vollkommen klar und deutlich. Ich hörte sie mit meinen eigenen Ohren, so, als säße er auf dem Rücksitz.

Sofort fühlte ich mich friedvoll wie nie zuvor, und dieses Gefühl hielt vielleicht zehn, fünfzehn Sekunden an. Da wußte ich, Trevor war bei Gott, und das mußte der Friede sein, den auch er fühlte.

Obwohl Alfred nur eine kurze Mitteilung erhielt, tröstete ihn dieses Erlebnis ungemein. Es war für ihn von entscheidender Bedeutung, daß er so kurz nach dem Tod seines Sohnes diese wenigen Worte hören durfte.

Philip ist Psychiater und lebt in Kentucky. Völlig überraschend hörte er die Stimme seiner 15jährigen Tochter Tina, die bei einem Autounfall gestorben war:

Tina hatte Freunde in der ganzen Stadt. Wir wußten gar nicht, daß sie so viele andere Jugendliche kannte. Sie war überall bekannt und beliebt. Einer ihrer Freundinnen aus der Kirchengemeinde hatte sie gesagt, wenn sie sterben sollte, hätte sie gerne, daß alle eine Party ihr zu Ehren feiern und nicht traurig sind. Ihre Freunde erzählten uns von diesem Wunsch. Und so trafen sich am Abend nach ihrer Beerdigung zweihundert bis dreihundert Jugendliche bei uns zu Hause, manche mit ihren Eltern. Die Leute standen dichtgedrängt in allen Räumen.

Ich ging gerade unten durch den Flur, als ich Tina sagen hörte: «Ich liebe dich, Daddy.» Ich fuhr herum, weil die Stimme von irgendwo draußen kam.

Ich bin ein erfahrener Psychiater und höre im allgemeinen nicht Dinge, die es nicht gibt. Ich habe meinen Beruf immer nach streng wissenschaftlichen Maßstäben ausgeübt, und darauf war ich nicht gefaßt.

Trotzdem hat diese Erfahrung den Schmerz über unseren Verlust ein wenig gemildert, weil mir deutlich wurde, daß wir sie nicht wirklich verloren haben.

Philip erkannte Tinas Stimme, obwohl sich viele andere Menschen gleichzeitig in seinem Haus aufhielten.

Sherrie, eine 31jährige Personalberaterin aus Washington, wurde Witwe, als ihr Mann Scott mit 37 an einem Aneurysma im Gehirn starb:

Ungefähr drei Wochen später, an Weihnachten, schlief ich im Wohnzimmer von Freunden. Es war ungefähr drei oder vier Uhr morgens. Ich wurde durch ein Geräusch wach. Es war Scotts Stimme, so klar wie früher. Ich erkannte sie sofort. Seine Mitteilung kam eindeutig von außen. Er sagte: «Du brauchst dich nie zu fürchten. Du wirst immer die Menschen um dich haben, die dir guttun.» Er sagte das mit einer solchen Überzeugung, daß mir schien, als wisse er mehr darüber als ich. Nach dieser Botschaft fühlte ich, daß alles gut werden würde, auch wenn Scott nicht mehr da war.

Dieses Erlebnis hat wirklich viel für mich verändert. Eine große Last wurde von mir genommen.

Scotts Stimme klang so kräftig und lebendig, daß sie Sherrie aus dem Schlaf aufweckte. Und er sprach mit einer solchen Überzeugung, daß seine Mitteilung ihr die emotionelle Unterstützung gab, die sie brauchte, um ihr Leben weiter aktiv zu gestalten.

Die nächsten drei Berichte stammen von Menschen, die bei einem Nachtod-Kontakt mittels Telepathie die Stimmen verstorbener Angehöriger oder Freunde hörten. Sie nahmen die Botschaft nicht durch den Gehörsinn, sondern auf direktem Wege in ihre Gedanken auf.

Donald ist Englisch-Professor an einer Universität in New Jersey. Die Begegnung mit seinem 27jährigen Sohn Jeff, der, drei Wochen nachdem er von einem betrunkenen Autofahrer angefahren worden war, starb, hatte eine durchaus spielerische Komponente:

Eines Morgens, zwei bis drei Monate nach seinem Tod, lag ich im Dunkeln und dachte über Jeffs letzte Stunden und Minuten nach. Ich sagte laut: «Wie ist es dir ergangen? Wie ist es dir ergangen?» Ich legte meine ganze väterliche Liebe in diese Frage. Lange blieb es still. Dann hörte ich im Kopf ganz deutlich die Stimme meines Sohnes; er sprach im Dialekt von Minnesota: «Ooo-kay.»

Ich war unglaublich erleichtert! Jeff hatte genau ins Schwarze getroffen!

Im Laufe meiner akademischen Karriere waren wir viel im Land herumgekommen. Dialekte nachzuahmen gehörte deshalb in unserer Familie seit Jahren zum Standardhumor. Wir hatten uns immer gemeinsam Garrison Keillors *A Prairie Home Companion* angehört und uns köstlich über den Minnesota-Dialekt amüsiert. Besonders glücklich war ich, daß die Mitteilung so humorvoll war und an alte Zeiten erinnerte. Die Tatsache, daß Jeff frei genug war, auf eine Art herumzualbern, die ich sofort erkannte, machte den Kontakt mit ihm noch wertvoller.

Dieser Nachtod-Kontakt verdeutlicht, wieviel auch noch die kürzeste Botschaft aussagen kann.

Karen ist Assistenzprofessorin an einem College in Hawaii. Die Trauer um ihren 41jährigen Bruder Walt, der von einem betrunkenen Autofahrer bei einem Frontalzusammenstoß getötet worden war, wurde gelindert, als sie Walts Stimme hörte:

Fünf Monate nach dem Tod meines Bruders fuhr ich nach einem Abendseminar nach Hause. Ich dachte nicht einmal an ihn. Plötzlich, ganz unvermittelt, hörte ich seine Stimme in meinem Kopf. Das war Telepathie – ich erkannte seine Art zu sprechen. Er sagte: «He, kleine Schwester. Mach dir keine Sorgen mehr um mich. Alles ist in Ordnung.» Meine Reaktion war: «Walt! Walt, bist du das?» Es ging alles so schnell, daß ich dachte, ich hätte es mir eingebildet.

Dann, vielleicht ein oder zwei Minuten später, erhielt ich noch eine Mitteilung: «Mein Unfall ist nicht von Bedeutung. Er ist nicht wichtig. Hör auf zu grübeln.»

Das war die Antwort auf viele meiner Ängste. Ich hatte mir um Walt Sorgen gemacht, weil er so plötzlich und gewaltsam gestorben war.

Man mag sich fragen, warum Nachtod-Kontakte so häufig in Autos vorkommen. Vielleicht liegt es daran, daß wir uns beim Fahren entspannen, wenn wenig Verkehr herrscht und wir allein sind. Wir schalten sozusagen auf «Autopilot», während wir die gewohnten, oft wiederholten Handgriffe ausüben, und gleiten dadurch in einen halbmeditativen Bewußtseinszustand. In solchen Phasen sind wir vermutlich offener und eher bereit, einen Nachtod-Kontakt zuzulassen.

Carla arbeitet als Lehrerin in North Carolina. Achtzehn Monate nachdem ihre Tochter Amy mit 5 Jahren an einem Gehirntumor gestorben war, ereignete sich folgendes:

Gewöhnlich halte ich am Grab meiner Tochter an, wenn ich in der Nähe bin. Es war Valentinstag, und ich fühlte mich ein bißchen schuldig, weil ich nichts für Amys Grab hatte. Deshalb beschloß ich, nicht anzuhalten. Ich bemühte mich, an etwas anderes zu denken und einfach nach Hause zu fahren. Doch als ich am Friedhof vorbeikam, hörte ich eine sehr kräftige Stimme. Sie kam nicht von außen, aber ich konnte sie ganz deutlich hören. Amy sagte: «Keine Sorge, Mama. Ich bin nicht dort. Mir geht es gut. Ich bin bei Opa und den anderen Leuten, die vor mir gestorben sind.»

Meine Tochter wollte nicht, daß ich Trivialitäten wie Blumen auf dem Grab so wichtig nahm. Sie ließ mich wissen, daß sie es mir nicht übelnahm und ich mich nicht um sie zu sorgen brauchte. Dieses Erlebnis brachte mir wirklichen Frieden.

Während Carla bedauerte, daß sie ihrer Tochter am Valentinstag nichts mitgebracht hatte, war im Grunde sie es, die ein unschätzbares Geschenk erhielt. Viele trauernde Hinterbliebene hören ganz ähnliche Aussagen: Ihre Angehörigen existieren in einem neuen Leben weiter, und auf dem Friedhof wurde nur ein leerer, unnützer Körper begraben.

Viele der Berichte, die wir hörten, waren von komplexerer Natur, es traten zwei oder mehr Arten von Nachtod-Kontakten parallel auf. Wir nennen dieses Phänomen einen kombinierten Nachtod-Kontakt. In den folgenden Berichten beispielsweise wurde sowohl eine Gegenwart gespürt als auch eine Stimme gehört.

Patricia ist Kundenberaterin bei einer New Yorker Bank. Sie schilderte einen Nachtod-Kontakt mit ihrem Ehemann Herbert, der im Alter von 59 Jahren an den Folgen eines Emphysems gestorben war.

> Als Herbert starb, weinte ich ein ganzes Jahr lang jeden Tag, weil ich ihn so vermißte und mir solche Sorgen um ihn machte. Er war nicht nur mein Mann, er war auch mein allerbester Freund.
>
> Kurz nach dem ersten Jahrestag seines Todes passierte es, daß ich schlief und Herberts Stimme mich weckte. Er rief «Patsy, Patsy.» Ich hörte es ganz deutlich. Als ich ganz wach war, hörte ich ihn sagen: «Mir geht es gut. Alles in Ordnung. Ich fühle mich wohl.» Ich hatte das starke Gefühl, daß er mir sagen wollte, ich solle mir keine Sorgen mehr um ihn machen. Ich fühlte, daß Herbert ganz nah war und durch irgendeine Gnade mit mir in Verbindung treten konnte. Ich hörte seine Stimme deutlich. Er atmete nicht mehr mühsam, seine Stimme klang wieder normal und gesund, wie vor seiner Krankheit.
>
> Ich finde keine Worte, mit denen ich die Ruhe beschreiben könnte, die über mich kam. Es war ein wahrer Segen und fühlte sich wundervoll an.

Vicki ist eine 36jährige Abteilungsleiterin aus Florida. Sie wurde von ihrem Vater, der mit 65 Jahren unerwartet an einem Herzanfall gestorben war, getröstet und ermuntert:

> Ich war nicht bei meinem Vater, als er starb, deshalb habe ich seinen Tod wohl auch schwerer verkraftet als alle anderen. Ich bekam zwei Wochen frei, um mich zu erholen. Am Abend des ersten Arbeitstages nach dem Urlaub fuhr ich nach Hause, und der Damm brach. Ich weinte und weinte und mußte am Straßenrand anhalten. Ich legte den Kopf auf das Lenkrad und weinte hemmungslos. Nach ungefähr zwei Minuten spürte ich direkt im Auto eine Gegenwart. Ich fühlte mich von einer Wolke aus Liebe umschlossen und hörte laut und deutlich die Stimme meines Vaters. Er klang hochgestimmt und sagte: «Mir geht's gut! Ich bin glücklich! Kümmere dich nur um deine Mutter.» Es war, als säße er neben mir.
> Es war ein Wunder, eine wahre Wohltat! Ich war so von Liebe und Freude durchdrungen, daß mein ganzer Kummer sich auflöste. Ich wußte, mein Vater hatte Frieden gefunden, und von da an war ich ein neuer Mensch.

Vickis Vater zeigte sich, als sie besonders niedergeschlagen war, und reagierte damit auf ihren Herzenswunsch. Ihr NTK-Erlebnis zeigt, wieviel Liebe und Zuneigung die Verstorbenen ihren Familienmitgliedern, die noch auf der Erde leben, auch weiterhin entgegenbringen.

Peggy ist 50 Jahre und arbeitet als Zeitungsreporterin in Arkansas.

> Meine Großmutter wollte unbedingt bei ihrer Schwester leben, obwohl sie beide schon über neunzig waren. Als sie nicht mehr für sich selbst sorgen konnten, holte meine Mutter sie zu sich. Mutter tat alles Erdenkliche für sie. Aber in den letzten sechs Monaten ihres Lebens beklagte sich Großmutter über alles. Nichts behagte ihr mehr – weder das Essen noch ihre Kleider, überhaupt nichts. Meine Mutter war schließlich erschöpft und brachte sie widerstrebend in ein Pflegeheim, wo sie ungefähr einen Monat später starb.

Meine Großmutter kam am Tag nach ihrem Tod zu mir. Ich saß im Wohnzimmer, als ich plötzlich von ihrer Gegenwart umgeben war wie von einer Wolke aus Liebe. Es war wunderschön!

Sie sagte telepathisch: «Ich möchte, daß du deiner Mutter sagst, wie sehr ich zu schätzen weiß, was sie alles für mich getan hat. Sie soll wissen, wie dankbar ich war, obwohl ich das nicht ausdrücken konnte, solange ich lebte. Ich möchte, daß du ihr das sagst.»

Oma war so reizend! Sie glich überhaupt nicht mehr der Person, die wir gekannt hatten – der alten Dame mit den vielen Wehwehchen, der man es nie recht machen konnte. Jetzt, da sie ihren Körper verlassen hatte, kam eine völlig andere Seite meiner Großmutter zum Vorschein. Also richtete ich meiner Mutter aus, was meine Großmutter mir aufgetragen hatte. Und sie war sehr gerührt.

Peggys Nachtod-Kontakt ist ein Beispiel dafür, wie ein Verstorbener nach dem Tod etwas «Unerledigtes» in Ordnung bringt. Wir haben eine ganze Anzahl von Berichten, in denen Verwandte oder Freunde zurückkehrten, um ihren Dank abzustatten oder sich zu entschuldigen, weil sie vor ihrem Tod ihre Angelegenheiten nicht geregelt hatten.

Mario, 87 Jahre alt, ist pensionierter Zuckerhändler und lebt in Florida. Über den Kontakt mit seiner verstorbenen Frau berichtet er:

Nina und ich waren siebenundfünfzig Jahre verheiratet. Wir trafen uns unter sehr romantischen Umständen, und zwei Stunden später waren wir unrettbar verliebt und blieben es auch. Nach ihrem Tod schlief ich eines Nachts tief und fest in unserem Schlafzimmer. Plötzlich spürte ich, wie Nina neben dem Bett stand. Dann hörte ich ihre Stimme in meinem Kopf sagen: «Ich bin jetzt im Himmel, ob ich das nun verdiene oder nicht. Daß ich mein ganzes Leben lang kleine Kinder geliebt habe, hat meine anderen Sünden aufgewogen. Ich habe die Erlaubnis erhalten, zurückzukehren und dir zu sagen, daß ich hier geduldig auf dich warte. Die Zeit ist hier bedeutungslos, deshalb brauchst du dich nicht zu beeilen. Nimm dir soviel Zeit, wie du willst, bevor du die Erde verläßt. Ich werde geduldig warten, bis der Tag kommt, an dem du bei mir bist. Dann werden wir in ewiger Umarmung vereint sein.» Und damit schwand sie wieder aus meinem Bewußtsein.

Ich fühlte eine starke Verbindung, eine angenehme Sicherheit, daß der Tod uns nicht getrennt hatte, daß Nina und ich wieder zusammenkommen würden.

Ninas Versprechen ist eines von vielen in diesem Buch, die darauf hindeuten, daß wir unsere Angehörigen und Freunde wiedersehen werden, wenn wir sterben. Dies scheint die Grundaussage fast aller Nachtod-Kontakte zu sein.

Die nächsten beiden Berichte bezeugen, daß die Kommunikation auch in zwei Richtungen funktionieren kann. Anscheinend sind Verstorbene in der Lage, Gedanken zu lesen und telepathisch auf unsere geheimsten Regungen zu reagieren.

Beth, eine 56jährige Schriftstellerin aus Florida, erlebte den folgenden Nachtod-Kontakt mit ihrem Vater Norman, der an einem Herzinfarkt gestorben war:

In der Nacht, in der mein Vater starb, lag ich im Bett und spürte doch tatsächlich auf einmal seine Gegenwart! Er sagte: «Hallo, Schatz!» Ich fragte: «Daddy, geht's dir gut?» Er antwortete: «Schatz, es ist gar nicht schlimm. Sterben ist kinderleicht.» Ich war so durcheinander, daß ich überhaupt nicht wußte, was ich sagen sollte. Mein Vater sprach weiter: «Ich stand einfach auf, und da war Carl! Er schüttelte mir die Hand und sagte: ‹Hallo, Norman. Schön, dich zu sehen!› Carl und ich haben als kleine Kinder miteinander gespielt, aber ich habe ihn schon seit Jahren nicht mehr gesehen. Da waren lauter Leute, die ich jahrelang nicht gesehen hatte, und Carl stellte mich allen vor.»

Ich lag da und weinte vor Freude und sagte: «Oh, das ist ja wunderbar!» Dann sagte mein Vater: «Ich wollte nur, daß du es weißt. Mach dir keine Sorgen um mich.» Ich sagte: «Danke,

Daddy.» Es lief alles telepathisch ab, und das war dann das Ende.

Ich schlief sehr, sehr glücklich ein. Ich wollte alles gerne meiner Familie erzählen, aber ich wußte, sie würden mich für verrückt halten. So behielt ich es für mich und wärmte mich innerlich daran.

Beths Bericht legt die Möglichkeit nah, daß der Tod der Beginn einer «Heimreise» sein könnte. Wenn dem so ist, können wir bei der Ankunft erwarten, alle Menschen wiederzusehen, deren Verlust wir je betrauert haben.

Sam, ein 90jähriger Schriftsteller und Künstler aus Idaho, berichtete von mehrfachen Begegnungen mit seiner verstorbenen Frau:

Meine Frau Grace hat schon oft Kontakt mit mir aufgenommen. Ich hatte lange Gespräche mit ihr. Ich stellte ihr Fragen, und ihre Antworten hörte ich dann in meinem Kopf.

Ich stand zum Beispiel eines Tages am Herd und spürte sie dicht neben mir. Ich fragte sie: «Willst du mir einen Rat geben?» Und sie sagte: «Räum jetzt gleich das Haus auf.» Es klang wie ein Befehl. Deshalb sagte ich: «Okay, mache ich.» Ich fing an aufzuräumen, und als ich einigermaßen fertig war, klingelte es an der Haustür. Drei ihrer besten Freundinnen aus Studententagen kamen überraschend zu Besuch. Mir war klar, daß Grace gewußt hatte, daß sie kommen würden, und mich vorgewarnt hatte. Ich war vollkommen verblüfft!

Zahlreiche Leute, die über längere Zeiträume telepathische Kontakte zu einem verstorbenen Verwandten oder Freund haben, erzählten uns, daß sie von ihnen Ratschläge bekamen, und zwar nicht nur in wichtigen Lebensfragen, sondern auch in ganz gewöhnlichen Alltagssituationen.

Die folgenden Berichte zeugen davon, daß die Verstorbenen sich weiterhin für unser Leben interessieren und uns auf verschiedenste Weise helfen können.

Norma ist Abteilungsleiterin und lebt in Kansas. Sie schilderte einen erstaunlichen Besuch von ihrem Mann Earl, kurz nachdem dieser mit 54 Jahren an einem Herzanfall gestorben war:

> Wir wohnten auf einem kleinen Grundstück am Stadtrand. Meine Mutter und mein Vater waren bei mir gewesen, als mein Mann starb, und dann fuhren sie wieder zurück nach Nebraska. Ich hatte noch nie alleine gelebt. In jener Nacht kam ein ganz schlimmer Schneesturm auf. Der Wind heulte und pfiff! Etwas schlug gegen das Haus, und ich war wie gelähmt vor Schreck! Ich hatte solche Angst, mir war ganz schlecht.
> Plötzlich schien mir, als stünde Earl, mein Mann, an meinem Bett. Ich sah ihn nicht, aber ich spürte ihn. Er sagte: «Du brauchst dich nicht zu fürchten, weil dir nichts geschehen wird.» Ich hörte ihn mit meinen eigenen Ohren.
> Ich wurde sofort ruhiger und entspannte mich. Dann schlief ich ein und hatte keine Angst mehr.

Norma fand ihr seelisches Gleichgewicht wieder, nachdem ihr verstorbener Mann eingegriffen hatte.

Lois, eine Hausfrau aus Nebraska, erhielt von ihrem Mann Ray, der mit 33 Jahren unerwartet nach einem Schlaganfall starb, einen nützlichen Hinweis:

> Am Tag, nachdem Ray gestorben war, hörte ich morgens seine Stimme, die sagte: «Ich habe vergessen, das Geld zur Bank zu bringen! Es steckt in meiner Jackentasche. Hol es lieber gleich und steck es in deinen Geldbeutel.» Es klang, als stünde er rechts hinter mir.
> Ich sah in seiner Jackentasche nach, und da war das Geld! Über dreihundert Dollar! Wir hatten am Nachmittag vor seinem Tod meinen Kombi verkauft. Ray hatte das Geld eingesteckt und es eigentlich auf unser Konto einzahlen wollen. Ich wußte nicht, daß er noch nicht bei der Bank gewesen war.

Dieser Bericht ist ein gutes Beispiel für einen Nachtod-Kontakt mit Beweiskraft. Lois erfuhr etwas, das sie vorher nicht gewußt hatte und auch nicht hätte wissen können, wenn ihr verstorbener Mann es ihr nicht mitgeteilt hätte.

Martha lebt als Ärztin im Südosten der USA. Auch sie erhielt einen wichtigen Fingerzeig von ihrem Mann, der vor seinem Tod Augenarzt gewesen war:

> Ungefähr zwei Jahre nach Alans Tod hatte ich fast täglich starke Kopfschmerzen, was für mich sehr ungewöhnlich war. Ich war nicht krank – ich hatte nur dauernd Kopfschmerzen. Eines Tages saß ich auf dem Sofa und las. Sehr deutlich hörte ich im Geist Alans Stimme: «Kein Wunder, daß du Kopfschmerzen hast. Deine Brille taugt nichts! Geh zu Dan King und laß sie dir korrigieren.»
> Dan King ist ein sehr guter und kompetenter Optiker und ein persönlicher Freund. Am nächsten Tag ging ich in sein Geschäft und erzählte ihm von meinen Kopfschmerzen. Er sah die Brille an und erkannte, daß ein Glas höher saß als das andere, weil der Rahmen verbogen war. Er bog ihn zurecht, und meine Kopfschmerzen verschwanden.
> Ich war so erleichtert, daß Alan mein Problem gelöst hatte!

Alans Eingreifen ist ein Beispiel für einen Nachtod-Kontakt, bei dem der Verstorbene eine zutreffende Diagnose stellt und eine angemessene medizinische Behandlung empfiehlt. Weitere Berichte folgen in einem späteren Kapitel.

Ruth ist Hausfrau und lebt in Florida. Sie erfüllte den Wunsch ihres Enkelsohnes Thomas, der elf Monate zuvor mit 18 bei einem Autounfall gestorben war:

> Eines Tages sagte meine Tochter Sally: «Mutter, ich will nichts zu meinem Geburtstag. Bitte schenke mir nichts. Alles, was ich will, ist Thomas, und ihn kann ich nicht haben.»
> Am Morgen ihres Geburtstags, um 7.45 Uhr, fuhr ich zu Sallys Büro, um ihr wenigstens eine Glückwunschkarte zu geben.

Wenige Straßen vor ihrem Büro hörte ich Thomas' Stimme in meinem Kopf: «Oma, würdest du bitte meiner Mutter eine rote Rose zum Geburtstag kaufen?»
Ich sagte: «Oh, Tommy!» Und dann fing ich an zu weinen und sagte: «Natürlich kaufe ich ihr eine Rose.» Er sprach weiter: «Und sag Mama, daß ich sie liebe.»
Ich fuhr also zu einem Blumenladen, aber der öffnete erst um 9 Uhr. Ich fuhr zum nächsten, zum übernächsten und so weiter. Keiner hatte schon geöffnet.
Um 8.15 Uhr meldete sich Thomas wieder: «Bitte, Oma, kauf mir eine rote Rose für meine Mutter!»
Ich fuhr in Richtung Süden. Er sagte: «Dreh um. Fahr nach Norden.» Das tat ich, und zehn Häuserblocks weiter entdeckte ich ein Schild mit der Aufschrift «Blumengeschäft». Ich kannte es nicht einmal, weil es abseits der Hauptstraße lag.
Inzwischen war es 8.25 Uhr, und da sah ich, wie eine Dame den Schlüssel in die Ladentür steckte – obwohl das Geschäft auch erst um 9 Uhr öffnen sollte. An der Eingangstür hing ein Schild: «Sonderangebot – Rote Rosen! 1 Dollar das Stück!» Ich kaufte eine rote Rose, und dann war Thomas fort.
Ich ging in Sallys Büro und gab ihr die Rose. Auf das Begleitkärtchen hatte ich «Thomas» geschrieben. Sie sah mich an, und wir brachen beide in Tränen aus. Ich sagte: «Thomas hat mich darum gebeten. Er hat mir sogar gezeigt, wo ich sie kaufen sollte.» Meine Tochter war einfach hingerissen!

Hin und wieder kann es geschehen, daß uns ein Verstorbener um einen persönlichen Gefallen bittet. Weil Ruth den Mut hatte, auf die Botschaft ihres Enkelsohnes zu reagieren, konnte sie seiner Mutter zum Geburtstag ein ganz besonderes Geschenk überreichen.

Der letzte Bericht in diesem Kapitel stammt von Debbie, einer 36jährigen Stewardeß aus Florida. Eine Woche nachdem ihre Mutter an Krebs gestorben war, vernahm sie eine entschiedene Warnung:

Ich besuchte in Virginia meine beste Freundin Donna, deren Tochter Chelsea gerade sechs Monate alt war. Donna hatte ihre Tochter schlafen gelegt, und ich wollte schnell zum Supermarkt fahren und Lebensmittel kaufen.

Als ich gerade aus dem Haus ging, hörte ich Mutters Stimme telepathisch, aber sehr klar: «Du mußt nach dem Baby schauen!» Ich glaubte, daß ich mir das alles nur einbildete, und verscheuchte den Gedanken.

Ich ging also durch die Tür, und da hörte ich meine Mutter ein zweites Mal: «Du mußt nach dem Baby schauen!» Ihre Stimme klang frisch und lebhaft.

Ich drehte mich um und ging zurück in Chelseas Kinderzimmer. Als ich die Tür aufmachte, fiel ich fast in Ohnmacht! Das Baby war schon ganz blau! Sie war völlig in ihre Decke eingewickelt und von einer anderen zugedeckt, die sie zu sich heruntergezogen hatte. Ich hob sie hoch und fürchtete schon, ich käme zu spät. Aber sie holte einmal tief Luft und stieß einen markerschütternden Schrei aus. Ich weiß noch, daß ich mich in Tränen aufgelöst mit ihr auf den Boden setzte und sagte: «Mein Gott! Danke, vielen Dank, Mama!»

Wir haben ein ganzes Kapitel schützenden Begegnungen gewidmet, in denen Menschen vor größerem Schaden bewahrt wurden oder ihnen ein Nachtod-Kontakt sogar das Leben rettete.

Nachtod-Kontakte, bei denen Menschen Verstorbene hören, helfen ihnen, ein Gefühl der Verbundenheit mit den Toten aufrechtzuerhalten. Ob sie nun eine Botschaft erhalten oder eine Warnung vor Gefahr – wenn sie die Stimme des Verstorbenen hören, können sie sich der nicht nachlassenden Sorge um ihr Wohlergehen sicher sein.

4 Tröstliche Berührungen: Nachtod-Kontakte mit Tastwahrnehmungen

Der Tod ist lediglich eine Veränderung des Lebensstils.

Stephen Levine

Dieses Kapitel enthält Berichte von Menschen, die von einer körperlichen Berührung seitens eines verstorbenen Familienmitglieds oder Freundes erzählen. Derartige Kontakte geschehen eher selten. Die Wahrnehmungen wurden in der Regel beschrieben als leichtes Klopfen, sanfte Berührung, Streicheln, als zarter Kuß oder tröstlicher Arm um die Schulter bis hin zur regelrechten Umarmung. Jede wirkte auf ihre Weise hilfreich und beruhigend. Die Betroffenen erkannten die verstorbenen Personen mit Leichtigkeit an deren vertrauter und individueller Form der Annäherung.

Eine Berührung ist eine sehr intime Art von Kontakt, und offenbar finden taktile Nachtod-Kontakte auch nur zwischen Menschen statt, die eine sehr enge Beziehung hatten. Verstorbene Angehörige oder Freunde kehren zurück, um ihre Zuneigung zu zeigen und den Lebenden Mut zu machen.

Taktile Nachtod-Kontakte kommen zwar auch als Einzelphänomen vor, häufiger jedoch treten sie in Verbindung mit anderen NTK-Typen auf.

Die ersten fünf Berichte in diesem Kapitel sind repräsentative Beispiele für taktile Nachtod-Kontakte.

Joyce ist Hausfrau und lebt in New Brunswick, Kanada. Ihre kleine Tochter Megan war fast vier, als sie nach einer Operation am offenen Herzen starb:

Einige Wochen nach Megans Beerdigung war ich eines Abends sehr bedrückt und ging früh ins Bett. Ich lag da und weinte. Plötzlich spürte ich, wie eine kleine Hand sachte meine Wange berührte. Ich dachte: «Mein Gott, das ist Megan!» Ihre kleinen Finger fühlten sich weich und glatt an. Ein überwältigendes Gefühl von Frieden und Ruhe überkam mich. Ich spürte, Megan wollte mir zeigen, daß es ihr gutging.

Manchmal kann die kleinste Hand den größten Trost bieten.

Barbara ist bei einer großen Firma in Illinois für die Öffentlichkeitsarbeit zuständig. Der Besuch ihres 19jährigen Freundes Brian, der bei einem Autounfall gestorben war, half ihr, ein Tief zu überwinden:

Eines Abends, ungefähr zwei Wochen nach Brians Tod, war ich sehr traurig und dachte an ihn. Er war mir nahegestanden wie ein Bruder.
Urplötzlich fühlte ich, wie eine Hand mir die Haare verwuschelte, genau wie Brian das früher immer getan hatte. Ich fuhr richtig zusammen, denn es hielt sich sonst niemand in der Wohnung auf – ich war allein.
Ich spürte, daß Brian mich trösten und aus meinem Schmerz herauslocken wollte. Ich lächelte und sagte: «Okay, Brian. Ich versuche es, ich gebe mir Mühe.» Und das tat ich auch.

Brian gab Barbara das perfekte Signal, das ihr ermöglichte, ihren Schmerz hinter sich zu lassen und nach vorne zu blicken.

Mike, der in Kalifornien für eine Baufirma arbeitet, hat seine 15jährige Tochter Laura bei einem Autounfall verloren:

Zwei Tage nachdem meine Tochter getötet wurde, lag ich auf dem Sofa im Wohnzimmer und schlief. Ungefähr zehn oder fünfzehn Minuten nach dem Einschlafen wurde ich von Lauras Kuß geweckt. Ich wußte genau, sie war da! Sie küßte mich auf die Lippen – ich spürte, wie sie mich küßte! Ich wußte

ohne jeden Zweifel, daß meine Tochter mir diesen Kuß gab, um mir zu zeigen, daß es ihr gutging. Alles, was Laura zu sagen hatte, war in diesem Kuß enthalten.
Es war sehr tröstlich für mich – ich war so froh! Das war das Wunderbarste, was ich je erlebt habe!

Lauras liebevoller Kuß sprach direkt zum Herzen ihres Vaters. Diese Erfahrung verdeutlicht, daß auch ein ganz kurzer taktiler Nachtod-Kontakt eine große Heilkraft besitzen kann.

Dot, 57 Jahre alt, ist Familientherapeutin und Erzieherin in Washington. Sie erhielt völlig unerwartet Besuch von ihrem Vater, der fünf Jahre zuvor an Krebs gestorben war:

Ich saß in meinem Büro am Schreibtisch. Es war ein ganz gewöhnlicher Arbeitstag, und ich mußte mich gerade sehr konzentrieren.
Plötzlich dachte ich: «Was war denn das?» Dann wußte ich plötzlich: «Das war Daddy!» Er hatte seine Wange gegen meine gepreßt, und genau so hatte er uns als Kinder immer geküßt, vor allem, als wir noch klein waren. Es war so echt – keine Frage, daß er das war.
Ich fing an zu lachen und sagte: «Aha, ich sollte mir wohl sicher sein, daß du es bist!» Es war ein sehr angenehmes Erlebnis, sehr zärtlich und liebevoll. Ich genoß es sehr.

Die Verstorbenen suchen sich offenbar ganz pragmatisch die besten Methoden aus, um uns ihre Gefühle zu übermitteln. Dots Vater wählte eine Berührung, die seinen Kindern vertraut war, so daß ihn seine Tochter auch fünf Jahre nach seinem Tod noch zweifelsfrei identifizieren konnte.

Rosemary, eine Krankenschwester aus Ontario, Kanada, spürte eine deutliche Berührung von ihrem 12jährigen Sohn Mark, der an den Folgen eines Unfalls auf dem Spielplatz gestorben war:

Im Sommer nach dem Tod meines Sohnes stand ich an der Terrassentür und blickte in den Hof hinaus. Ich dachte an die

Zeit, als Mark noch ganz klein gewesen war. Plötzlich legte mir Mark eine Hand auf die linke Schulter. Es war eine sehr leichte, sanfte Berührung. Ich hatte das Gefühl, von etwas Warmem und Tröstlichem umhüllt zu werden. Ich wurde ganz heiter und ruhig. Es war das erste Mal, daß ich nach seinem Tod so etwas wie Frieden fand. Das Gefühl hielt gut und gerne fünf oder zehn Minuten an. Ich blieb stehen, um es nicht zu vertreiben.

Ich wußte, Mark ging es gut, und er nahm sich meiner an. Das überzeugte mich davon, daß mein Sohn noch existiert – irgendwo.

Rosemary fühlte sich «von etwas Warmem und Tröstlichem umhüllt», sobald ihr Sohn ihr die Hand auf die Schulter gelegt hatte. Vielleicht erhielt sie so etwas wie einen direkten Zufluß an spiritueller Energie, die über die anfängliche Berührung des Verstorbenen hinaus andauerte.

Die folgenden Berichte schildern Nachtod-Kontakte, bei denen sowohl eine Gegenwart wahrgenommen als auch eine Berührung gespürt wurde.

Evelyn, die früher in Florida als Kindergärtnerin gearbeitet hat, konnte sich nicht damit abfinden, daß ihr Mann Charles mit 35 Jahren an einer rheumatischen Herzerkrankung gestorben war:

Ein Jahr nach dem Tod meines Mannes ging ich auf den Friedhof. Es ging mir nicht gut, ich weinte und war ganz mit mir und meinen Gefühlen beschäftigt. Ich fühlte mich so verlassen mit meinen drei Kindern, die ich allein aufziehen mußte.

Plötzlich spürte ich Charles links neben mir stehen. Ich spürte seine Gegenwart, seine Nähe. Ich war völlig verblüfft, weil er seinen Arm um mich gelegt hatte und seine Hand auf meiner rechten Schulter lag. Ich spürte, daß er mich tröstete.

Das dauerte höchstens fünf Sekunden, aber danach fühlte ich mich viel besser. Ich faßte wieder Mut und konnte nach Hause gehen.

Viele Witwen fühlen sich verlassen und sind verzweifelt oder sogar zornig über den Tod ihres Mannes, vor allem dann, wenn sie kleine Kinder zu versorgen haben. Obwohl Evelyns Nachtod-Kontakt nur wenige Sekunden anhielt, vermittelte ihr Charles' Umarmung die wichtige nonverbale Botschaft: «Du bist nicht allein. Ich bin für dich da.» Dies war das mitfühlende Verständnis, das sie in diesem Augenblick brauchte.

Cathy arbeitet in einer Nervenklinik in New Hampshire. Für sie brachte der kurze Augenblick der Nähe zu ihrer 15jährigen Tochter Theresa, die bei einem Autounfall umgekommen war, die entscheidende Wende:

> In den Monaten danach tat mir ständig das Herz und der ganze Körper weh – ich wußte einfach nicht, wie ich weiterleben sollte. Eines Tages lag ich mit dem Gesicht zur Wand auf dem Bett. Ich wäre am liebsten gestorben. Plötzlich spürte ich, daß Theresa hinter mir auf der Bettkante saß. Sie fing an, mir über Stirn und Haare zu streichen, wie ich es so oft bei ihr getan hatte. Ich fühlte ihre Anwesenheit ganz deutlich – und auch die Energien, die von ihr ausgingen. Es dauerte etwa eine Minute, und dann entfernte sie sich allmählich.
> Ich war über diese Begegnung überglücklich, und sie gab mir meinen Lebensmut wieder.

Bei diesem Nachtod-Kontakt erlebte Cathy zu einer Zeit, als die Trauer sie fast zerstört hatte, eine Art Rollentausch. Dieselbe zärtliche Geste, mit der sie Theresa so oft ihre Zuneigung gezeigt hatte, empfing sie nun ihrerseits von der verstorbenen Tochter.

Paul, ehemals Sergeant in der US-Armee, lebt in Florida. Nach dem Tod seines 14jährigen Sohnes Keith durch einen Autounfall fühlte er sich durch dessen stille Gegenwart sehr gestärkt:

> Nach der Beerdigung meines Sohnes fuhren wir vom Friedhof weg. Meine Mutter saß am Lenkrad und meine Frau neben ihr. Ich saß allein auf dem Rücksitz.

Da spürte ich Keith direkt neben mir. Er legte den Arm um meine Schulter und ließ ihn die ganze Heimfahrt über da liegen. Ich fühlte, wie sein Körper sich gegen meinen lehnte, und spürte seine Wärme. Ich entdeckte, daß alles in Ordnung war. Ich empfand Frieden, Ruhe und Trost. Das blieb etwa zwanzig Minuten so, bis wir in unsere Einfahrt einbogen, und dann war Keith fort. Ich habe nicht den geringsten Zweifel daran – ich weiß ganz genau, daß das wirklich wahr ist!

Nichts ist für trauernde Eltern einsamer als die lange Fahrt vom Friedhof zurück nach Hause. Welch ein Trost, in so einer Situation die Erfahrung eines Nachtod-Kontaktes machen zu dürfen.

Linda, eine 45jährige Sozialarbeiterin aus New York, erlebte eine wohltuende Begegnung mit ihrer Mutter, die an Krebs gestorben war:

Meine Mutter und ich waren nicht gut miteinander ausgekommen, und das hatte mir immer leid getan. Nur in den letzten Monaten ihres Lebens verstanden wir uns. Als sie starb, war ich sehr traurig darüber, daß wir all diese Jahre keine gute Beziehung zueinander gehabt hatten.
Nach ihrer Beerdigung lag ich zusammengerollt im Wohnzimmer und betrauerte meinen Verlust. Ganz plötzlich fühlte ich, daß meine Mutter irgendwie im Zimmer schwebte, rechts von mir. Zuerst glaubte ich an eine Halluzination. Aber dann legte sie die Arme um mich und tröstete mich. Sie legte sich um mich wie eine große, daunenweiche, warme Wolke und wiegte mich wie ein verängstigtes kleines Kind. Ich hatte lange, lange geweint, und sie beruhigte mich wieder. Ihre Umarmung gab mir Kraft und Energie, und sie dauerte, glaube ich, ungefähr fünfzehn Minuten.
Ich wußte, es war meine Mutter. Ich wußte es einfach! Und ich bin sehr dankbar darüber, daß sie mir geholfen hat, meinen Kummer zu bewältigen.

Die Trauer über etwas, das wir nie hatten, wie eine für beide

Seiten befriedigende Eltern-Kind-Beziehung, ist nach einem Todesfall äußerst schwer zu überwinden. Ein Nachtod-Kontakt kann uns die Gelegenheit bieten, uns endlich und endgültig mit dem Verstorbenen auszusöhnen. Weitere Beispiele für derartig heilsame Erfahrungen folgen in späteren Kapiteln; manche von ihnen ereigneten sich erst viele Jahre nach dem Tod des Elternteils oder Verwandten.

In den nächsten beiden Berichten kommen Menschen zu Wort, die sowohl eine Berührung fühlten als auch eine Stimme hörten.

Janice, 38, wohnt in Florida und berät Menschen in Lebenskrisen. Zehn Jahre nach dem Tod ihres Großvaters an Herzversagen genoß sie noch einmal seine Zuneigung:

> Ich war mitten in der Nacht aufgestanden und ins Wohnzimmer gegangen. Es war 3 Uhr morgens, und ich legte mich auf die Couch und weinte, weil ich nicht wußte, wie es in meinem Leben weitergehen sollte. Ich hatte kein rechtes Ziel mehr, wußte nicht mehr, was ich überhaupt wollte. Ich war voller Selbstzweifel und Verwirrung. Während ich weinte, fühlte ich auf der linken Gesichtshälfte eine Berührung – jemand kniff mich in die Wange! Es war eine liebevolle kleine Geste, die mich sofort an meinen Großvater erinnerte. Als ich noch ein Kind war, kam Opa häufig zu mir und kniff mich in die Wange. Das war ganz typisch für ihn. Und nun sagte er noch zu mir: «Alles wird wieder gut werden. Geh ins Bett.» Das klang für mich ganz logisch. Ich hatte keinerlei Zweifel, und ich hatte so etwas auch nicht bewußt gesucht. In diesem Augenblick fühlte ich mich aufgerichtet und getröstet. Mein Selbstvertrauen kehrte zurück, und ich ging sofort wieder ins Bett.

Nur eine einzige Person hatte Janice je auf diese besondere Art in die Wange gekniffen. Selbst zehn Jahre nach dem Tod ihres Großvaters erkannte sie ihn an dieser kleinen Eigenheit wieder.

Sarah arbeitet als Zahntechnikerin in Colorado. Sie und ihre

Familie erlebten einen ergreifenden Moment der Verbundenheit mit ihrem 24jährigen Sohn Andrew, der mit dem Motorrad tödlich verunglückt war:

> Vor Andrews Beerdigung stand ich in der Küche. Kyle, unser zweiter Sohn, kam zu mir herüber und legte den Arm um mich. Dann kam auch Doug, mein Mann, dazu, und wir nahmen ihn in unsere Umarmung auf. Während wir schweigend zusammenstanden und uns die Tränen über das Gesicht liefen, spürten wir einen leichten Druck, eine zarte Berührung auf unseren Schultern. In meinem Herzen wußte ich, das war Andrew – und Doug und Kyle ging es ebenso! Wir spürten alle die Wärme seiner Umarmung und seine Liebe. Und in Gedanken hörte ich Andrew sagen: «He, Leute, alles okay.»
> Es dauerte nicht länger als dreißig Sekunden, und dann waren die Wärme und der Druck nicht mehr da. Aber Andrews Umarmung hatte uns ein letztes Mal zu einer vollständigen Familie gemacht.

In diesem Fall waren drei Menschen gemeinsam an dem Nachtod-Kontakt beteiligt. Weiter hinten folgt ein ganzes Kapitel über NTK, die von zwei oder mehr Menschen bezeugt werden, die sich zur selben Zeit am selben Ort aufhielten.

In den nächsten beiden Berichten werden Nachtod-Kontakte wiedergegeben, bei denen sich Hören, Wahrnehmung von Gegenwart und Berührung verbinden.

Ellen ist Hausfrau und lebt in Oklahoma. Sie wurde Witwe, als ihr Mann Harry mit 60 Jahren an einem Herzanfall starb:

> Eine Woche nach Harrys Tod war ich gerade am Einschlafen, als ich plötzlich das Gefühl hatte, unser Collie wolle sich aufs Bett legen. Ich streckte den Arm aus, um ihn wegzuschubsen. Aber da merkte ich, daß es gar nicht der Hund war. Ich fragte: «Harry?»
> Ich fühlte, wie sich mein Mann neben mich auf das Bett legte

und mich in die Arme nahm. Dann legte er den Kopf auf meine Schulter. Ich war von einem Frieden erfüllt, den ich so noch nie erlebt hatte.

Harry las meine Gedanken, und ich konnte seine lesen und verstehen. Er gab mir Zuversicht. Ich glaubte ihn zu hören: «Mir geht es gut. Ich weiß noch, wer ich war und was ich wußte und fühlte. Ich werde ich selbst bleiben und weiter lernen und mein Leben gestalten. Aber ich werde hier auf dich warten, wenn du kommst.»

Es war wundervoll! Ich hatte so etwas wahrhaftig nicht erwartet! Ich hatte mich gefragt, wie es ihm ging und was er wohl tat. Jetzt genügte es mir zu wissen, daß Harry irgendwo zufrieden existierte, und ich schlief friedlich ein.

Harrys beruhigende, liebevolle Worte versicherten seiner Witwe, daß er sie erwarten würde, wenn sie in ein anderes Leben weiterging. Die Erfahrung überzeugte Ellen davon, daß es tatsächlich ein Leben nach dem Tode gibt, auf das sie sich freuen kann und in dem sie ihren verstorbenen Mann wiedersehen wird.

Gail arbeitet als Krankenschwester in Pennsylvania. Sechs Wochen nachdem ihre beiden Söhne Matt, 26, und Eric, 24, bei einem Autounfall gestorben waren, gab ihr ein Nachtod-Kontakt neue Hoffnung:

Jeden Abend setzte ich mich auf die Verandastufen und weinte endlos. Es war so schrecklich, ich konnte gar nicht mehr aufhören. Eines Nachts, Mitte Oktober, blickte ich zum Mond hoch, als ich plötzlich eine starke Wärme spürte. Ich fühlte Matt links und Eric rechts von mir, und beide hatten ihre Arme um meine Schultern gelegt. Ich wußte, daß Matt links saß, weil er viel größer war – Matt war 1,90 Meter und Eric 1,75 Meter. Ich hörte sie sagen: «Mama, es ist alles in Ordnung. Uns geht es prima. Mach dir keine Sorgen. Alles wird gut werden.» Ich empfand einen inneren Frieden, wie ich ihn seit ihrem Tod nicht mehr empfunden hatte. Es war, als würde eine Last von mir abfallen.

Ich war so erleichtert, als sie sagten, daß es ihnen gutginge und daß ich nicht soviel trauern sollte. Das war für mich der Wendepunkt, danach schlief ich allmählich wieder besser.

Wenige Menschen können sich die Verzweiflung von Eltern vorstellen, die den Tod von zwei oder mehr Kindern erleiden mußten. Gail wurde auf dreifache Weise getröstet – sie erfuhr, daß beide Söhne den körperlichen Tod überstanden hatten, daß sie noch zusammen waren und daß es ihnen gutging. Dieser Nachtod-Kontakt gab ihr den inneren Frieden wieder, weil so viele ihrer Fragen eine Antwort gefunden hatten.

Der letzte Bericht in diesem Kapitel illustriert, daß das Alter bei Nachtod-Kontakten keine Rolle spielt.

Mary ist 30 und arbeitet als Atemtherapeutin in Florida. Ihr Leben änderte sich durch eine kleine Patientin namens Nicole:

Ich arbeitete auf der Intensivstation der Neugeborenenabteilung, und Nicole war neun Monate bei uns. Sie hatte eine chronische Lungenerkrankung und mußte ständig versorgt werden. Ich schloß sie ins Herz. Ich hatte gerade selbst einen persönlichen Verlust erlebt, deshalb kümmerte ich mich besonders intensiv um Nicole und wurde ihre wichtigste Bezugsperson in der Klinik. Außerdem freundete ich mich mit ihrer Mutter an.

Nicole hatte eine ganze Reihe von chronischen Krankheiten; je mehr sie untersucht wurde, desto mehr fand man. In der Nacht, in der Nicole starb, hielten ihre Mutter und ich sie beide in den Armen.

Als ich nach Hause kam, war ich sehr niedergeschlagen. Ich warf mich unruhig im Bett hin und her und konnte nicht einschlafen. Plötzlich merkte ich, wie ein Gefühl von Frieden mich umgab – ein unbeschreiblicher Friede. Und ich spürte Nicoles Gegenwart – tief drinnen war ich mir ganz sicher. Ich hatte das Gefühl, daß Nicole mich berührte und mich richtig in die Arme schloß, ganz fest. Sie sagte mir, sie wisse, wer ich sei und daß ich mich um sie gekümmert hatte. Und sie sagte auch, sie liebe mich.

Nicole gab mir Frieden. Sie hat mich getröstet, obwohl sie nur ein Baby war. Ich fühlte mich viel besser und war beruhigt, daß sie an einem besseren Ort angekommen war.

Menschen, die von Berufs wegen oder als freiwillige Helfer mit Sterbenden zu tun haben, sind gefühlsmäßig oft sehr stark engagiert. Ein NTK kann dann nach dem Tod eine Art Zu-Ende-Führen bedeuten und sie wieder in die Lage versetzen, ihren Dienst und ihre Fürsorge anderen zukommen zu lassen.

Die vertraute Berührung eines Verstorbenen ist greifbarer und intimer als alle anderen Arten von Nachtod-Kontakten. Taktile NTK sind eine bleibende Erinnerung an ihre Liebe und Zuneigung.

5 Der Duft der Erinnerung: Nachtod-Kontakte mit Geruchswahrnehmungen

Eine Rose wird auch im Himmel noch eine Rose sein, aber sie wird zehnmal süßer duften.

Meg Woodson

Die Berichte in diesem Kapitel befassen sich mit Nachtod-Kontakten, bei denen Gerüche wahrgenommen wurden, die von den Betroffenen mit einem bestimmten Familienangehörigen oder Freund assoziiert wurden. Derartige Kontakte finden relativ häufig statt. Typische Düfte sind Parfüms, Duftwasser oder After-shaves, Rosen und andere Blumen, aber auch Nahrungsmittel, Getränke oder Tabak. Die Bandbreite ist praktisch unbegrenzt.

Während einer solchen Nachtod-Begegnung erleben Menschen, daß sie einen Duft wahrnehmen, der deutlich nicht zu ihrer Umgebung paßt. Der Raum ist plötzlich mit einem bestimmten Geruch erfüllt, dem keine konkret vorhandene Quelle zuzuordnen ist.

Unter Umständen können auch zwei oder drei Menschen gleichzeitig diesen Geruch riechen. Tatsächlich ist dies die Art von NTK, die am häufigsten von mehreren Menschen gleichzeitig erlebt wird.

Ein Kontakt mit Geruchswahrnehmung kann als separates Phänomen auftreten oder in Verbindung mit den bereits dargestellten anderen Formen von Nachtod-Kontakten.

In den folgenden Berichten nahmen die Betroffenen einen ihnen bekannten Geruch wahr und assoziierten ihn intuitiv mit einem verstorbenen Angehörigen.

Kathryn, eine Hausfrau aus Virginia, deren Mutter mit 75 Jahren an Krebs gestorben war, erzählt:

Eines Nachmittags, nur wenige Wochen nach dem Tod meiner Mutter, lag ich schluchzend auf dem Bett. Plötzlich war das Zimmer vom Duft grüner Äpfel erfüllt! Ich hörte augenblicklich auf zu weinen und setzte mich auf, die Nase in die Luft gereckt wie ein Vorstehhund. Ich mußte nicht lange überlegen, was das wohl sein könnte! Das ganze Schlafzimmer roch nach diesem wunderbaren Aroma! Der Apfelduft durchzog den ganzen Raum und wurde auch nicht schwächer. Er blieb eine ganze Minute oder noch länger.
Meine Mutter hatte ein herrliches Raumspray, das sie zu Hause benutzte, und das roch nach grünen Äpfeln. Ich habe es nie anderswo gerochen. Ich mochte es sehr und habe immer großes Getue darum gemacht, wie phantastisch ich es finde. Es war der einzige Geruch, den ich mit meiner Mutter in Verbindung bringe – und mit absolut niemandem sonst. Ich wußte, es war ein Zeichen von ihr, mit dem sie mir helfen wollte, mich zusammenzunehmen. Ich war so dankbar für diesen Kontakt, er half mir ungemein.

Gerüche üben eine starke Wirkung auf unsere Gefühle aus und können unsere Stimmung deutlich verändern. Kathryns Mutter wählte den einen Duft, den ihre Tochter nur mit ihr allein assoziierte, und er erzielte umgehend den gewünschten Erfolg.

Brenda ist Sozialarbeiterin in Virginia. Ihr Mann Russell war 42, als er an einem Herzanfall starb:

Russell und ich hatten immer gesagt: Wer zuerst stirbt, soll einen Weg finden, sich mit dem anderen in Verbindung zu setzen. Und das geschah dann auch!
Drei oder vier Wochen nach Russells Tod saß ich am Schreibtisch und arbeitete. Und auf einmal roch es unglaublich intensiv nach Rosen! Der Duft war so stark, als stünde ein Rosenstrauß auf dem Schreibtisch, direkt vor meiner Nase. Ich wußte, das kam von Russell! Ich sah mich im Büro um,

aber es standen nirgends Rosen. Niemand sonst roch sie – nur ich. Der Duft blieb ziemlich lange in der Luft, und ich fühlte einen vollkommenen, tiefen Frieden.
Russell hatte mir früher zum Geburtstag, zu anderen Anlässen und manchmal auch ohne Grund Rosen ins Büro geschickt. Ich wußte intuitiv, daß er sie mir auch diesmal geschickt hatte, um auf diese Weise seine Liebe zu zeigen.

Pat ist Maklerin in der kanadischen Provinz British Columbia. Ihr Sohn Bryce wurde mit 21 beim Überqueren einer Straße von einem betrunkenen Autofahrer getötet:

Ungefähr sechs Monate nach Bryce' Tod saß ich in der Küche und las die Zeitung. Plötzlich roch es um mich herum durchdringend nach Blumen! Mein erster Gedanke war, daß jemand Blumen ins Haus gebracht hatte. Ich schaute mich um, aber da war niemand, und ich wußte, ich hatte keine gekauft. Der Blumenduft blieb gute fünf Minuten in der Luft. Ich konnte die Quelle nicht entdecken, aber wo immer ich hinging, überall roch es nach ihnen. Es schienen Maiglöckchen zu sein.
Dann begriff ich: «Das ist Bryce!» Es war Muttertag, und das war ein Geschenk von meinem Sohn! Es war seine Art zu sagen: «Mama, ich bin noch da. Ich bin bei dir. Ich denke an dich, besonders heute am Muttertag.»

Dies ist einer der vielen Fälle, bei denen ein Nachtod-Kontakt mit Geruchswahrnehmung an einem speziellen Tag stattfindet. Sie demonstrieren, daß die Liebe und Fürsorge unserer verstorbenen Angehörigen und Freunde nicht aufhört und besonders an Tagen, an denen wir sie am meisten vermissen und am traurigsten sind, erneut zutage tritt.

In den nächsten drei Berichten gaben die Betroffenen an, daß sie einen Duft wahrnahmen und gleichzeitig spürten, daß der Verstorbene nahe bei ihnen war.

Elizabeth ist Maklerin und lebt im Südosten der USA. Acht

Jahre nachdem ihre Großmutter mit 98 Jahren gestorben war, kehrte diese während eines bemerkenswerten NTK noch einmal zurück:

> Ich saß auf einem Sessel und stillte mein Baby. Plötzlich spürte ich einen kalten Windhauch. Meine Großmutter trug immer ein Parfüm, das sich Blue Waltz nannte – eine ganz alte Marke. Das Zimmer füllte sich mit diesem Duft, und ich wußte, sie ist da. Ich hatte das überwältigende Gefühl, daß sie mir ihre Liebe schenkte.
> Mein kleiner Junge hörte auf zu saugen und öffnete die Augen. Er drehte den Kopf in die Richtung, in der ich meine Großmutter vermutete, und gluckste leise.
> Sie war vielleicht fünfzehn Minuten da. Ich erzählte ihr, daß ich glücklich und gesund sei und wie sehr ich mich über ihr Kommen freute. Ich wußte, sie war ganz aufgeregt, weil mein Baby ihr erstes Urenkelkind war.

Viele Frauen tragen über Jahre ein bestimmtes Parfüm, das man ihre «Erkennungsmarke» nennen könnte. Diese machte es anderen sehr leicht, sie zu identifizieren, wenn sie zurückkehrten, so wie es Elizabeth erging, als ihre Großmutter ihr einen kurzen Besuch abstattete.

Elizabeths kleiner Sohn hat die Anwesenheit seiner Urgroßmutter möglicherweise auch entdeckt. Obwohl wir es nicht mit Sicherheit wissen, lassen mehrere Berichte darauf schließen, daß sehr kleine Kinder mehr wahrnehmen, als man im allgemeinen für möglich hält.

Sharon, 34 Jahre alt, arbeitet als Pressereferentin in Florida. Auf den Besuch ihrer Großmutter, die an Altersschwäche gestorben war, reagierte sie mit Heiterkeit:

> Meine Großmutter hatte einen ganz eigenen Geruch – er gehörte irgendwie zu ihr. Manchmal ist das bei älteren Leuten so. Ihrer war wunderbar – überhaupt nicht unangenehm. Es war ein feiner, tröstlicher Großmuttergeruch, ein bißchen Lavendel war mit dabei. Sie benutzte beim Baden immer

Lavendelseife und bewahrte Stücke in ihren Wäscheschubladen auf. Ich hatte diesen Duft zum letzten Mal bei ihr zu Hause gerochen.
Im folgenden Frühling, ungefähr ein Jahr nach dem Tod meiner Großmutter, ging ich in meinem Haus die Treppe hoch. Da war plötzlich überall ihr Duft! Er war stark und unverwechselbar.
Ich setzte mich auf die Treppe und lachte los. Ich sagte: «Was machst du denn hier, Oma?» Humor lag in der Luft, und es kam mir vor, als wolle sie mir «Hallo!» sagen.

Den meisten Menschen ist ein angenehmer charakteristischer Duft eigen, der von Seife oder Kosmetika gesteigert werden kann. Auch ihre Kleidung verströmt gelegentlich einen eigenen Duft.

Fast jede Mutter erkennt den spezifischen Geruch ihres Kindes. Viele trauernde Eltern erwähnten, daß sie bei ihren Nachtod-Kontakten mit ihren kleinen Kindern bestimmte Hautpflegeprodukte am Geruch erkannten.

Vera ist Friseuse und lebt in Arizona. Ihr Vater, der fünfzehn Jahre zuvor mit 40 an Krebs gestorben war, erschien in einem wichtigen Moment und stärkte ihr Selbstvertrauen:

Ich lag zur Geburt unseres ersten Sohnes in der Klinik. Wir freuten uns ungeheuer, weil wir uns so lange schon ein Baby gewünscht hatten und endlich eins bekamen!
Plötzlich entstand große Aufregung. Meine Wehen waren stark, aber der Muttermund dehnte sich nicht weiter, und es ging nicht voran. Der Arzt sagte, man müsse einen Kaiserschnitt machen.
Auf dem Weg in den Operationssaal hielten wir vor dem Labor. Ich war allein auf dem Korridor, als ich plötzlich den Geruch meines Vaters erkannte. Er war von Beruf Kürschner gewesen. Sein Geruch entstand durch die Verbindung von Tierfellen und der Gerbsäure, mit der er die Häute gerbte. Das ist ein sehr charakteristischer, kräftiger und unverwechselbarer Geruch. Er gehörte einfach zu meinem Vater.

Ich spürte, Daddy war bei mir, und entspannte mich. Eine Art Frieden erfüllte mich, und ich wußte, alles würde gut ausgehen. Mein Sohn kam schließlich ganz ohne Probleme zur Welt – von diesem Moment an ging alles glatt!

Viele Gerüche werden von Menschen, die lange Zeit mit Chemikalien oder bestimmten Nahrungsmitteln arbeiten, regelrecht absorbiert. Noch fünfzehn Jahre später war Vera in der Lage, den vertrauten Geruch ihres Vaters sofort zu identifizieren.

In den nächsten beiden Fällen verbinden sich Geruch und gespürte Gegenwart.

Kenneth ist pensionierter Kreditsachbearbeiter und lebt in Washington. Er hatte eine Reihe von Kontakten mit seiner Frau Roberta, nachdem diese mit 69 Jahren an Krebs gestorben war.

Eines Abends, etwa einen Monat nach Robertas Heimgang, ging ich in unser Schlafzimmer, um mich schlafen zu legen. Plötzlich spürte ich ihre Gegenwart und roch Jean Naté, ihre Körperlotion. Die hatte sie immer benutzt. Der Geruch war sehr, sehr stark und blieb sieben bis zehn Minuten im Raum, dann war er weg.

Dasselbe passierte noch dreimal in den vergangenen anderthalb Jahren. Es war kein Jean Naté im Haus, weil ich meine Tochter gebeten hatte, Robertas Kosmetika auszusortieren und sie zu verschenken.

Jedes dieser Erlebnisse nahm mir etwas von meiner Trauer. Ich glaube, sie versuchte mir zu sagen, daß es ihr gutgeht und sie auf mich wartet, wenn ich hinübergehe.

Die unmittelbare Wirkung eines Nachtod-Kontaktes besteht meistens darin, daß er die Intensität unserer Trauer mildert und sie abkürzt, was für die bemerkenswerte Heilkraft von Nachtod-Kontakten spricht.

Tara ist eine 39jährige Designerin, die in Rhode Island lebt. Ihr Cousin Larry, der an Krebs gestorben war, hielt ein Versprechen, das er vor seinem Tod gegeben hatte:

Mein Cousin Larry und ich wuchsen zusammen auf, wir kannten uns unser ganzes Leben lang. Wir vereinbarten, daß derjenige, der zuerst stirbt, versuchen sollte, sich bei dem anderen zu melden. Wir wußten natürlich nicht wie – aber auf irgendeine Art würden wir es schon schaffen.

Drei Tage nach seinem Tod ging ich in mein Schlafzimmer. Plötzlich spürte ich Larrys Gegenwart! Dann füllte sich das Zimmer mit dem Geruch von English Leather – dem einzigen Eau de Toilette, das er je benützt hatte. Ich habe keine Parfüms, weil ich gegen sie allergisch bin, und mein Mann benutzt so etwas nicht.

Ich sagte: «O mein Gott, das ist Larry!» In mir stiegen viele Gefühle gleichzeitig auf. Larry hielt tatsächlich unseren Pakt ein! Ich wußte, er sagte mir damit, daß es nach dem Tod noch etwas gab.

Dann verschwand der Geruch, und ich spürte seine Gegenwart nicht mehr. Aber ich wußte, daß er dagewesen war. Und ich begriff: «Wir haben es geschafft! Er hat sich bei mir gemeldet. Wir haben es wirklich geschafft!»

Wie würden Sie sich fühlen, wenn ein Verstorbener sein Versprechen hielte, sich nach dem Tod mit Ihnen in Verbindung zu setzen? Eine solche Erfahrung würde Sie wohl in Ihrem Glauben an ein Leben nach dem Tode bestärken oder Ihnen zumindest nahelegen, sich damit gründlich auseinanderzusetzen.

Die nächsten beiden NTK-Berichte beinhalten als zusätzliches Element das Hören einer Stimme.

Natalie, eine 40jährige Therapeutin aus Florida, berichtet über ein Erlebnis mit ihrer Mutter, die an der Alzheimer-Krankheit litt:

Ich hielt mich damals in Japan auf und schlief in meinem Hotelzimmer. Ungefähr um 3 Uhr morgens wachte ich abrupt auf und nahm einen wunderbaren Lilienduft wahr. Der Duft überwältigte mich geradezu – er war im ganzen Zimmer! Ein Gefühl großer Liebe und Wärme überkam mich, und dann schlief ich wieder ein.

Drei Stunden später klingelte das Telefon – es war mein Mann aus den USA. Er sagte, das Pflegeheim habe ihn gerade angerufen, weil meine Mutter drei Stunden zuvor gestorben sei. Als ich den Zeitunterschied ausrechnete, war 3 Uhr morgens in Japan ihre genaue Todeszeit in Connecticut. Während ich weinte, kam der Lilienduft wieder! Lilien sind die Lieblingsblumen meiner Mutter gewesen. Da verstand ich, daß meine Mutter da war, und sagte: «Mama, du bist das! Es tut mir so leid, daß ich nicht da war, als du gestorben bist.» Sie sagte: «Ich verstehe das. Es ist alles gut. Weine nicht um mich. Es ist besser auf der anderen Seite.»

Natalies Erfahrung deutet darauf hin, daß die Verstorbenen uns zu jeder Zeit und an jedem Ort der Welt ausfindig machen können, wann immer sie mit uns in Verbindung treten wollen.

Hazel lebt als Hausfrau in Florida. Zwölf Jahre nach dem Tod ihres Vaters durch einen Gehirnschlag brauchte sie Hilfe in einer schwierigen Situation:

Mein 23jähriger Neffe Brett starb plötzlich an Herzschlag. Er war ein strebsamer junger Mann, der mit seinem Medizinstudium begonnen hatte und erst seit elf Tagen verheiratet war. Ich konnte seinen Tod nur schwer akzeptieren und war sehr wütend auf Gott und sehr verbittert.
Drei Wochen später pflanzte ich am Samstagnachmittag im Garten Blumen. Plötzlich roch ich den Tabak aus der Pfeife meines Vaters! Es war eine bestimmte Mischung, die der Tabakladen extra für ihn herstellte – sehr süß und würzig. Mein Vater sagte: «Du warst furchtbar unglücklich, und ich bin gekommen, um etwas richtigzustellen. Mach dir keine Sorgen um Brett, er ist hier bei uns. Er ist glücklich und zufrieden. Sei nicht traurig. Laß los.»
Es war, als hätte jemand warmen Sonnenschein über mich gegossen. Ich fühlte einen vollkommenen Frieden und konnte tatsächlich loslassen.

Schon eine einzige Botschaft kann uns von unserem Groll, unserer Wut und Verbitterung befreien.

Die nächsten Berichte sind Beispiele für Nachtod-Kontakte mit Geruchswahrnehmungen, an denen zwei oder mehr Menschen beteiligt waren, die sich zur selben Zeit am selben Ort aufhielten.

Peter ist Vertreter und lebt in Florida. Er und seine Frau Vivian hatten mehrfach Nachtod-Kontakte mit ihrer 20jährigen Tochter April, die an den Folgen eines Autounfalls gestorben war:

> Vivian erzählte mir, daß sie in Aprils Schlafzimmer gewesen war und es dort stark nach Rosen gerochen hatte. Ich dachte insgeheim: «Prima, Schatz, wenn dir das hilft, darüber hinwegzukommen, dann bin ich sehr froh.» Aber ich wußte ja schließlich, daß weder bei uns noch bei unseren Nachbarn noch irgendwo in der Nähe Rosen blühten.
> Am nächsten Tag waren wir gemeinsam in Aprils Schlafzimmer: Vivian stand auf einer Seite des Bettes und ich auf der anderen. Wir redeten und weinten und fragten uns: «Warum? Warum ist das nur geschehen? Wie werden wir je damit fertig werden?»
> Und dann merkte ich plötzlich, daß es ganz intensiv nach Rosen duftete! Wenn man die Nase in eine Rosenblüte gesteckt hätte, wäre der Duft nicht intensiver gewesen! Ich verstand das als ein Zeichen von April, die damit meinte: «Hallo, ich bin jetzt an einem besseren Ort!»
> In den nächsten sechs bis acht Wochen roch es in Aprils Zimmer immer wieder, wenn auch nicht ständig, ganz stark nach Rosen. In solchen Momenten sagten wir zu unserer Tochter: «Hallo, April. Wir riechen beide die Rosen. Danke, daß du uns wissen läßt, daß du jetzt an einem besseren Ort bist.»

In unserer Kultur ist so mancher ein «ungläubiger Thomas», wenn ein anderer von einer Nachtod-Erfahrung erzählt – bis er selbst davon betroffen ist. Besonders Männer, die ein NTK-

Erlebnis hatten, sprechen häufig nicht gerne darüber, weil sie Angst davor haben, was andere über sie denken oder sagen könnten.

In fast jedem unserer Workshops kam mindestens ein Mann hinterher zu uns und setzte zögernd an: «Sie glauben wahrscheinlich, ich bin plemplem, aber...» Oder: «Sie interessieren sich vielleicht nicht für das, was ich Ihnen jetzt sage...» Und dann folgte unweigerlich ein detaillierter und ergreifender Nachtod-Kontakt, der oft mit dem Satz schloß: «Das habe ich noch nie jemandem erzählt.»

Lorraine ist in New York als Optikerin beschäftigt. Ihre Tochter Tammy war 25, als sie bei einem Autounfall getötet wurde:

> Bevor meine Tochter Tammy auf die Bahamas fuhr, kaufte sie mir einen Armreif und eine Halskette. In der Nacht, in der sie starb, trug sie den Armreif, und er zerbrach. Zwei Jahre nach dem Unfall versuchte ich immer noch, einen neuen Armreif zu finden, der zu der Kette paßte. Ich hätte alles dafür gegeben!
> Eines Nachts besuchten wir das EPCOT-Center in Disney World. Meine andere Tochter, ihre Freundin und mein Mann waren auch dabei. Auf einmal drehte sich meine Tochter zu mir um und sagte: «Mama, riechst du das?» Ich antwortete: «O ja!» Es war das Gloria-Vanderbilt-Parfüm, das Tammy immer benutzt hatte!
> Aber als wir uns umschauten, war niemand in der Nähe. Die Freundin roch es auch und sagte: «Laßt uns doch hier hineingehen!» Also betraten wir alle den nächstgelegenen Laden, und ich sah mich vorne um. Da rief meine Tochter: «Mama, komm schnell!» Ich ging in den hinteren Teil des Ladens, wo sie Schmuck verkauften. Und da lag ein Armreif, der exakt zu Tammys Kette paßte! Es war unglaublich!

Ist es möglich, daß Tammy ihrer Mutter den Armreif ersetzen wollte und einen geschickten Weg fand, die Familie zu führen?

Wenn Hinterbliebene einen Duft wahrnehmen, den sie mit einem verstorbenen Familienmitglied assoziieren, wird dadurch meist eine Flut positiver Erinnerungen ausgelöst. Ein solcher NTK an einem besonderen Ort oder zu einer wichtigen Zeit kann viel Trost und Geborgenheit vermitteln.

6 Partielle Erscheinungen: Visuelle Nachtod-Kontakte I

Ich bin überzeugt davon, daß der wichtigste Teil des Menschen nicht sein materieller Körper ist, sondern sein nicht-körperliches Wesen, das manche Seele und andere Persönlichkeit nennen... Der nicht-körperliche Teil kann nicht sterben und vergehen, weil er nicht materieller Natur ist.

Rabbi Harold Kushner

Einen Verstorbenen während eines Nachtod-Kontaktes tatsächlich zu sehen, ist eine sehr dramatische, aber gar nicht so seltene Erfahrung. Die Berichte darüber sind so zahlreich, daß wir sie in zwei Kapitel aufgeteilt haben.

Dieses Kapitel enthält Berichte von Menschen, die eine partielle Erscheinung erlebt haben. Sie erblickten den Teil eines Körpers oder die vollständige Gestalt, die ihnen jedoch nicht sehr real vorkam. Die verstorbenen Verwandten oder Freunde werden auf folgende Weise beschrieben: als helles Licht, als Gesicht, das von einem Lichtschein umgeben war, als obere Körperhälfte oder als kompletter Körper, dessen Beschaffenheit alle möglichen Grade von Festigkeit aufwies – von einem durchsichtigen Nebel bis hin zu einer absolut lebensecht wirkenden Gestalt. Ungeachtet der Form, die die betroffene Person erblickte, hatten derartige visuelle Begegnungen in der Regel eine sehr tröstliche Wirkung.

Partielle Erscheinungen können sämtliche anderen bereits genannten Arten von Nachtod-Kontakten beinhalten beziehungsweise mit ihnen kombiniert auftreten.

In den ersten vier Berichten beschreiben die Betroffenen die Begegnung mit dem Verstorbenen als die Wahrnehmung eines sehr hellen Lichts, dessen Strahlkraft und Intensität den Augen jedoch nicht unangenehm war.

Phyllis, 40 Jahre alt, ist Lehrerin in Texas. Sie erlebte den folgenden außerordentlichen Nachtod-Kontakt mit Joshua, einem 9jährigen Jungen, der mit dem Down-Syndrom zur Welt gekommen war.

> Ich hatte Joshua den Sommer über bei ihm zu Hause betreut, während ich in der Ausbildung war. Er war geistig zurückgeblieben und körperlich behindert. Dann kam er in eine Schule für behinderte Kinder, und dort starb er etwa neun Monate später unerwartet im Schlaf.
> Drei Tage später war ich im Schlafzimmer, und plötzlich sah ich ein sehr helles blaugoldenes Licht von ungeheurem Glanz. Unsere Sprache hat keine Worte, um diese Farben zu beschreiben. Durch das Licht spürte ich die Größe und Schönheit des Wesens, das da erschien. Mir wurde schnell klar, daß es sich um Joshua handelte und daß er seiner Mutter eine Botschaft senden wollte. Seine Botschaft lautete einfach, er sei jetzt glücklich und frei. Er konnte lachen, er konnte tanzen, und er konnte singen!
> Als Joshua sicher war, daß ich die telepathische Botschaft aufgenommen hatte, verschwand er.

In diesem Bericht hat sich ein psychisch und physisch schwer behinderter Junge in ein Wesen von strahlender Schönheit verwandelt. Wäre es nicht denkbar, daß Joshuas frühere körperliche Beeinträchtigung zu Lebzeiten seine wahre spirituelle Identität verborgen hatte?

Manchmal ist ein Verstorbener offenbar nicht in der Lage, zu einer bestimmten Person Kontakt herzustellen. In diesem Fall sucht er sich eine andere Person, die er kennt und der er vertraut, und bittet sie, die Botschaft weiterzugeben.

Marie ist Sekretärin in Quebec, Kanada. Acht Jahre nachdem ihre Mutter an einem Herzanfall gestorben war, erblickte sie ein helles Licht:

> Am Tag meiner Hochzeit kniete ich am Altar und sprach die Worte des Pfarrers nach, da fühlte ich plötzlich den Drang, meinen Kopf nach links zu wenden. Ich sah ein sehr helles

Licht, eine Art erleuchtete Wolke. Ich wußte gleich, meine Mutter war da – ich fühlte es. Ihr Gesicht konnte ich nicht genau erkennen, nur ihr Lächeln und ihre Augen. Ich glaube, sie hatte Frieden gefunden.

Ich war sehr überrascht, meine Mutter zu sehen. Ich spürte ihre Wärme und Zärtlichkeit und war sehr glücklich, daß sie gekommen war. Es dauerte nur ein paar Sekunden – und dann war es, als wenn eine Wolke vom Wind weggeweht wird.

Auch dieser NTK ereignete sich, wie viele andere, an einem ganz besonderen Tag.

Pam, eine Sekretärin aus Florida, verlor ihren 20jährigen Sohn Brad durch einen Motorradunfall:

Zehn Tage nach dem Tod meines Sohnes erschien in meinem Schlafzimmer ein Licht. Ich sah Brads Gesicht, seine Augen und sein Lächeln und alles umgeben von Licht. Ich wollte zu ihm und streckte die Arme nach ihm aus. Brad sagte: «Mama, es geht mir gut.» Ich wußte, daß er das sagte, es drang direkt in meine Gedanken ein. Ich sagte: «Mein Sohn, ich möchte bei dir sein.» Er schüttelte lächelnd den Kopf und sagte: «Nein, deine Zeit ist noch nicht gekommen, Mama.» Er sah friedlich und glücklich aus, als er wieder ging.

Danach drehte ich mich beruhigt auf die Seite und schlief, wie ich seit Brads Tod nicht mehr geschlafen hatte.

Verständlicherweise sind Eltern nach dem Tod eines Kindes so niedergeschmettert, daß sie ihrem Sohn oder ihrer Tochter am liebsten sofort folgen würden. Aber wie viele Menschen, die ein Sterbeerlebnis hatten, wird auch ihnen häufig offenbart: «Für dich ist es noch nicht Zeit.» Das scheint zu zeigen, daß jeder von uns im Leben eine spirituelle Aufgabe hat und ausreichend Zeit, um sie zu erfüllen. Es ist ganz einfach: Wenn wir noch hier sind, haben wir wohl noch etwas zu erledigen. «Deine Zeit ist noch nicht gekommen» bedeutet auch, daß jede Existenz ein größeres Ziel und einen tieferen Sinn hat als den täglichen Kampf ums Überleben. Wir alle sind offensichtlich Schüler in einer riesigen

Schule, die unendliche Möglichkeiten für unser spirituelles Wachstum bietet.

Wayne lebt als Texter in Florida. Sein Vater war 66, als er eine Lungenentzündung bekam:

> Ich arbeitete in Florida, als mein Vater todkrank wurde. Er lebte in Chicago. Ich erhielt einen Anruf in der Arbeit, daß er wohl nicht mehr lange zu leben hätte, deshalb nahm ich Urlaub und fuhr in Richtung Illinois. Irgendwo in Tennessee – es war gerade dunkel geworden – explodierte plötzlich direkt vor mir ein Lichtpunkt zu einem großen Lichtkreis! Als sich dieses Licht öffnete, sah ich das Gesicht meines Vaters und ein Stück von seinen Schultern. Hinter ihm war es hell. Sein Gesicht wirkte naturgetreu und dreidimensional.
> Was mich am meisten beeindruckte, war sein Lächeln. Mein Vater war nicht gerade ein sanftmütiger Mensch, aber dieses Lächeln war das freundlichste, das ich je an ihm gesehen hatte. Sofort begriff ich, daß er gestorben war. Ich wußte auch, daß er außerordentlich glücklich war. Das geschah alles so schnell – das Licht leuchtete auf, dann fiel es in sich zusammen und verschwand. Auf diese Art wollte mir mein Vater Lebewohl sagen. Das wußte ich einfach.

Hervorzuheben an diesem Nachtod-Kontakt ist, daß Wayne erst durch ihn erfuhr, daß sein Vater gestorben war.

Bei dem nächsten NTK konnte unsere Interview-Partnerin die gesamte obere Körperhälfte des Verstorbenen sehen.

Consuelo stammt ursprünglich aus Puerto Rico, ist Hausfrau und lebt in Washington. Über die Begegnung mit ihrem Vater, der mit 62 an Hauttuberkulose starb, berichtet sie:

> Etwa anderthalb Wochen nachdem mein Vater gestorben war, saß ich im Bett. Sein Tod war mir sehr nahegegangen und ich weinte. Es kam mir vor, als hätte man mir den Boden unter den Füßen weggezogen.
> Als ich den Kopf hob, sah ich meinen Vater von der Brust

aufwärts, gleich neben meinem Bett! Er war vielleicht einen halben Meter weg und wirkte ganz klar und kompakt. Er trug ein weißes Hemd, einen dunklen Anzug und eine graue Krawatte mit Tupfen. Sein Gesicht war nicht mehr durch die Krankheit entstellt. Ich blinzelte, aber er war immer noch da. Er runzelte die Augenbrauen und sah sehr besorgt aus. Meine Trauer schien ihn zu bekümmern. Ich sagte: «Papi!» Wir sprachen Spanisch, meine Muttersprache.

Er sagte: «¡Mi hija! No te preocupes, tú no estás sola.» Das bedeutet: «Meine Tochter! Mach dir keine Sorgen, du bist nicht allein.» Ich hörte seine Worte, als spräche er in meinem Kopf.

Dann entspannte sich sein Gesicht und bekam einen zärtlichen Ausdruck. Er wandte sich um und lächelte ein wenig, als wolle er mir sagen, daß er mich liebe. Ich fühlte mich wunderbar getröstet – es war herrlich! Als wäre mir ein schweres Gewicht von der Schulter genommen worden. Dann blinzelte ich nochmal, und dann war mein Vater fort.

Sein Besuch gab mir die Gewißheit, daß ich nicht allein war und daß alles gut werden würde. Meine Trauer wurde erträglicher. Es war, als hätte sich mir eine ganz neue Welt eröffnet.

Latinos glauben, daß die Menschen nicht einfach sterben, sondern daß ihr Geist weiterexistiert. Es ist ganz normal, wenn sie auftauchen und einen trösten. Als ich meinen Kindern von dem Erlebnis erzählte, freuten sie sich ungeheuer.

Dies ist einer von zahlreichen Berichten, in denen die Betroffenen sahen, daß ihre verstorbenen Angehörigen von der Krankheit, die ihren Tod verursacht hatte, geheilt waren.

In den folgenden fünf Berichten sahen die Betroffenen den ganzen Körper des Verstorbenen; er wirkte auf sie allerdings eher durchsichtig.

Kurt, ein 44jähriger Therapeut aus Florida, gelangte nach dem Tod seines Vaters, der nach einer Reihe von Herzanfällen gestorben war, zu einer wichtigen Einsicht:

Ich hatte mich immer gefragt: «Warum haßt mich mein Vater?» Zu seinen Lebzeiten war er kein liebevoller Mensch gewesen. Er war sehr streng zu uns Kindern und verprügelte uns auch. Ich habe sogar erlebt, daß er meine Mutter schlug. Am dritten Tag nach seinem Tod erschien er mir. Er sah aus wie immer, nur konnte ich durch ihn hindurchsehen. Seine Gestalt erschien mir wie grauer Nebel, aber er war deutlich zu erkennen. Und hinter ihm sah ich ein helles, weißes Licht.

Mein Vater weinte und bat mich um Verzeihung. Er sagte, was er mir und der ganzen Familie je angetan hatte, täte ihm sehr leid. Er habe erkannt, daß es falsch war. Wir sollten verstehen, daß er als Kind unter Gewalt gelitten und dadurch gelernt hatte, sie selbst auszuüben. Mein Vater sagte auch, daß er mich doch liebe – und mich immer geliebt habe –, aber aufgrund seiner Erziehung das nicht habe zeigen können. Und dann war er verschwunden. Nachdem er weg war, weinte ich, weil ich das Gefühl hatte, daß mir eine schwere Last von den Schultern genommen worden war.

Offenbar ist es nie zu spät, um sich aufrichtig zu entschuldigen oder einen anderen um Verzeihung zu bitten. Dieser Nachtod-Kontakt bestätigt, daß manche Menschen kurz nach ihrem Tod eine dramatische Veränderung durchlaufen, wie das bei Kurts Vater anscheinend innerhalb von drei Tagen der Fall war. Vielleicht hatte er sein Leben von einem höheren Standpunkt aus überblickt und dadurch gelernt, Reue über sein gewalttätiges Verhalten zu empfinden.

Rita ist Lehrerin und lebt in Florida. Sie war sehr dankbar für den Kontakt mit ihrem Schwiegervater, der an einem Herzinfarkt gestorben war:

Mein Schwiegervater starb um 4 Uhr morgens, und wir wurden kurz darauf benachrichtigt. Dad und ich hatten uns sehr, sehr nahegestanden – wir verstanden uns sogar besser als er und mein Mann.

Ich fuhr meinen Mann zum Flughafen, damit er an der Beerdigung teilnehmen konnte. Ich wollte unbedingt auch hingehen, aber ich erwartete unser erstes Kind, und mein Arzt wollte mich nicht reisen lassen.

Als ich nach Hause zurückkam, war ich erschöpft und legte mich aufs Bett, um mich auszuruhen. Und da erschien in der Ecke, direkt vor der Schranktür, auf einmal Dad! Sein Körper hatte klare Umrisse, und er leuchtete. Er trug Hosen und ein offenes weißes Hemd, aber er war durchsichtig. Dad sagte: «Es geht mir gut. Ich fühle mich wohl. Es macht nichts, daß du nicht zu meiner Beerdigung kommen kannst.»

Ich glaube, er wollte mich wissen lassen, daß er sehr glücklich und sehr lebendig war. Ich spürte, wieviel Liebe von ihm ausging – dieses Gefühl war sehr stark. Mir war so etwas noch nie passiert, aber ich hatte überhaupt keine Angst.

Es kommt vor, daß wir es bedauern, einem Menschen vor seinem Tod nicht Lebewohl gesagt zu haben. Oder es tut uns leid, daß wir zum Zeitpunkt seines Todes nicht bei ihm waren. Wir glauben, daß wir ihn im wesentlichsten Moment allein gelassen haben. Manchmal fühlen wir uns auch schuldig, weil wir nicht an einer Beerdigung teilgenommen haben.

Ritas Erlebnis mit ihrem Schwiegervater gehört zu jenen Nachtod-Kontakten, bei denen Verstorbene den Lebenden versichern, daß sie sich ihrer Liebe bewußt sind, ganz gleich, ob sie bei ihrem Hinübergehen bei ihnen waren oder nicht.

Ben ist Bewährungshelfer und lebt in Florida. Sechzehn Jahre nachdem sein Vater mit 75 an Krebs gestorben war, erschien er ihm in einer kritischen Phase seines Lebens:

Meine zweite Ehe hatte sich als großer Fehler entpuppt und hielt nur vier Monate. Ich war äußerst deprimiert über das Ganze. Einmal war ich besonders niedergeschlagen und hatte mich gerade aufs Bett gelegt, als mein Vater mir zu Hilfe kam. Er war eine transparente Gestalt, durch die hindurch ich den Raum sah. Auf seinem Gesicht lag ein leichtes Lächeln, und er hatte dunkle Hosen und ein beigefarbenes Sporthemd an. Außerdem trug er knallrote Hosenträger, hatte die Daumen in sie gehakt und ließ sie ein bißchen schnalzen.

Mein Vater war kein besonders herzlicher Mensch gewesen. Er hatte nie viele Worte gemacht, aber wir wußten, daß er uns liebte. Deshalb bedeutete seine Anwesenheit mit diesem Lächeln mir wirklich viel. Er brauchte nichts zu sagen – er war da.

Die Gegenwart meines Vaters in dieser schlimmen Zeit war für mich ein deutliches Zeichen seiner Liebe. Es war der Durchbruch, der mir half, mich aus der Depression wieder aufzurappeln und innerlich ein bißchen mehr Frieden zu finden.

Bens Vater griff ein, als er dringend gebraucht wurde. Wir fühlen uns oft unsicher, wie wir auf einen Menschen, der deprimiert, in Trauer oder todkrank ist, zugehen sollen. Dieser Nachtod-Kontakt illustriert, daß es oft genügt, einfach da zu sein. Dieses Da-Sein drückt aus: «Du bedeutest mir etwas. Ich denke an dich.» Jemandem die Hand zu geben, ihn zu umarmen, ihm aufmerksam und ohne zu urteilen zuzuhören oder ihn zum Weinen zu ermutigen – das alles kann das Richtige sein.

Hal, 55, arbeitet in einem Maklerbüro in New Jersey. Sein Schwiegervater Vincent stattete ihm am Tag seines Todes einen Besuch ab:

Ungefähr um halb drei Uhr nachmittags saß ich im Wohnzimmer und sah die Post durch. Ich hatte das unheimliche Gefühl, daß ich nicht allein war, und als ich aufschaute, sah ich meinen Schwiegervater! Er stand in der Küche und sah mich an. Mir standen buchstäblich die Haare zu Berge!

Er trug Cordhosen und ein weites Wollhemd, das er gerne gemocht hatte. Ich sah ihn deutlich – er war dreidimensional, aber ich konnte durch ihn hindurch bis zur Küchenwand schauen.

Mein Schwiegervater sah vollkommen gesund aus und überhaupt nicht mehr vom Krebs gezeichnet. Er sah mich mit diesem durchdringenden Blick an, den er an sich hatte. Meine Sinne rebellierten gegen das, was ich sah, aber ich wußte, es war real.

> Dann kam von ihm eine telepathische Botschaft, die besagte: «Du sollst wissen, daß es mir gutgeht. Sag ihnen, sie sollen sich keine Sorgen machen.» Ich nahm an, damit meinte er meine Schwiegermutter, meine Frau und seine andere Tochter. Es dauerte nicht länger als dreißig Sekunden, dann war er verschwunden.
>
> Ich kann mich an alles noch so exakt erinnern, als wäre es vor zehn Minuten passiert. Es war eine erschütternde Erfahrung, ein wunderbares Geschenk.

Vincents Frau und seine beiden Töchter mögen sich gewundert haben, warum ihr Vater nur Hal erschien. Manchmal ist ein Hinterbliebener gekränkt, wenn ein anderes Familienmitglied kontaktiert wird und nicht er selbst. Da manche Menschen für Nachtod-Kontakte empfänglicher sind als andere, erscheint der Verstorbene vermutlich derjenigen Person, die am offensten ist und eine persönliche Nachricht am ehesten an die restliche Familie weitergeben wird.

Trudy arbeitet in einem Waschsalon in Connecticut. Sie war 19, als ihr Adoptivvater zu ihr kam, nachdem er plötzlich an einer allergischen Reaktion auf Penicillin gestorben war:

> Meine Mutter und mein Onkel kamen und sagten mir, daß mein Vater tot sei. Als sie wieder weggegangen waren, fing ich an zu weinen und legte mich in meinem Zimmer aufs Bett. Ich war sehr, sehr verzweifelt, weil ich daran dachte, daß mein Vater jetzt mein Kind, sein erstes Enkelkind, das ich in drei Monaten erwartete, nie zu Gesicht bekommen würde. Plötzlich war eine merkwürdige Ruhe im Raum, und ich öffnete die Augen. Vor dem Bett stand mein Vater! Er war noch nicht einmal sechs Stunden tot.
>
> Er hatte keinen richtigen Körper. Ich sah zwar, was er anhatte, aber ich konnte auch durch ihn hindurchsehen. Er trug graue Arbeitshosen und ein rotkariertes Flanellhemd. Mir kam das sehr seltsam vor und ich fragte: «Was machst du denn hier, Dad?» Er lächelte ganz ruhig und sprach sehr sanft mit mir. Er sagte: «Ich bin hier, weil du so traurig bist.»

Ich sagte: «Ich bin traurig, weil du dein Enkelkind nicht sehen wirst.» Und er sagte: «Keine Sorge, ich werde alle meine Enkelkinder sehen!» Danach löste er sich auf und verschwand.
Ich setzte mich auf und begriff: «Er ist immer noch bei mir!» Ich war nicht mehr so niedergeschlagen und weinte auch nicht mehr – ich fühlte mich gut und sehr zufrieden.

So wie Trudy, die annahm, daß ihr Vater das Baby nie sehen würde, glauben die meisten Menschen, daß ihre verstorbenen Angehörigen und Freunde an den besonderen Geschehnissen und Höhepunkten ihres Lebens nicht mehr teilhaben können. Doch vielleicht trifft, wie der nächste Bericht nahelegt, das genaue Gegenteil zu:

Billie, die an einer Tankstelle in Florida arbeitet, erlebte ein Wiedersehen mit ihrer Mutter, die mit 52 Jahren an Krebs starb:

Nach der Beerdigung fuhren wir zurück ins Haus meiner Mutter. Ich legte meine fünf Wochen alte Tochter Kelly in die Wippe im Wohnzimmer und legte mich auf die Couch. Als ich mir gerade ein Kissen unter den Kopf schob, sah ich ein Leuchten durch die Tür kommen. Es nahm Gestalt an und wurde meine Mutter! Sie schwebte ungefähr fünfzehn Zentimeter über dem Boden. Ich konnte zwar nicht richtig durch sie hindurchsehen, aber sie war trotzdem nicht ganz körperlich. Sie strahlte ein weißes Licht aus und trug ein langes, fließendes, weißes Gewand! Ich hatte meine Mutter nie so schön gesehen!
Mama ging zu Kelly und blickte auf sie hinunter. Ihr Gesicht verzog sich zu einem breiten Lächeln. Sie streckte die Hand aus und streichelte Kelly unter dem Kinn und sagte: «Du bist so süß.» Das sagte sie zweimal, ich hörte es mit meinen eigenen Ohren.
Dann sah Mama lächelnd zu mir herüber, und danach verschwand sie langsam. Sie war weg, bevor ich etwas sagen konnte. Ich glaube, sie kam, um ihre Enkelin zu sehen, weil sie vor ihrem Tod zu krank dazu gewesen war.

Wie oft kommen unsere verstorbenen Eltern, Großeltern oder andere Familienmitglieder uns oder unsere Kinder besuchen? Vielleicht häufiger, als wir für möglich halten. Nachdem Billies Mutter nicht mehr an ihren kranken physischen Körper gebunden war, war sie in der Lage, ihre Enkelin zu sehen und zu streicheln. Doch wäre Billie nicht dabei und wach gewesen, hätte sie wohl gar nicht gemerkt, daß ihre Mutter zurückgekommen war, um das Baby zu bewundern.

In den letzten drei Berichten wird die Erscheinung des Verstorbenen als etwas kompakter, aber immer noch als nicht vollständig lebensechter Körper beschrieben.

Anita, eine Krankenschwester aus Florida, erhielt unerwartet Nachricht von ihrem Großvater, der mit 87 Jahren an Herzversagen gestorben war:

> Es war am Tag nach der Beerdigung meines Großvaters. Ich lag abends im Bett, als ich plötzlich seine Gegenwart spürte. Ich öffnete die Augen, und mein Großvater stand neben mir. Er sah irgendwie durchscheinend aus, nicht wie ein richtiger Mensch. Er wirkte völlig gesund, und um ihn herum leuchtete es, als käme ein strahlend goldenes Licht aus seinem Körper. Er neigte sich zu mir herunter, als wolle er mir ein Geheimnis anvertrauen. Er sagte: «Ich werde im Frühjahr Urgroßvater werden. Ich werde einen Urenkel bekommen!» Opa stammte aus Ungarn und sprach mit sehr starkem Akzent. Ich war ganz überwältigt von einem warmen, tröstlichen Gefühl, und dann war er auch schon verschwunden. Ich stand sofort auf und ging ins Wohnzimmer, um meinem Mann zu erzählen, was geschehen war.
>
> Am nächsten Tag machte ich einen Schwangerschaftstest, und ich war tatsächlich schwanger! Als unser Sohn Tyler im folgenden Mai geboren wurde, sagte ich immer wieder: «Opa, du hattest recht!»

Wir erhielten mehrere NTK-Berichte, in denen ein Verstorbener eine Frau davon in Kenntnis setzte, daß sie schwanger war. Einige dieser Ankündigungen enthüllten auch das Geschlecht des ungeborenen Kindes, und auch diese Information erwies sich später stets als korrekt.

Marcia ist 44 und arbeitet in leitender Funktion in einer Bank in Louisiana. Ihr 7jähriger Sohn Elliott starb an den Folgen eines Unfalls, bei dem er von einem Auto angefahren wurde:

> Ein, zwei Monate später lag ich im Schlafzimmer. Ich sah zur Tür hinüber, und da sah ich Elliott! Er stand da, lächelte und winkte mir zu! Er trug ein kurzärmeliges Hemd und Hosen. Sein Körper war nicht ganz kompakt, aber ich konnte auch nicht durch ihn hindurchsehen. Es wurde nichts gesprochen, aber ich wußte, er war gekommen, um sich von mir zu verabschieden und mir zu sagen, daß er mich liebte.
> Es war ein sehr liebevolles und friedliches Gefühl, und ich hatte überhaupt keine Angst. Ich war nicht überrascht, ihn zu sehen – ich akzeptierte es einfach. Ich lag ein paar Augenblicke da, dann stand ich auf und ging auf ihn zu, aber er verschwand. Ich ging zurück und legte mich wieder aufs Bett, und ich sagte laut: «Ich liebe dich, Elliott.» Er erschien noch einmal für ein paar Sekunden, und dann verschwand er wieder.
> Ich empfand Frieden und Liebe, und dann weinte ich. Diese Erfahrung gab mir die Möglichkeit, neu weiterzumachen, weil ich fühlte, daß das sein endgültiger Abschied gewesen war.

Dale ist Innenarchitekt und lebt in Ohio. Er berichtete von der anrührenden Begegnung mit seinem Lebensgefährten Robert, der mit 38 Jahren an AIDS gestorben war:

> Es war ungefähr 1 Uhr oder 2 Uhr nachts, und ich schlief tief und fest in meinem Schlafzimmer, als mich eine plötzliche Helligkeit weckte. Es war, als würde mir jemand mit einer Taschenlampe ins Gesicht leuchten – so hell war es!
> Als ich die Augen aufmachte, stand Robert direkt neben meinem Bett, nur wenige Zentimeter von mir entfernt. Seine Gestalt war von einem intensiven weißen Licht umgeben; es kam aus ihm heraus, tat aber meinen Augen nicht weh. Der

Rest des Zimmers war stockdunkel, ich hatte jedoch keine Angst.
Dann passierten viele Sachen gleichzeitig. Ich konnte zwar nicht richtig durch ihn hindurchsehen, aber er war auch nicht ganz fest. Um seinen Körper bewegten sich so was wie Luftwirbel, schwer zu sagen. Er trug eine Art langes Gewand, vielleicht mit einer Kapuze.
Robert strahlte eine intensive Liebe aus, die mich ganz und gar durchdrang, als würden sich unsere Energien vermischen. Jede Faser meines Körpers empfand Liebe – vollkommene Liebe, vollkommenes Verständnis und Mitgefühl, ganz anders als das, was wir hier erleben. Es war eine richtig kosmische Erfahrung!
Er hatte sehr schöne Augen, auffällig schöne Augen. Mit der linken Hand berührte ich seinen rechten Arm und spürte eine starke Hitze von seinem Körper abstrahlen. Ich spürte auch eine starke Schwingung.
Dann nahm Robert meinen linken Arm, legte ihn wieder neben meinen Körper und verschwand einfach. Das Licht verschwand mit ihm – ganz plötzlich, als hätte man es ausgeknipst. Von allen Geschenken, die Robert mir je gemacht hat, war das das schönste. Es war heilsam, und jetzt habe ich keine Angst mehr vor dem Tod. Alles, was ich je von Elisabeth Kübler-Ross über dieses Thema gelesen habe, hat sich bewahrheitet. Ich werde jedem Skeptiker gegenüber bezeugen, daß dieses Erlebnis wirklich stattgefunden hat.

Es ist eine bekannte Tatsache, daß Menschen, die ein Sterbeerlebnis hatten, häufig ihre Angst vor dem Tod verlieren. Dies gilt auch für viele Menschen, die einen Nachtod-Kontakt erlebten.

7 Vollständige Erscheinungen: Visuelle Nachtod-Kontakte II

Der Tod ist lediglich ein Durchgang von einem Raum in einen anderen. Aber für mich besteht ein Unterschied, müssen Sie wissen. Denn in jenem anderen Raum werde ich sehen können.

Helen Keller

Die Berichte dieses Kapitels stammen von Menschen, die uns erzählten, daß ein verstorbener Angehöriger oder Freund ihnen als vollständige Gestalt erschien. Sie sahen jeweils den Körper in seiner Gesamtheit, er wirkte vollkommen feststofflich und lebensecht auf sie.

Die Verstorbenen schienen so, unabhängig von Alter und Todesursache, demonstrieren zu wollen, daß sie wohlauf und geheilt waren. Nahezu alle wirkten offensichtlich glücklicher und freier als zu ihren Lebzeiten. Viele strahlten eine spirituelle Heiterkeit aus, wie sie sich auf der Erde selten findet, und zeigten deutlich mehr Liebe, Mitgefühl und Weisheit als früher.

Die ersten vier Berichte sind typische Beispiele für Erscheinungen, bei denen ein Verstorbener als vollständige Gestalt wahrgenommen wurde.

Joanna ist Bibliothekarin und lebt in Wyoming. Sie wurde Witwe, als ihr Mann Ted mit 25 Jahren an einem Gehirntumor starb:

> Es war in der Nacht nach Teds Beerdigung; ich wohnte für ein paar Tage bei Freunden. Ich legte mich auf die Schlafcouch im Wohnzimmer in der Nähe des Kamins und war gerade am Einnicken.

Ich weiß nicht warum, aber auf einmal mußte ich die Augen wieder aufmachen und mich umsehen. Neben dem Kamin stand ein Schaukelstuhl, und da sah ich Ted! Er trug Blue Jeans und ein Westernhemd – so kannte ich ihn. Er sah aus wie immer und schien ganz gesund zu sein.

Ted sah unglaublich friedlich und verständnisvoll aus. Er wollte mich wissen lassen, daß er okay war und ich auch wieder Mut fassen würde. Er blieb ein paar Sekunden, dann war er fort.

Ich fühlte, daß Ted sich um mich kümmerte und versuchte, mich irgendwie zu trösten.

Eine Gesamterscheinung kann so viele Fragen auf einmal beantworten, daß Worte oft nicht mehr vonnöten sind. Die heilsame Wirkung dieses NTK besteht aus seiner Einfachheit und Direktheit. Der Anblick Teds gab Joanna die ruhige Zuversicht, daß er auch weiterhin für sie da sein würde.

Eileen ist Drogenberaterin in Florida. Ihre Schwester Leslie, die mit 50 Jahren an den Folgen eines Diabetes mellitus gestorben war, kehrte in der Nacht nach ihrem Tod noch einmal zurück:

Ich lag auf dem Bett und weinte. Plötzlich hatte ich das Gefühl, als wäre jemand im Zimmer, jemand, der einfach nur da stand. Ich setzte mich auf und schaute zum Fußende des Bettes, und da stand Leslie!

Sie sah phantastisch aus. Sie war ganz in Weiß gekleidet, und ihr Haar war zu einer wunderschönen griechischen Frisur aufgesteckt. Ihre Haut war glatt wie Alabaster. Ich war fassungslos! Sie wirkte sehr heiter und gelassen und lächelte ein wenig. Sie sah besser aus denn je, und es kam mir vor, als könne ich sie anfassen. Mir schien, als wolle sie sich nach vorne beugen und etwas sagen, um mich zu trösten. Dann hörte ich ein Rauschen, und sie war fort. Das alles hat mir keine Angst gemacht – ich hatte eher das Gefühl: «Oh, Leslie geht es gut! Sie ist zurückgekommen, um mir zu sagen, daß sie okay ist.» Ich legte mich getröstet wieder hin und schlief ein.

Wenn ich Leuten davon erzähle, sagen sie: «Ach, du hast bestimmt geschlafen, das hast du nur geträumt.» Aber das stimmt nicht – ich weiß, daß ich wach war. Es ist jetzt immer noch genauso wahr für mich wie damals.

Viele Skeptiker behaupten: Es gibt keinen wissenschaftlichen Beweis für ein Leben nach dem Tod. Und darum lautet die Bewertung von Nachtod-Kontakten häufig: Sie können nicht echt sein, und deshalb gibt es sie nicht. Statt dessen werden für Nachtod-Kontakte, Sterbeerlebnisse und andere Arten spiritueller Erfahrungen psychologische und physiologische Erklärungen angeboten.

Auch bei unseren Umfragen gaben einige unserer Gesprächspartner zu, daß sie ihre prinzipielle Skepsis erst aufgegeben hatten, als sie selbst durch einen Nachtod-Kontakt eines Besseren belehrt worden waren.

Anne führt ein Geschäft auf Prince Edward Island, Kanada. Ihr 18jähriger Sohn Justin versuchte, seinen 17jährigen Bruder Bobby beim Schwimmen zu retten, und beide Jungen ertranken:

Es war an einem Sonnabend morgens um 9 Uhr, ungefähr ein Jahr später. Ich stand in der Küche und räumte die Geschirrspülmaschine ein. Plötzlich spürte ich, daß jemand bei mir war. Als ich mich umdrehte, lehnte Bobby am Kühlschrank! Er sah sehr gesund und glücklich aus. Er trug ein braunweißkariertes Hemd und eine braune Cordhose, die ihm gehört hatte. Er sah völlig unverändert aus und so real, daß es mir vorkam, als könnte ich ihn berühren. Da, wo er stand, war ein helles Licht.

Bobbys blaue Augen leuchteten – sie hatten einen wissenden Ausdruck. Er schenkte mir das wunderbarste Lächeln, das ich je an ihm gesehen habe. Ich wußte, dieses Lächeln sagte: «Es geht uns beiden gut. Wirklich gut. Lebe dein Leben weiter und finde Frieden.» Ich begriff, daß diese Botschaft auch von Justin kam.

Ich schrie auf und ließ das Glas fallen, das ich in der Hand hielt. Ich rannte auf ihn zu und versuchte, ihn zu umarmen, aber er verschwand einfach. Ich wußte, Bobby war tatsächlich dagewesen, und fing an zu weinen.

Viele Menschen weinen nach einem Nachtod-Kontakt Freudentränen, aber für manche ist es eine zwiespältige Erfahrung. Einige trauernde Eltern beispielsweise sagten uns, daß sie die Begegnung mit ihren verstorbenen Kindern zwar nicht missen wollten, es aber gleichzeitig schwierig fanden, ihnen ein weiteres Mal Lebewohl sagen zu müssen, und deshalb auch Trauer und Schmerz empfanden.

Molly arbeitet als Protokollführerin an einem Gericht in Missouri. Sie freute sich sehr, als sie ihre Großmutter wiedersah, die mit 87 an Altersschwäche gestorben war:

Meine Großmutter und ich standen uns sehr, sehr nahe – ich habe einen guten Teil meines Lebens bei ihr verbracht. Sie war schon mit Anfang Zwanzig verkrüppelt, ich hatte sie nie anders als gebeugt gesehen.
In der zweiten Nacht nach ihrem Tod lag ich im Bett, aber ich schlief nicht. Meine Augen waren weit offen, und dann sah ich sie! Sie stand aufrecht vor mir und kam mir vor wie ungefähr dreißig oder fünfunddreißig. Sie hatte einen richtigen Körper und sah aus wie ein lebendiger Mensch. Ihr Haar war kurz geschnitten und lockte sich um das Gesicht. Sie lächelte freundlich. Sie sagte nichts, aber mir kam der Gedanke, daß sie mir zeigen wollte: «Sieh mal, jetzt kann ich aufrecht stehen!»
Ihr Kleid war ein bißchen altmodisch mit einem ungewöhnlichen Muster – rote Streifen auf weißem Hintergrund –, ich hatte es nie an ihr gesehen. Sie stand nur da und lächelte, sonst nichts. Ich stand auf und knipste das Licht an, aber da war sie weg.
Am nächsten Morgen erzählte ich meiner Tante davon. Ich beschrieb ihr das Kleid meiner Großmutter, und sie nahm mich mit in den Keller und zog alte Koffer hervor. Sie fand einen Quilt, den meine Großmutter gemacht hatte. Und in den Quilt eingenäht war der weiße Stoff mit den roten Streifen!

Wenn ein Verstorbener körperlich erscheint, geht das häufig mit verbaler Kommunikation einher, wie die restlichen Berichte dieses Kapitels verdeutlichen.

Stuart, 85, ist Patentanwalt im Ruhestand. Elf Jahre nachdem seine Frau Gladys nach langer, schwerer Krankheit starb, erlebte er das folgende bewegte Wiedersehen mit ihr:

> Ich saß im Wohnzimmer im Sessel, als ich plötzlich merkte, daß Gladys die Treppe herunterkam. Ich war fassungslos! Sie sah ganz anders aus als während ihrer Krankheit – sie war wunderschön! Der Glanz und das Leuchten, das von ihr ausging, waren geradezu unglaublich! Es ist unmöglich, ihr Strahlen zu beschreiben, absolut unmöglich.
> Gladys lächelte. Sie war nicht durchsichtig. Es war nichts Ätherisches an ihr. Nach diesem erstaunlichen Auftritt und ein paar kurzen Äußerungen verschwand sie.
> Es steht für mich außer Frage, daß das eine Erscheinung aus einer anderen Welt war. Ich weiß nicht, warum Gladys zu mir kam, nur daß es ein äußerst erfreulicher Kontakt war. Aber wenn man mit seiner Frau fünfzig Jahre lang eine einmalig schöne Beziehung hatte, ist das wohl Grund genug.

Kein Zweifel, daß dieses freudige und unerwartete Wiedersehen für Stuart eine ganz besondere Qualität aufwies! Möglicherweise wollte Gladys ihrem Mann an dessen Lebensabend demonstrieren, daß der Tod nichts weiter als ein Tor zu einer anderen Dimension des Lebens ist.

Gordon, der als Architekt in New Mexico lebt, wurde von Mrs. Tinsley, einer alten Freundin der Familie, kontaktiert, die mit 93 Jahren gestorben war:

> Ich ging in die Aufbahrungshalle im Beerdigungsinstitut, um Mrs. Tinsley die letzte Ehre zu erweisen. Ich war der einzige im Raum. Als ich dastand und sie ansah, hörte ich: «Gordon, es ist in Ordnung, wenn du weinst.»
> Ich schaute mich um, denn das hörte sich nach Granny Tinsleys Stimme an! Sie befand sich auch wirklich auf der

anderen Seite des Raumes, vielleicht drei Meter entfernt. Es war, als stünde sie tatsächlich da – ich konnte sie vollständig sehen. Die Hände hielt sie leicht erhoben, und sie trug ein anderes Kleid als das, was sie im Sarg anhatte.

Plötzlich brach ein Schluchzen aus mir heraus – wie eine Explosion! Ich war im Grunde schrecklich traurig – aber das hatte ich nicht gewußt. Ich drehte den Kopf weg und weinte, und als ich wieder hinschaute, war sie nicht mehr da.

Ich glaube nicht, daß ich geweint hätte, wenn sie nichts gesagt hätte. Ich weiß, daß ich sie vermißte, aber ich hätte die Trauer sicher unterdrückt. Seitdem erinnere ich mich gelegentlich daran, daß es in Ordnung ist zu weinen, weil Mrs. Tinsley es mir erlaubt hat.

Mrs. Tinsley brachte Gordon eine wichtige Lektion bei: Es ist in Ordnung, wenn große Jungen weinen. Vermutlich wußte sie, daß jeder Kummer und jedes Trauma, das nicht vollständig bearbeitet ist, im späteren Leben unerwartet und auf destruktive Weise wieder an die Oberfläche kommen kann.

Paula ist Anwältin und lebt in Virginia. Sie kam zur Ruhe, als ihr Sohn Jimmy, der mit 12 an Leukämie gestorben war, etwa zwei Wochen nach seinem Tod bei ihr erschien:

Wenn man einen schweren Verlust erlitten hat, bleiben einem morgens beim Aufwachen vielleicht fünfzehn Sekunden, bevor die Tatsache wieder ins Bewußtsein dringt. An jenem Morgen flutete die Sonne in mein Schlafzimmer. Beim Aufwachen erinnerte ich mich wieder – und der Kummer fiel über mich her wie ein großes, kaltes, pelziges Monstrum.

Plötzlich stand Jimmy am Bett und lächelte über das ganze Gesicht. Ich sah ihn von Kopf bis Fuß. Es war nichts Vergängliches an ihm. Er trug ein gestreiftes T-Shirt und blaue Shorts. Man bemerkte überhaupt nichts von seiner Leukämie! Er hatte eine Menge Haare, was merkwürdig war, denn am Ende seines Lebens hatte er nicht mehr viele gehabt. Und an der Kopfseite, an der er operiert worden war, gab es keine Narbe mehr.

Jimmy redete – und ich hörte ihn. Er sagte: «Mama, ich bin tot, aber es ist alles in Ordnung. Es geht mir gut.» Er sah genauso aus wie früher, als er noch lebte. Er bewegte sich geschickt und war offensichtlich glücklich und gesund. Dann verschwand er.

Ich war so froh, ihn zu sehen und zu hören, daß es ihm gutging. Ich war mir dessen zwar ziemlich sicher gewesen, aber fand es doch schön, daß er kam und es mir selbst sagte. Ich war überglücklich. Es war ein ganz besonderes Erlebnis, und ich muß jedesmal lächeln, wenn ich daran denke.

Wenn wir eine geliebte Person über längere Zeit in ihrer Krankheit begleiten und versorgen und sie dann stirbt, fällt es uns oft schwer, uns an Zeiten zurückzuerinnern, in denen sie noch gesund und schmerzfrei war. Bedauerlicherweise prägt das dann auch unsere Erinnerung. Stellen Sie sich die Erleichterung vor, die ein visueller Nachtod-Kontakt hervorruft, bei dem der oder die Verstorbene sich heil, gesund und glücklich präsentiert! Nun können wir jedesmal, wenn wir an ihn oder sie denken, die alten, schmerzlichen Erinnerungen durch eine erfreulichere ersetzen.

George ist Therapeut und lebt im Südosten der USA. Er war 24, als er eine Botschaft von seiner Großmutter empfing, die vier Jahre zuvor an Nierenversagen gestorben war:

Mitten in der Nacht wurde ich dadurch geweckt, daß meine Großmutter aus dem Flur in mein Zimmer trat. Sie blieb rechts neben meinem Bett stehen. Das Zimmer war hell genug, um sie zu sehen, aber ich weiß nicht, wie das möglich ist. Sie wirkte lebensecht und wirklich und war ungefähr so alt wie damals, als sie starb. Ich konnte ihr Gesicht sehen, sie schien sehr glücklich und froh. Sie war in einer liebevollen, sanftmütigen Stimmung und sprach mich direkt an. Sie sagte: «Ich bin gekommen, um dich wissen zu lassen, daß ich dich liebe. Wer du bist und was du bist, ist gut für dich. Du sollst wissen, daß ich deine Lebensweise billige. Dein Leben ist richtig, so wie es ist.»

Ich war maßlos glücklich, und ich weiß noch, daß ich ihr sagte, wie sehr ich ihre Botschaft zu schätzen wisse. Dann schwebte sie irgendwie davon.
Am nächsten Morgen wachte ich mit einem neuen Gefühl der Zuversicht und Freiheit auf. Mir war, als wäre eine große Last von meinen Schultern genommen worden. Um ganz ehrlich zu sein – ich bin schwul. Meine Großmutter kam zu einer Zeit, in der mein ganzes Leben sich im Umbruch befand. Ich suchte nach einer neuen Identität und einem neuen Selbstbewußtsein. Dieses Erlebnis half mir, einen Schritt vorwärts zu tun.

Nachtod-Kontakte geschehen nicht unbedingt dann, wenn wir sie uns wünschen oder sehr trauern. Viele finden erst zu einem späteren Zeitpunkt statt, wenn wir mit einem schwierigen Problem ringen und von einer liebevollen, hilfreichen Botschaft profitieren können.

Eve war früher Sekretärin und lebt jetzt als Rentnerin im Südwesten der USA. Ihr Mann Pete starb mit 59 Jahren an Krebs, weil er als Soldat in Vietnam mit dem Kampfstoff Agent Orange in Berührung gekommen war:

Nach dem Tod ihres Vaters verlor unsere Tochter Merri Beth jeden Halt – sie trank wochenlang, blieb immer wieder von zu Hause weg und fuhr in betrunkenem Zustand Auto. Nach ungefähr einem Monat brachte ich sie zur Entziehungskur. Das war nicht leicht für mich. Ich kam von der Fahrt geistig und körperlich erschöpft nach Hause und ging um 23 Uhr schlafen.
Etwa um 3 Uhr nachts wachte ich auf, und mein Mann stand im Zimmer! Hinter ihm leuchtete ein helles Licht, aber ich konnte ihn ausgezeichnet sehen. Es kam mir fast so vor, als könne ich die Hand ausstrecken und ihn anfassen – so nah war er, und so deutliche Konturen hatte er.
Pete trug seine beste Uniform, mit Orden und Mütze. Er sah mindestens zwanzig Jahre jünger aus, so wie früher, bevor er krank wurde. Er sah wunderbar aus, stark und gesund, als wäre er nie auch nur einen Tag krank gewesen!

Es war ein Wunder, und ich war einen Moment lang schokkiert. Dann lächelte Pete und sagte: «Du hast das Richtige getan, Liebling. Du hattest keine Wahl. Merri Beth wird sich wieder erholen.» Er sah ruhig und zufrieden aus, und dann verschwand er einfach. Ich war sehr erleichtert, daß ich richtig gehandelt hatte.

Merri Beth hat seit sieben Jahren keinen Tropfen Alkohol mehr angerührt. Sie hat den Tod ihres Vaters jetzt akzeptiert und fühlt sich in ihrer Arbeit wohl. Meine Tochter und ich stehen uns jetzt näher als je zuvor.

Wieder einmal läßt ein Nachtod-Kontakt darauf schließen, daß Verstorbene durchaus Ereignisse in unserem Leben wahrnehmen können und ihnen Interesse entgegenbringen. Schwierige Situationen, in denen wir gezwungen sind, unseren Kindern mit Härte zu begegnen, gerade weil wir es gut mit ihnen meinen, können für Eltern mit viel Sorge und Ungewißheit verbunden sein. Petes Botschaft an Eve vermittelte ihr Stärke und Selbstvertrauen und den Mut, konsequent weiter das zu tun, was für ihre Tochter das beste war.

Helen ist eine Hausfrau aus Alabama. Ihr Sohn Adam starb mit 27 Jahren als Mitglied der Küstenwache bei einem Helikopterunfall, und ihre Nichte Jessica verunglückte fünf Monate später 20jährig mit dem Auto:

Nach Adams Tod funktionierte ich nur noch, ich empfand keinerlei Freude mehr. Ich spülte das Geschirr und machte die Betten – ich tat, als führte ich ein normales Leben. Aber in mir war ein Loch, eine Leere, und zwar die ganze Zeit über.

Eines Nachmittags, ungefähr zehn Monate nachdem mein Sohn gestorben war, nahm ich eine Tasse heißen Kaffee mit ins Schlafzimmer, um Radio zu hören. Plötzlich erschienen Adam und meine Nichte Jessica Hand in Hand vor mir! Sie waren vollkommen gesund und ihre Gesichter leuchteten. Sie wirkten absolut lebendig und trugen lange, weiße Gewänder. Ein sanftes Licht umgab sie beide. Sie waren so friedlich und glücklich – sie strahlten geradezu!

Adam sagte: «Hallo, Mutter. Ich liebe dich. Es geht mir gut. Ich bin glücklich, und du wirst eines Tages bei mir sein. Bitte trauere nicht so um mich, Mutter. Gib mich frei. Laß mich gehn.»
Dann sagte Jessica: «Hallo, Tante Helen. Sag meiner Mutter, daß sie nicht mehr um mich trauern soll. Ich bin glücklich, und dies sollte so geschehen.» Dann gingen sie wieder.
Ab diesem Zeitpunkt konnte ich meinen Sohn freigeben. Ich ließ Adam gehen, aber nicht in meiner Erinnerung, in meiner Liebe. Mein Erlebnis ließ mich akzeptieren, daß Adam nicht mehr auf dieser Erde ist, sondern eine Stufe von ihr entfernt. Ich habe gelernt, Gott vollkommen zu vertrauen, und jetzt geht es mir gesundheitlich und überhaupt in jeder Hinsicht viel besser.

Wenn jemand stirbt, den wir lieben, ist es ganz natürlich, daß wir großen Schmerz empfinden. Doch offenbar wollen die Verstorbenen uns wissen lassen, daß es nicht notwendig ist, um sie zu trauern. Dies mag ein Grund dafür sein, uns zu zeigen, daß sie in ihrem neuen Leben Frieden gefunden haben.

In den nächsten beiden Berichten wird im Zusammenhang mit visuellen Erscheinungen auch die Berührung eines oder einer Verstorbenen erwähnt.

Sonia arbeitet bei einem privaten Pflegedienst in Washington. Einige ihrer Fragen wurden sechs Wochen nach dem Tod ihrer Tochter Valerie beantwortet, die mit 9 Jahren an einer Gehirnblutung gestorben war:

Valerie starb ganz plötzlich – es war für mich ein echtes Trauma. Ich war völlig am Ende, kaum noch ansprechbar. Ich fragte mich andauernd: «Wie können wir wissen, ob es einen Gott gibt? Wie können wir wissen, ob es einen Himmel gibt? Und wo ist Valerie jetzt?»
Ich ging früh ins Bett, weil ich so erschöpft war, aber ich weiß, daß ich nicht schlief. Ich lag auf der rechten Seite, und ich spürte, wie jemand mich an der Schulter berührte. Ich drehte mich um, und da stand Valerie! Sie kam mir ganz wirklich vor.

Sie sah genauso aus wie sonst und war gesund. Sie leuchtete irgendwie und trug ein zauberhaftes, funkelndes Gewand. Sie sagte: «Mami, ich liebe dich. Ich habe keine Kopfschmerzen mehr. Es geht mir gut, und ich will nicht, daß du dir meinetwegen Sorgen machst.» Sie war ruhig und glücklich und sah sehr gut aus. Dann war sie plötzlich wieder fort.
Ich glaube, es gibt Zeiten, in denen es Gott für richtig hält, jemanden zurückzuschicken, um eine Botschaft überbringen zu lassen. Ich glaube, das war bei mir der Fall. Gott hat Valerie heruntergeschickt, um diese schwarze Wolke zu vertreiben, um diese schreckliche Bürde von meinen Schultern zu nehmen.

Möglicherweise können die Verstorbenen ihre Kleidung wählen, wenn sie uns erscheinen. Während manche in weißen oder farbigen Gewändern zurückkehren, wählen viele die vertrauteren irdischen Kleidungsstücke. Ein Großvater kommt vielleicht in seinem alten Overall, so daß er leicht zu erkennen ist. Andere fühlen sich offenbar wohler in ihrem «Sonntagsstaat», einer Uniform oder den Kleidern, in denen sie bestattet wurden. Häufig ist die Kleidung, die sie tragen, für die Menschen, denen sie erscheinen, von spezieller Bedeutung.

Hannah, eine Hausfrau aus Utah, erlebte eine besondere Begegnung mit ihrer Mutter, die sechs Wochen zuvor an einem Schlaganfall gestorben war:

Eines Nachts konnte ich nicht schlafen, deshalb stand ich auf und erledigte ein bißchen Hausarbeit. Dann setzte ich mich in den Sessel im Wohnzimmer. Ich dachte an Mutter und wie sehr ich darunter litt, daß ich nicht mehr für sie sorgen konnte. Plötzlich sah ich sie ins Zimmer kommen! Als allererstes fiel mir auf, daß sie normal gehen konnte. Zehn Jahre vor ihrem Tod hatte man ihr beide Beine oberhalb der Knie amputieren müssen.
Mutter hatte ihre beiden Beine wieder, und sie ging direkt auf mich zu und setzte sich auf die Armlehne des Sessels. Sie legte den Arm um meine Schulter und sagte: «Hannah, mein

Liebling, du warst mein guter Engel. Sei nicht traurig. Du sollst dich nicht um mich grämen.»

Sie war wie von einem Strahlen umgeben und sah sehr glücklich aus. Dann stand sie auf und ging um den Sessel herum zur anderen Seite. Sie sagte: «Mach dir keine Sorgen um mich. Denke immer daran – ich bin glücklich.» Dann gab sie mir einen Kuß auf die Wange und verschwand. Es war so echt – ich spürte, wie Mutters Arm auf meiner Schulter lag und ihre Lippen sich auf meine Wange drückten. Ich fühlte die besondere Art von Liebe und Nähe, die immer zwischen uns existiert hatte.

Das war ein ganz einzigartiges Ereignis für mich und etwas, das ich immer wie einen Schatz gehütet habe.

Offenbar wollen unsere verstorbenen Familienmitglieder und Freunde nicht, daß wir unter ihrem Tod leiden. Da sie nun frei von Schmerzen und Begrenzungen des physischen Körpers sind, wissen sie, daß es unnötig ist, wenn wir uns ihretwegen sorgen. Dies könnte ein weiterer Grund für ihre Rückkehr sein – sie wollen uns versichern, daß sie noch immer existieren und ihre Gesundheit wiedererlangt haben.

Die restlichen vier Berichte in diesem Kapitel gehören zu den vollständigsten Nachtod-Kontakten, die wir in unserer Sammlung besitzen. Es handelt sich um Fälle vollständiger visueller Erscheinungen, bei denen Stimme, Berührung und Geruch zusammenwirkten.

Deborah, die in Kentucky in der medizinischen Forschung tätig ist, erzählte uns über die Rückkehr ihres Bruders Joseph, der mit 44 Jahren an Krebs gestorben war:

Vor dieser Erfahrung glaubte ich nicht an solche Dinge. Ich hatte schon von meinem Bruder geträumt, aber das hier war kein Traum.

Ungefähr drei Monate nach Josephs Tod lag ich im Bett neben meinem Mann und schlief. Ich spürte, wie jemand mich am Fuß rüttelte, um mich aufzuwecken. Ich schaute hin, und da saß Joseph am Bettrand mit der Hand auf meinem Fuß. Er sah ganz echt aus, wie jeder andere Mensch. Ein warmes, gelblich-weißes Licht umgab ihn wie eine Aura. Er wirkte ruhig und zufrieden. Er umarmte mich – ich spürte seine Umarmung körperlich –, und er fühlte sich wunderbar warm und liebevoll an. Und ich roch auch sein Eau de Toilette.

Joseph sagte: «Es geht mir gut, und du solltest nicht unglücklich sein. Alles ist in Ordnung. Es ist schön, wo ich bin.» Ich redete durch die Gedanken mit ihm und sagte ihm, daß ich ihn liebe. Dann verblaßte er langsam.

Ich war erleichtert, weil ich mich nicht mehr fragen mußte, wie es meinem Bruder wohl gehen mochte.

Eine Reihe von Aussagen, die wir hörten, begannen mit einem ähnlichen Satz wie dem von Deborah: «Vor dieser Erfahrung glaubte ich nicht an solche Dinge...» Unsere Umfrage ergab, daß der Glaube an die Möglichkeit von Nachtod-Kontakten keine Bedingung für deren tatsächliches Eintreten ist, wie Deborahs Begegnung mit ihrem Bruder bestätigt.

Edward trainiert Sportler und lebt in Alberta, Kanada. Er freute sich über das Wiedersehen mit seinem Vater, der mit 73 Jahren unerwartet an einem Herzanfall starb:

In der Nacht nach der Beerdigung meines Vaters lag ich schlafend im Bett, als mich ein warmes Gefühl an der rechten Hüfte weckte. Als ich die Augen öffnete, merkte ich, daß mein Vater auf dem Rahmen des Wasserbetts saß. Er war so wirklich wie Sie und ich. Er hatte die Hand auf meine Hüfte gelegt und tätschelte mich. Ich sah alles – seine blauen Augen, den grauweißen Bart und seine Kleidung. Er trug eine orange-weiße Motorradjacke, die ich ihm mal geschenkt hatte. Auf dem Kopf hatte er den Wildlederhut, den er immer zum Camping mitnahm, dazu ein weißkariertes Hemd und seine grünen Lieblingshosen. Mein Vater hielt sich immer im Freien auf, und so roch er auch.

Ich fragte: «Was ist los?» Er sagte: «Ich will dich nur wissen lassen, daß es mir gutgeht und daß ich dich wiedersehen werde. Tut mir leid, daß ich nicht länger bleiben kann.» Er schien richtig entspannt, glücklich und zufrieden. Dann stand er auf, trat einen Schritt vom Bett weg und war im Handumdrehen verschwunden.

Ich konnte danach nicht mehr einschlafen, aber ich fühlte mich viel besser und wußte, daß alles okay war. Die losen Enden hatten sich irgendwie verknüpft, und ich konnte mich wieder auf mein Leben konzentrieren.

Wenn nahe Angehörige sterben, hilft uns eine visuelle Erscheinung besonders gut, mit unserer Sorge und Trauer besser umzugehen. Der Anblick des geliebten Menschen und der Eindruck, daß es ihm gutgeht, ermöglichen uns, in unserer Trauerarbeit einen Schritt weiterzukommen und uns produktiv mit unserem Verlust auseinanderzusetzen.

Tanya ist eine Computerspezialistin aus Texas. Sie erlebte die folgende Begegnung mit ihrer besten Freundin Gina, die ein Jahr zuvor mit 30 Jahren bei einem Autounfall getötet worden war:

Ich mußte auf dem Weg nach San Francisco in Atlanta einen Zwischenstopp einlegen. Ich saß in der Flughafenlounge und las, als ich plötzlich White Shoulders roch, das Parfüm, das Gina immer benutzt hatte.

Ich schaute hoch, und da saß sie – am selben Tisch wie ich. Sie wirkte entspannt und war so hübsch wie immer, so wie ich sie zuletzt gesehen hatte. Sie trug ein rot-grau kariertes Wollhemd, das ich ihr vor Jahren geschenkt hatte.

Ich fragte: «Gina, was machst du denn hier?» Sie lächelte und sagte: «Ich bin gekommen, um dich zu sehen.» Sie legte ihre Hand kurz auf meine. Ihre Hand war fest und sehr warm.

Mir war der Hals wie zugeschnürt, und sie sagte: «Entspann dich doch. Ich will, daß du glücklich bist, und ich will, daß du aufhörst, dir Sorgen zu machen und so traurig zu sein. Mir geht es gut. Ich werde dich nicht wieder besuchen, deshalb möchte ich dir raten, daß du deine Angelegenheiten in Ordnung bringst.» Dann war sie von einer Sekunde zur anderen verschwunden, und ich saß da wie vom Schlag gerührt.

Als Gina so plötzlich starb, hinterließ sie ihre Sachen in kompletter Unordnung. Vielleicht war es das, was ich von ihr lernen sollte. Folglich gebe ich mir seither große Mühe, damit ich sicher sein kann, daß meine Finanzen und mein Leben geregelt sind.

Wenn wir sterben – wann immer das sein mag –, erleichtern wir unseren Angehörigen das Leben, wenn wir unsere persönlichen und beruflichen Angelegenheiten in geordnetem Zustand hinterlassen. Wir können zum Beispiel eine Erlaubnis zur Organspende und Instruktionen für die Beerdigung schriftlich hinterlegen, ein Testament abfassen und die wichtigsten Dokumente an einem sicheren Ort bereitlegen. Wir sollten außerdem eine verantwortungsbewußte Person benennen, die unsere Wünsche in die Tat umsetzt.

Der letzte Bericht in diesem Kapitel stammt von Leonard, einem 44jährigen Mechaniker aus British Columbia. Ihm wurde ein Zusammentreffen mit seiner Mutter beschert, die nach langer Krankheit gestorben war:

Etwa sechs Monate nach dem Tod meiner Mutter wurde ich eines Nachts von einer Stimme geweckt, die sagte: «Sieh her!» Ich tat es, und da war ein Licht im Zimmer. Am Fußende des Bettes schwebte ein weißer, duftiger Nebel, ein heller Dunst. Er sah aus wie der schwache Umriß einer Person, und er wurde klarer und deutlicher, als er näherkam. Dann erkannte ich die Form, die Größe und den Gang – ich erkannte meine Mutter! Sie ging drei Schritte auf mich zu, trat vollständig aus dem Dunst heraus, und ich stand auf und ging auf sie zu. Wir trafen uns in der Mitte, und ich sagte überglücklich: «Oh, Mama!»

Sie flüsterte: «Hallo, mein Sohn.» Ihr Gesicht war sehr, sehr schön, gesund, freundlich und heiter. Ihr Blick war voller Wärme und Liebe. Ihre Wangen waren rund und rosarot. Sie sah viel jünger aus, und ihr Haar war ein klein wenig dunkler.

Wir umarmten uns, und ich empfand eine alles umfassende

Liebe. Das Gefühl von Wärme und Zusammengehörigkeit sprengte mir fast die Brust – wie damals, als meine Kinder geboren wurden, nur stärker. Es war die schönste und liebevollste Umarmung, die ich je erlebt habe.

Meine Mutter war greifbar und wirklich. Ihre Größe und ihr Gewicht hatten sich nicht verändert. Sie war immer noch eine stattliche Frau, sehr warm und weich und mütterlich. Meine Mutter tat all die vertrauten Dinge. Sie rieb mir den Nacken, während sie mich hielt. Und sie streichelte mir die Wange und legte mir die Hand auf die Haare. Sie hatte schon immer einen sehr neutralen Geruch gehabt, deshalb roch ich nichts Besonderes.

Dann lehnte sie sich ein bißchen zurück, wobei sie die Arme noch um mich gelegt hatte, und sagte: «Sei glücklich, Leonard. Sei glücklich.» Meine Mutter wollte immer, daß wir alle glücklich sind. Dann lächelte sie mich an und löste sich schnell auf, und ich blieb stehen.

Das war ein sehr schönes und wertvolles Erlebnis, und ich weiß, es war kein Traum und kein Produkt meiner Phantasie. Ich glaube, meine Mutter kam zurück, um mir zu zeigen, daß alles in Ordnung ist, und sie wollte, daß ich diese Botschaft allen weitergebe, die sie vielleicht brauchen können.

Kein Wiedersehen mit einem lebendigen Menschen könnte natürlicher vonstatten gehen als die spirituelle Begegnung, die Leonard mit seiner verstorbenen Mutter erlebte. Er kann von ihr zehren, und sie wird ihn immer an die treue Liebe und Zuneigung seiner Mutter erinnern. Visuelle Nachtod-Kontakte sind äußerst machtvolle Erfahrungen, weil sie uns die Gewißheit geben, daß unsere liebsten Angehörigen den Übergang, der Tod genannt wird, überstanden haben und in einer anderen Dimension vollkommen lebendig weiterexistieren. Sie bieten uns lebhafte und bleibende geistige Bilder von unseren verstorbenen Angehörigen und Freunden, in denen diese, ungeachtet ihres Sterbealters und der Todesursache, geheilt und unversehrt vor uns erscheinen. Und schließlich sind sie sehr überzeugende Beweise dafür, daß wir uns auf ein neues und interessantes Leben nach dem physischen Tod freuen können.

8 Ein Blick über die Grenze: Nachtod-Kontakt-Visionen

Ich glaube fest daran, daß wir durch den Tod sofort in ein anderes Leben eintreten. Die uns vorangegangen sind, leben auf eine Weise und wir auf eine andere.

Norman Vincent Peale

Bei dem, was wir als NTK-Visionen bezeichnen, wurden Verstorbene als «Bilder», also zweidimensional, oder auch als Hologramme gesehen. Dies ist eine relativ seltene Form von Nachtod-Kontakten. Dabei kann noch unterschieden werden zwischen «externen» NTK-Visionen, bei denen Hinterbliebene mit offenen Augen etwas sehen, das sie mit Diaprojektionen oder in der Luft hängenden Filmbildern vergleichen. «Innere» NTK-Visionen hingegen werden im Geist wahrgenommen, wobei auch hier die Augen geöffnet sein können, aber häufig auch geschlossen sind. Die Visionen bestehen meist aus leuchtenden Farben, die wie von einem inneren Licht erhellt wirken. Oft wurde der Vergleich von Glasfenstern gebracht, die von hinten angestrahlt werden. Bei einer solchen Vision scheint sich das Gefühl zu vermitteln, durch eine Öffnung in eine andere Dimension zu blicken, wo sich eine spirituelle Welt erschließt.

NTK-Visionen beinhalten hin und wieder auch Mitteilungen. Solche Botschaften werden am häufigsten bei inneren Visionen empfangen, die in einem tiefen Entspannungszustand, während einer Meditation oder im Gebet auftreten.

Die ersten sechs Beispiele berichten von Visionen, bei denen die Betroffenen die Augen geöffnet hatten. Dabei erkannten sie das Gesicht eines Verstorbenen, einen Teil seines Körpers oder die ganze Gestalt.

Patty, 44 Jahre, ist Buchhalterin und lebt in Georgia. Sie brauchte Trost, nachdem ihr 15jähriger Sohn Todd bei einem Autounfall gestorben war:

Ungefähr anderthalb Monate später saß ich im Arbeitszimmer und las ein Buch von einer Mutter, die ihr Kind verloren hatte. Sie schrieb darüber, wie sie sich in eine tiefe Meditation versenkt hatte. Als ich zu diesem Abschnitt kam, legte ich das Buch weg und schloß die Augen. Ich dachte nur noch: «O Gott, laß mich wissen, daß es Todd gutgeht.»

Als ich die Augen wieder öffnete, sah ich Todds Gesicht über mir. Er lächelte fröhlich und war von Licht umgeben. Sein Lächeln schien mir zu sagen: «Alles ist bestens. Mach dir keine Sorgen mehr um mich. Ich bin an einem Ort, wo ich sehr glücklich bin.»

Sein Gesicht befand sich in einem Kreis – es sah aus wie ein Dia und war nicht dreidimensional. Es blieb eine Minute da, und dann – puff! – war es weg.

Ich war so getröstet, weil Todd mich angelächelt hatte. Mein Mann war draußen auf der Veranda, und ich ging gleich zu ihm und erzählte ihm von meinem Erlebnis. Auch er freute sich sehr darüber.

Rachael leitet ein Pflegeheim in Minnesota. Sie war froh und dankbar für die folgende Begegnung mit ihrer Tochter Dawn, die vier Monate zuvor mit 17 Jahren ermordet worden war:

Eines Nachts, ungefähr um 23.30 Uhr, hörte ich einen christlichen Radiosender und las dabei in einem Buch. Sie spielten gerade eine Klavierversion des Liedes *El Shaddai*. Ich schaute hoch, und da sah ich Dawn wie durch ein Fenster.

Sie war barfuß und tanzte zu dem Lied einen liturgischen Tanz. Sie schien zu schweben. Ihr Haar wehte, und sie bewegte die Arme zur Musik. Sie trug ein langes, weißes Gewand, das ihr bis zu den Füßen reichte, und eine geflochtene Kordel um die Taille. Alles war hell, sehr hell. Sie war sehr glücklich, und sie lächelte so fröhlich wie immer. Sie

drückte durch das Tanzen ihre spirituelle Freude aus. Am Ende des Liedes verschwand sie.
Ich war sehr dankbar und begann zu weinen. Ich hatte den Herrn gebeten, mich wissen zu lassen, daß es Dawn gutging. Ich bin sicher, daß ich sie im Himmel gesehen habe, und bin jetzt davon überzeugt, daß sie Frieden gefunden hat.

Als Antwort auf ihr Gebet sah Rachael ihre Tochter in einer Vision wie «durch ein Fenster» an einem spirituellen Ort. Sie demonstrierte durch das Tanzen ihre vollkommene Freude und Freiheit.

Daran zu glauben, daß ein verstorbenes Kind den Tod überlebt hat, ist zweifellos sehr tröstlich. Doch es zu wissen, weil man den Sohn oder die Tochter tatsächlich lebendig und gesund im Himmel vor sich gesehen hat, ist eine spirituelle Gnade, die ein ganzes Leben erhellen kann.

Allen ist Masseur und lebt in Washington. In seiner Vision erschienen seine Mutter, die mit 53 an Lungenkrebs gestorben war, und sein Großvater väterlicherseits, der mit 76 einem Herzanfall erlegen war, einträchtig nebeneinander:

Ungefähr um 3 Uhr nachts rief mich das Krankenhaus an, und man teilte mir mit, daß meine Mutter gestorben sei. Ich stellte mich vor unser Wohnzimmerfenster und sah zu den Bergen hinüber. In diesem Augenblick tat sich ein Loch auf, und ich blickte in eine andere Dimension.
Ich sah meine Mutter mit meinem Großvater, der an die zehn Jahre vorher gestorben war. Es war, als stände ich auf der einen Seite einer Glasscheibe und sie auf der anderen. Sie waren sehr real und wirklich.
Mein Großvater wirkte völlig gesund, um Jahre verjüngt und voller Kraft. Er lächelte nur und trat dann beiseite. Meine Mutter trug das weiße Kleid, in dem sie geheiratet hatte. Sie war gesund und sprühte geradezu vor Leben. Sie sagte mir, es ginge ihr gut und sie hätte keine Schmerzen mehr – sie fühle sich wunderbar. Ich antwortete ihr, daß ich sie liebe.
Dann fing ich an zu weinen und drehte den Kopf zur Seite.

Und als ich wieder hinschaute, waren sie weg. Ich hätte mich ohrfeigen können, daß ich den Blick abgewandt hatte, denn in diesem Moment schloß sich das Fenster zu jener Dimension wieder.

Nur Minuten nach dem Tod seiner Mutter sah Allen sie wieder, als ein «Loch» in eine andere Dimension aufriß. Er empfand es offensichtlich als sehr erleichternd zu wissen, daß sein Großvater ihr zur Seite stand, als sie starb.

Edie ist Pfarrerin in einem Sterbehospiz im Südosten der USA. Sie gelangte zu einem tieferen Verständnis des Lebens, nachdem ihr 14jähriger Stiefsohn Michael auf seinem Fahrrad von einem Autofahrer getötet worden war:

Wir standen im Beerdigungsinstitut vor Michaels Sarg. Ich sprach leise ein Gebet. Plötzlich sah ich vor mir, ungefähr auf Augenhöhe, eine Art Film ablaufen. Ich sah eine schöne, hügelige grüne Wiese mit Blumen, Vögeln und Schmetterlingen. Sie war sehr hell, und die Farben waren klar und lebhaft. Und darauf tollte Michael herum! Er blieb stehen und sah mich an, und auf seinem Gesicht lag ein wunderbares Lächeln. Seine Augen glänzten, und er grinste über das ganze Gesicht. Er war gesund, er war fröhlich, und er hatte keine Schmerzen. Er war von Liebe umgeben und empfand weder Ärger noch Bitterkeit.
Michael sagte: «Mir geht's gut. Mach dir keine Sorgen um mich.» Und durch seine Körpersprache drückte er aus: «Sei nicht traurig meinetwegen. Das bin nicht ich, den du da im Sarg anschaust. Ich bin hier!» Ich blinzelte, und er stand immer noch da. Dann verblaßte die Vision langsam. Als ich wieder seinen Leichnam im Sarg ansah, erkannte ich, daß dieser nur mehr ein leeres Haus war – ein Ort, an dem er sich eine Weile aufgehalten hatte und den er nun verlassen hatte. Als ich hinausging, war mein Gang regelrecht beschwingt, so als wäre mir eine Last von den Schultern genommen worden. Ich wußte, Michael geht es gut – daran bestand für mich überhaupt kein Zweifel.

> Anfänglich hat mir dieses Erlebnis die Trauer erträglich gemacht. Der schlimmste Schmerz ließ nach, nicht aber der Kummer, nicht die Tatsache, daß ich meinen Stiefsohn als Menschen so sehr vermisse.

Der Anblick Michaels in einem «Film» überzeugte Edie davon, daß ihr Stiefsohn den physischen Tod überlebt hatte. Als Pfarrerin in einer Sterbeklinik wußte sie das kostbare spirituelle Geschenk zu würdigen, das sie nun an ihre sterbenden Patienten weitergibt.

Man kann sich wohl kaum einen dramatischeren Kontrast vorstellen: auf der einen Seite der Anblick des Verstorbenen als leblose Hülle im Sarg, auf der anderen der Eindruck, den ein Nachtod-Kontakt hinterläßt. Eine ganze Anzahl von Berichten in unserer Sammlung sprechen von ähnlichen Vorfällen, die sich während einer Beerdigung beziehungsweise eines Trauergottesdienstes ereigneten.

Trish, 55 Jahre alt, ist Personalchefin einer Firma in Florida. Kurz nach dem Tod ihrer Freundin Ginny hatte sie folgende Vision:

> Ich hatte eine Freundin, die auf den Jungferninseln lebte. Als ich sie zum letzten Mal sah, hatte sie Krebs. Sie war furchtbar krank und sah ganz abgezehrt und elend aus. Eines Tages bekam ich ein Telegramm von ihrem Mann, daß sie gestorben war. Ich war sehr deprimiert und traurig über ihren Tod.
>
> Als ich später im Auto von der Arbeit nach Hause fuhr, konnte ich die Tränen kaum zurückhalten. Plötzlich sah ich genau vor mir ein wunderbares Bild von Ginny. Sie lächelte über das ganze Gesicht und ihr Gesichtsausdruck war freudig erregt. Ihre Augen leuchteten, ihre Haut glänzte, und ihre Zähne funkelten.
>
> Ich fühlte, sie war gekommen, um mir zu sagen: «Weine nicht! Sieh mich an! Ich bin so glücklich!» Ginny gab mir das Gefühl, daß alles in Ordnung war. Ich empfand einen solchen Frieden, es war wunderbar!

Katie ist Hausfrau und lebt im Südosten der USA. Sie wurde Witwe, als ihr 30jähriger Mann Dick von einem Einbrecher ermordet wurde:

Am Tag nach Dicks Beerdigung brachte mich die Polizei auf das Revier zur Befragung. Sie ließen mich etwa fünfzehn Minuten allein. Ich saß in einem Zimmer und fragte mich, wo Dick wohl jetzt sei, und ich sagte: «Bitte, Dick, laß es mich wissen. Tu irgend etwas, damit ich weiß, daß es dir gutgeht.» Während ich aus dem Fenster ins Leere starrte und versuchte, die Ereignisse im Geist in eine logische Folge zu bringen, sah ich plötzlich ein Bild vor mir, vielleicht dreißig auf dreißig Zentimeter groß. Ich konnte es kaum fassen – da war mein Mann! Er trug genau die Sachen, in denen er beerdigt worden war. Neben ihm standen auf der einen Seite drei Leute, auf der anderen zwei, und alle schauten mich an. Ich erkannte, daß zwei Gestalten männlich und zwei weiblich waren, die fünfte war verschwommen. Dicks Arme waren ausgestreckt, er hatte sie diesen Leuten auf die Schultern gelegt. Sein Blick und das Gefühl, das ich dabei hatte, besagten: «Sieh her, Katie, ich bin wieder gesund! Ich bin glücklich! Mir wird es gutgehen, und dir wird es auch gutgehen.» Ich wußte, was er sagte, obwohl er nicht sprach.

Er war so unglaublich glücklich; er strahlte über das ganze Gesicht. Er war in Höchstform. Seine Gefühle waren so stark, daß ich spürte, wie sie von ihm ausstrahlten. Dann verblaßte das Bild.

Später am Abend saßen Dicks Eltern und ich zu Hause am Tisch und redeten. Aus irgendeinem Grund kamen wir auf mein Erlebnis zu sprechen. Ganz plötzlich, wie eine Glühlampe, leuchtete das Bild wieder auf. Ich wußte sofort, daß diese vier Leute bei Dick seine Großeltern waren, und ich beschrieb sie seinen Eltern. Ich weiß immer noch nicht, wer die fünfte Person war.

Jetzt habe ich keine Angst mehr vor dem Tod. Ich weiß, wenn meine Zeit gekommen ist, wird Dick für mich dasein.

Obwohl Katie sich durch das «Bild» ihres Mannes getröstet

fühlte, kann nichts die traumatische Erinnerung an den gewaltsamen Tod des geliebten Menschen völlig löschen. Dies gilt besonders für Angehörige von Mordopfern, die über die schrecklichen Erlebnisse hinaus auch noch eine Verletzung ihrer Privatsphäre erfahren, indem sie vor Gericht erscheinen und sich womöglich noch den Medien stellen müssen.

Die restlichen Berichte in diesem Kapitel sind Beispiele für Nachtod-Kontakte, die die Betroffenen als «innere» Schau erlebten.

Ross, ein Chiropraktiker aus Virginia, erlebte die folgende innere Vision seiner Schwiegermutter, die sechs Monate zuvor mit 58 Jahren an Krebs gestorben war:

> Ich war gerade im Haus meiner Schwiegermutter, in ihrer Küche, in der sie viel Zeit verbracht hatte. Meine Augen waren offen, als ich ein vollkommen klares Bild vor mir sah. Es war von einem vollkommenen Gefühl der Freude begleitet.
> Meine Schwiegermutter war zu Lebzeiten eine sehr würdevolle Frau gewesen. Jetzt war sie wie ein Cheerleader gekleidet, mit kariertem Rock und weißer Bluse, und sah bestimmt dreißig Jahre jünger aus als bei ihrem Tod. Sie lächelte strahlend, mit der Art von Ausgelassenheit, die Leuten eigen ist, die vor Glück ganz überschwenglich werden.
> Meine Schwiegermutter hüpfte auf und ab, sie winkte und lachte. Dann nickte sie mit dem Kopf, als wolle sie mir versichern, daß alles bestens sei und man sich um sie kümmere.

Viele Verstorbene erscheinen offensichtlich während eines Nachtod-Kontakts wesentlich jünger als zum Zeitpunkt ihres Todes. Dies trifft auch auf die Vision zu, die Ross von seiner Schwiegermutter hatte.

Gary arbeitet in der Verwaltung einer Universität in Washington. Er schöpfte Kraft aus dem folgenden Erlebnis mit seiner

Tochter Lauren, die mit drei Monaten am plötzlichen Kindstod gestorben war, und seinem Vater, der mit Anfang Vierzig eine tödliche Herzattacke erlitten hatte:

> Meine Vision ereignete sich etwa fünf Tage nach Laurens Tod, während ich Auto fuhr. Meine Augen waren offen, und ich blickte auf die Straße vor mir.
> Plötzlich sah ich bildhaft, wie meine Tochter auf den Knien meines Vaters saß! Er hatte einen Arm um sie gelegt. Lauren trug ein rosarotes Kleidchen und lächelte glücklich. Meine Großmutter stand neben ihnen, und hinter meinem Vater war noch mein Onkel. Im Hintergrund befanden sich andere Verwandte, die schon gestorben waren. Es war ein sehr stiller Ort, und alle waren glücklich.
> Dem Gesichtsausdruck meines Vaters konnte ich entnehmen, daß er sehr stolz auf Lauren war. Die Vision endete, als mein Vater sagte: «Es geht ihr gut.» Ich lächelte, und das Bild verblaßte allmählich.
> Ich war ungemein erleichtert, als wäre mir eine Last von den Schultern genommen worden. Lauren war glücklich, und man kümmerte sich um sie. Ich wußte, sie war jetzt bei meiner Familie und empfand tiefen Frieden.

Wie Garys Nachtod-Kontakt, aber auch andere in diesem Buch illustrieren, scheinen unsere verstorbenen Kinder von einer großen Anzahl von Verwandten in Empfang genommen und mit offenen Armen freudig begrüßt zu werden. Unter einer so herzlichen und klugen Anleitung werden sie, wie wir annehmen können, auch weiterhin emotional, geistig und spirituell wachsen, bis wir wieder mit ihnen vereint sind.

Elaine, eine Hausfrau aus Kanada, hatte, zehn Tage nachdem ihre beiden Töchter Noelle, 17, und Christie, 10, bei einem Unfall auf ihrer Farm starben, die folgende Vision:

> Mein Mann und ich saßen im Wohnzimmer auf dem Sofa und öffneten Beileidsbriefe. Ich hatte die Augen offen, als ich plötzlich im Geist die beiden Mädchen vor mir sah. Es war wie

ein farbiges Bild auf einem Fernsehschirm, sehr realistisch, aber nicht richtig dreidimensional.

Noelle und Christie standen Hand in Hand nebeneinander und schauten nach oben. Sie waren in ein sehr helles, klares weißes Licht getaucht. Das Licht war einfach unbeschreiblich! Es war heller als alles, was ich je gesehen hatte, und es hätte mich eigentlich blenden müssen, aber das tat es nicht.

Die Mädchen waren von diesem Licht eingehüllt und sehr deutlich zu erkennen, aber alles andere war verschwommen. Auf ihren Gesichtern lag ein verzückter Ausdruck. Sie waren so glücklich und zufrieden! Ich seufzte vor Erleichterung, daß es Noelle und Christie gutging. Ich wußte, daß ich mir keine Sorgen mehr zu machen brauchte. Alles, was ich zu tun hatte, war lernen, mit meinem eigenen Kummer umzugehen und mein Leben wieder in den Griff zu bekommen.

Vorher war ich ziemlich skeptisch gewesen, wenn ich solche Geschichten hörte. Aber dieses Erlebnis gab mir meinen Glauben zurück. Gott wußte, was ich fühlte, und das war Seine Art, mich zu trösten und mich wissen zu lassen, daß ich nicht in meiner Trauer verharren durfte.

Faith ist Psychologin und betreut in Florida todkranke Kinder. Zwei Wochen nach dem Tod ihrer 13jährigen Patientin Suzie an Leukämie erhielt sie einen Auftrag:

Ich befand mich gerade in meinem Meditationskreis, als mir plötzlich in einer Vision Suzie erschien. Sie sagte: «Ruf meine Mutter an und sag ihr, das mit dem Quilt ist schon in Ordnung.» Sie war sehr glücklich, sehr fröhlich, und um ihr Gesicht und ihren Kopf leuchtete ein helles Licht.

Ich wußte, wenn ich anrief, erwartete mich ein langes Gespräch. Außerdem – um was ging es überhaupt bei dem Quilt? Da erschien mir Suzie ein zweites Mal und sagte: «Ruf meine Mutter wegen dem Quilt an.»

Am nächsten Tag rief ich Suzies Mutter an. Sie sagte: «Ich bin so froh, daß Sie anrufen, denn gestern war der schlimmste Tag seit Suzies Tod. Ich war so am Ende, daß ich Suzies Quilt geholt habe und nach draußen gegangen bin. Ich habe mich unter einen Baum gelegt und nur noch geweint.»

Ich sagte: «Warten Sie, ich muß Ihnen etwas erzählen. Gestern erschien mir Suzie im Gebetskreis und bat mich, Ihnen zu sagen, das mit dem Quilt sei schon in Ordnung. Können Sie damit etwas anfangen?»

Suzies Mutter brach in Tränen aus und sagte: «Sie werden es nicht glauben, aber als ich weinend unter dem Baum lag, war ich ganz durcheinander. Suzie hatte diesen Quilt, seit sie ein Baby war. Sie nahm ihn überall mit hin, bei jedem Schritt, und trennte sich nie davon. Als wir sie beerdigten, brachte ich es nicht über mich, den Quilt herzugeben. Ich hatte deswegen solche Schuldgefühle. Sie wissen gar nicht, wie gut es mir tut, das zu hören. Ich bin so froh, daß Sie angerufen haben!»

Aus Angst, uns lächerlich zu machen oder eine Abfuhr zu erhalten, zögern manche Menschen, eine NTK-Botschaft auszurichten, vor allem wenn sie wenig oder keinen Sinn zu ergeben scheint. Doch Faith' Bericht zeigt deutlich, daß eine solche Botschaft für den Empfänger äußerst bedeutsam sein kann.

Der letzte Bericht stammt von Claire, einer Psychologin aus New Jersey. Sie erlebte einen meditativen Nachtod-Kontakt, nachdem ihr Vater mit 87 Jahren an Herzversagen gestorben war:

Der Tod meines Vaters war für mich ein ungeheuerer Verlust. Obwohl ich mich keiner Kirche zugehörig fühlte, hatte ich das Bedürfnis, für ihn zu beten. Ich ging in eine presbyterianische Kirche und fand den Gottesdienst sehr bewegend. Ich wurde eingeladen, an ihrer christlichen Gebetsgruppe teilzunehmen. Ich fing nur aus einem Grund an zu meditieren – um selbst zum Glauben zu finden. Aber schon beim ersten Versuch schlief ich ein. Beim zweiten Mal passierte gar nichts. Beim dritten Mal erlebte ich dann etwas.

Ich saß ganz entspannt im Wohnzimmer, und mein Mann spielte auf dem Klavier Pachelbels «Kanon in D». Die Musik hatte einen beruhigenden, gleichmäßigen Klang, der offenbar

einen meditativen Zustand auslöste. Meine Augen waren geschlossen, und ich hielt die Hände mit den Handflächen nach oben, als Symbol dafür, daß ich bereit war, von Gott etwas anzunehmen.
Plötzlich sah ich meinen Vater vor mir, aber nur von der Taille aufwärts. Er war in der Blüte seiner Jahre, also um die fünfzig. Er wirkte ganz lebendig, und sein Gesicht war entspannt – er sah frisch und gesund aus.
Ich hatte das starke Gefühl, mit ihm verbunden zu sein – so als sei er wirklich gegenwärtig. Es war ein sehr einfaches Erlebnis, und als ich die Augen öffnete, war es vorbei.
Diese Erfahrung war intensiver als jede andere in meinem Leben. Ich hatte das Gefühl, als wäre eine Verständigung mit meinem Vater zustandegekommen und als hätte ich Zugang zu etwas erhalten, das jenseits dieser Welt lag.

Ob wir Nachtod-Kontakte nun äußerlich oder innerlich wahrnehmen, mit offenen oder geschlossenen Augen, im Kern sind sie gleich. Sie offenbaren uns wieder und wieder, daß unsere verstorbenen Angehörigen oder Freunde in ihrem neuen Leben Freude und Frieden gefunden haben.

9 Begegnungen im Zwielicht: Nachtod-Kontakte zwischen Wachen und Schlafen

Wie ein kleiner Vogel, der die Hülle durchbricht und auffliegt, verlassen auch wir diese Hülle, die Hülle des Körpers. Wir nennen das Tod, aber genaugenommen ist der Tod nichts anderes als ein Wandel der Form.

Swami Satchidananda

Eine Reihe von Nachtod-Kontakten ereignen sich, während Menschen einschlafen oder aufwachen, in einem Bewußtseinszustand, den man als Halbschlaf oder entspannten Wachzustand bezeichnet. Diese Form von Nachtod-Kontakt kommt relativ häufig vor.

In diese Bewußtseinsebene des «Halbschlafes» kann man durch verschiedene Entspannungstechniken, Meditationsübungen, Hypnose und Gebet gelangen. Wir können aber auch spontan in einen solchen Zustand verfallen, während wir Tagträumen nachhängen oder in Gedanken versunken sind. Wie unsere Untersuchungen ergeben haben, können Menschen von Verstorbenen leichter kontaktiert werden, wenn sie eine entspannte, offene und empfängliche Geisteshaltung einnehmen.

Im Halbschlaf ist jede Kombination der bereits genannten NTK-Arten möglich. Dieses und das folgende Kapitel zeigen, daß die Kontakte, von denen unsere Interviewpartner berichteten, in ihren Grundzügen übereinstimmten, gleichgültig, ob die Betroffenen nun hellwach waren, meditierten oder fest schliefen.

Gene, 27 Jahre alt, arbeitet auf einem Friedhof in Oklahoma. Er erhielt eine Botschaft von seinem Bruder Roger, der mit 24 Jahren in Korea mit einem Hubschrauber abstürzte:

Am Weihnachtsabend warteten wir auf einen Anruf von Roger, aber der kam nicht. Später klingelte ein Offizier an unserer Tür. Er las uns ein Telegramm vor: Die Armee müsse Mama mit großem Bedauern mitteilen, daß ihr Sohn im Dienste seines Landes gefallen sei. Wir konnten es einfach nicht glauben!

Am nächsten Tag war ich nachmittags sehr müde und legte mich hin. Sie wissen, wie das ist, wenn man nicht richtig schläft und nicht richtig wach ist und trotzdem alles hört, was vor sich geht, aber nicht darauf achtet?

Roger kam zu mir. Ich spürte seine Gegenwart, aber ich sah ihn nicht. Ich fühlte, daß er sagte: «Alles ist gut. Alles ist in Ordnung. Sag Mama, mir geht es gut, sie soll sich keine Sorgen um mich machen. Sag ihr, daß ich sie liebe.» Er bat mich, Mama zu trösten, so gut ich könne, und darauf zu achten, daß sie zurechtkäme.

Das dauerte vielleicht drei Minuten. Sobald ich ganz wach war, ging ich zu meiner Mutter und erzählte es ihr, und es ging uns danach gleich viel besser.

Rogers Rückkehr ist für mich der Beweis, daß es ein Leben nach dem Tod geben muß. Und jetzt glaube ich auch, daß er im Himmel ist.

Gene liefert eine gute Beschreibung der Zeit vor dem Einschlafen. In dieser Phase nehmen wir unsere unmittelbare Umgebung zwar wahr, aber wir sind gleichzeitig wie losgelöst von ihr.

Jack, ein pensionierter Polizist aus New York, lebt jetzt in Florida. Seine Frau Kitty, mit der er 49 Jahre verheiratet war, starb mit 68 an Krebs:

Ich bin Realist. Ich war mein ganzes Leben lang ein sehr realistischer Mensch. Für diese ganze Suche nach außergewöhnlichen Erfahrungen hatte ich noch nie etwas übrig.

Aber dann, etwa einen Monat nach dem Tod meiner Frau, geschah etwas Eigenartiges. Ich war halb wach und halb eingeschlafen, lag auf der rechten Seite des Doppelbetts und hatte meinen linken Arm über ihr Kopfkissen gelegt, das Kitty

immer ihr «Kuschelkissen» nannte. Plötzlich hätte ich schwören können, daß Kitty sachte meine linke Hand drückte. Ich wußte einfach, daß sie es war! Ich spürte tatsächlich den Druck ihrer weichen, warmen Hand.
Das ganze Zimmer schien von einer Atmosphäre des Friedens und der Liebe erfüllt. Es kam mir vor, als wolle sie mir sagen, ich solle mir keine Sorgen machen, oder als würde sie mir sagen: «Du brauchst dich nicht zu beeilen. Ich habe ein Plätzchen für dich ausgesucht und warte hier oben auf dich.» Nach diesem Erlebnis fühlte ich mich viel besser.

Jack sprach davon, daß der ganze Raum von einem allumfassenden Frieden erfüllt war. Seine Worte scheinen anzudeuten, daß die Verstorbenen eine spirituelle Energie ausstrahlen, die möglicherweise auch nach ihrem Besuch noch auf uns einwirkt.

Lisa, die im Nordwesten der USA ein Freizeitzentrum leitet, erlebte die folgende Begegnung, nachdem ihre Lebensgefährtin Julie zwei Monate zuvor mit 40 Jahren an Krebs gestorben war:

Ich mußte meine Katze einschläfern lassen, weil sie an einer Blutkrankheit litt. Als ich nach Hause kam, war ich ziemlich niedergeschlagen und erschöpft. Deshalb legte ich mich um 16 Uhr nachmittags hin.
Plötzlich roch ich Shalimar, das Parfüm, das Julie immer benutzt hatte. Dann merkte ich, wie auf dem Bett neben meinen Beinen eine Kuhle entstand, als setze sie sich dort hin, und ich spürte, wie sie sich über mich beugte und mich auf die Wange küßte. Es war ein sehr schönes, warmes Gefühl.
Ich versuchte mit aller Macht, die Augen zu öffnen, damit ich sie sehen und berühren konnte, aber das ging nicht. Da hörte ich ihre Stimme und entspannte mich sofort. Julie sagte: «Liebes, alles wird gut werden. Mir geht es gut, und du wirst dich auch bald besser fühlen.» Sie klang sehr tröstlich.
Das Gefühl dauerte ein paar Minuten an, dann fühlte ich, wie ihr Gewicht sich vom Bett abhob und ihr Geruch schwächer wurde. Als sich das warme Gefühl auflöste, konnte ich die Augen wieder aufmachen und wurde richtig wach.

Ich empfand das Erlebnis als Gnade. Ich dankte Julie, und ich dankte Gott, daß sie zurückkommen durfte. Es war für mich eine Bestätigung der Liebe, die zwischen uns existiert hatte.

Julie legte ihren Besuch vermutlich bewußt auf den Tag, an dem Lisa Trost nötig hatte. Der Verlust eines geliebten Haustieres kann einen sehr mitnehmen, denn Menschen, die um ein Tier trauern, erhalten selten die emotionale Unterstützung, die sie brauchen.

Bruce, 43, arbeitet in Florida auf dem militärischen Sektor. Kurz nach dem Tod seines Vaters gewann er eine bewußtere Einstellung zum Leben:

Es war in der Woche nach Vaters Tod. Ich war halb wach, halb eingeschlafen, als ich meinen Vater am Fußende meines Bettes stehen sah. Ich hatte keine Angst, sondern war neugierig. Er sah viel jünger und gesünder aus, als sei er gerade mal vierzig.
Vater schwebte ungefähr einen Meter über dem Boden, und er trug etwas, das wie ein glänzender, enger weißer Overall aussah. Sein Körper war nicht ganz fest, aber auch nicht transparent – ich konnte nicht durch ihn hindurchsehen. Er leuchtete irgendwie, strahlte fast. Er wirkte sehr ruhig und entschlossen.
Als ich merkte, daß er da war, tauchte ich aus meinem Dämmerzustand auf und wurde schlagartig wach. Ich beobachtete Vater einige Sekunden lang. Dann hörte ich ihn deutlich mit seiner eigenen Stimme sagen: «Mach dir keine Sorgen um mich. Alles wird gut werden.» Danach begann er sich zu entmaterialisieren und verschwand. Das war's.
Mir persönlich ist es egal, ob ich andere davon überzeugen kann. Es genügt mir zu wissen, daß es so war. Ich weiß, was ich gesehen habe – mein Vater war da –, für mich besteht daran absolut kein Zweifel!
Nach diesem Erlebnis wurde mir klar, daß das Leben ein Kontinuum ist und das irdische Leben nur eine Stufe darin. Der Tod ist so, als ginge man durch ein Tor.

Nachtod-Kontakte legen den Gedanken nahe, daß das Leben über den Durchgang, den wir Tod nennen, hinausführt. Wenn wir diese Wandlung durchmachen und die nächste Daseinsstufe erreichen, behalten wir offensichtlich unsere Identität, unsere Persönlichkeit und unser Erinnerungsvermögen. Das heißt, wir nehmen alles mit außer unserem physischen Körper und unseren materiellen Besitztümern.

Sandra ist Hausfrau und lebt in Ohio. Sie war 21, als sie sich ihrem Vater gegenübersah, der mit 56 an einem Herzanfall gestorben war:

> Sieben oder acht Monate nach dem Tod meines Vaters war ich immer noch furchtbar traurig und konnte mich überhaupt nicht auf mein eigenes Leben konzentrieren. Ich wollte seinen Verlust einfach nicht akzeptieren und ertrank regelrecht in meinem Kummer.
> Das folgende Erlebnis kam mir wie ein Traum vor, aber ich befand mich eigentlich mehr in einem Dämmerzustand. Ich spürte die Gegenwart meines Vaters und hörte ihn sagen: «Ich will, daß du damit aufhörst! Ich liebe dich und liebe deine Mutter. Aber es ist an der Zeit, daß du dich auf dein eigenes Leben besinnst. Ich bin jetzt glücklich, da, wo ich bin. Bitte hör auf, mich zurückzuwünschen. Ich hab anderes zu tun. Du mußt mich loslassen!»
> Danach war ich hellwach! Ich sah meinen Vater in der Zimmerecke stehen. Ich konnte ihn ziemlich gut erkennen, vom Kopf bis zu den Hüften. Er sah zufrieden aus, als wolle er mir zeigen, daß es ihm gutging. Er strahlte viel Liebe aus, und dann war er verschwunden.
> Das alles hat mich schlagartig verändert. Ich fühlte mich, als hätte man mir ein Zehn-Tonnen-Gewicht von den Schultern genommen. Ich konnte den Tod meines Vaters endlich annehmen und empfand einen solchen Frieden, daß ich mich aufraffte und nicht mehr so hängen ließ.

Manchmal sprechen die Verstorbenen deutliche Worte, um unsere volle Aufmerksamkeit auf sich zu lenken. Auch bei

Sandra war eine strenge Ermahnung des Vaters erforderlich, um sie aus ihrer Verzweiflung zu reißen.

Immer wieder stießen wir bei unseren Befragungen auf NTK-Berichte, die leidenschaftliche Bitten seitens der Verstorbenen enthalten, sie doch «loszulassen». Offensichtlich halten überzogene Trauer und untröstlicher Kummer sie fast wie Magnete davon ab, in ihrem neuen Leben voranzuschreiten. Vielleicht haben sie auch die spirituelle Verpflichtung, uns bei der Bewältigung unserer Trauer zu helfen, bevor sie weitergehen können.

Marge ist Maklerin und lebt in Florida. Sie bekam überraschend Besuch von Emily, der ersten Frau ihres Mannes, die mit 38 Jahren an Krebs gestorben war und zwei kleine Kinder zurückgelassen hatte:

> Ich hatte Emily nie persönlich kennengelernt – ich kannte sie nur von Bildern. Das folgende geschah etwa drei Monate, nachdem Stephen und ich geheiratet hatten. Es war sehr früh am Morgen, und ich war halb wach.
> Da stand Emily an unserem Bett! Sie sah genauso aus wie auf den Fotos. Sie trug ein weißes, fließendes Gewand und sah ganz ruhig, zufrieden und freundlich aus. Ich war noch ganz benommen und richtete mich im Bett auf.
> Mir war, als würde die lebendige Emily dastehen. Sie strahlte! Sie war von einer weißen, leuchtenden Aura – einem großen Lichtkranz – umgeben. Sie war schön, wirklich wunderschön!
> Sie sagte: «Es ist in Ordnung. Hab keine Angst. Du wirst meinen Kindern eine gute Mutter sein, und deine Ehe wird gelingen. Du wirst meinen Kindern helfen können.» Und dann ging sie wieder.
> Bis zu jener Nacht hatte mich die Situation immer beunruhigt. Nach meiner Begegnung mit Emily war ich entspannter, weil ich wußte, sie war einverstanden, daß ich mithalf, ihre Kinder zu erziehen.

Wahrscheinlich hatte Emily nach dem Tod eine außergewöhnliche Klarheit gewonnen, die sie in die Lage versetzte, Marge zu akzeptieren und ihr liebevolles Einverständnis auszudrücken. Wenn nur alle Mütter und Väter gegenüber den Stiefeltern, die sich um ihre Kinder kümmern, so großzügig sein könnten!

Maria arbeitet bei einer Bundesbehörde und lebt in Maryland. Sie befand sich im Halbschlaf, als ihre Schwiegermutter Angelina, die mit 80 gestorben war, zu ihr zurückkehrte:

> Meine Schwiegermutter hatte fünf Jahre lang bei uns zu Hause gelebt, bevor sie starb. Man hatte ihr beide Beine amputiert, und sie war durch Diabetes blind geworden. Wir standen uns sehr nahe, wie Mutter und Tochter.
>
> Zwei Tage nach Angelinas Tod lag mein Enkelsohn Tony, der zwei Jahre alt war, neben mir auf dem Bett, und ich wartete darauf, daß er einschlief. Ob ich vor mich hinträumte oder wach war, weiß ich nicht mehr. Plötzlich schaute ich hoch, und da stand Angelina neben dem Bett! Im Geist sagte ich: «O mein Gott! Sie hat ihre Beine wieder!» Ich konnte es nicht fassen, daß sie stehen konnte! Sie sah gar nicht mehr alt aus, sondern bestimmt zwanzig Jahre jünger. Ihre Haut war vollkommen glatt, wie damals, als ich ihren Sohn geheiratet hatte. Sie trug ein glänzendes, weißes Kleid.
>
> Aber Angelina sah nicht mich an, sondern Tony, der quer auf dem Bett lag. Er war ihr ein und alles gewesen. Sie sagte: «Mein allerliebster Schatz», und ihre Stimme war voller Liebe. Ihr Gesicht war in strahlendes Licht getaucht. Sie lächelte, und ihre Augen glänzten. Ich stützte mich auf den Ellbogen und sagte: «O Angelina! Du bist zurück! Du bist zurück!» Da drehte sie sich zu mir um und sagte: «Nein, mein Liebling. Ich bin nur gekommen, um mich zu verabschieden.» Dann sah sie wieder Tony an und sagte: «Mein allerliebster Schatz, ich liebe dich so sehr.»
>
> Sie neigte mir ihr Gesicht zu, bis sie mich fast berührte, und sagte: «Ich liebe dich auch, Maria. Leb wohl.» Dann verschwand sie rasch, und ich wurde ganz wach.
>
> Ich dachte gleich: «Ach, das war ein Traum.» Aber als ich zu Tony schaute, lag er noch genau in der Stellung, in der ich ihn vorher gesehen hatte. Deshalb wußte ich augenblicklich, daß

> es kein Traum gewesen war – Angelina war mir wirklich erschienen!

Hier fällt besonders auf, daß Angelina, die blind gewesen war, kam, um ihren Enkel zu sehen.

Faye arbeitet als Gerichtsreporterin im Südosten der USA. Sie war außer sich vor Kummer, als ihr 16jähriger Sohn Chris an einem unentdeckten Herzfehler starb:

> Chris' Vater nahm sich gleich nach Chris' Tod das Leben, was für uns alle eine doppelte Tragödie war. Ich war untröstlich.
> Das Erlebnis, das ich schildern will, hatte ich kurz nach dem Tod seines Vaters. Es wurde gerade hell, und ich war weder richtig wach noch schlief ich. Man könnte es vielleicht Halbschlaf nennen.
> Da sah ich auf einmal Chris auf meinem Bett! Er war sehr körperlich und real. Ich spürte seine Gegenwart und roch ihn. Ich konnte ihm in die Augen sehen und erkennen, daß er lächelte. Ich entdeckte sogar den kleinen Leberfleck unter dem Auge und das Grübchen am Kinn.
> Er wirkte zufrieden und war strahlend schön! Er war weder älter noch jünger und sah sehr gesund aus. Er sagte: «Mama, ich wollte gerne kommen und dir sagen, daß es mir gutgeht. Ich liebe dich. Mach dir keine Sorgen um mich.» Dann fügte er noch hinzu, daß es seinem Vater auch gutgehe, daß er aber noch seine Probleme durcharbeiten müsse.
> Ich blieb noch eine halbe Stunde liegen und genoß das ungetrübte Glücksgefühl, das sonst nur Kinder kennen. Alles, was ich denken konnte, war: «Das ist ein Geschenk! Chris ist wirklich gekommen!» Ich war überglücklich.

Fayes Bericht ist ungewöhnlich, weil er einer der wenigen in unserer Sammlung ist, bei denen der oder die Betroffene Informationen über einen anderen Verstorbenen erhielt. Die Nachricht über Chris' Vater läßt sich vielleicht so interpretieren: Wenn man dem eigenen Leben ein Ende setzt, bevor es Zeit ist, auf natürliche Weise zu sterben, kann das Konsequenzen mit sich bringen, die wir nach dem Tod zu tragen haben. Das Thema Suizid wird in späteren Kapiteln noch zur Sprache kommen.

Claude, ein 60jähriger Zahnarzt aus Washington, wurde von den beiden verstorbenen Schwestern seiner Mutter, seinen Tanten Pearl und Stella, aufgesucht:

> Eines Abends lag ich im Bett, nicht ganz wach und nicht ganz eingeschlafen. Ich hatte das, was die meisten Leute eine Vision nennen würden. Ich sah die Gesichter von Tante Pearl und Tante Stella.
> Sie schienen sehr glücklich. Sie waren sehr gepflegt, und ihre Haare waren gut frisiert. Ihre Mienen waren freundlich – sie lächelten, wenn man so will. Bei ihrem Anblick dachte ich unwillkürlich an Wohlbefinden, Glück und Güte.
> Wenn ich zwei Menschen wie sie auf der Straße sähe, würde ich denken: «Du meine Güte, die zwei führen ein angenehmes Leben. Sie kommen hervorragend zurecht. Sie sind glücklich, und sie tun bestimmt auch etwas Gutes und Sinnvolles.»
> Früh am nächsten Morgen, ich würde sagen um 6 Uhr, rief mein Vater an, der in einem anderen Bundesstaat lebt. Er sagte, meine Mutter sei in der vergangenen Nacht gestorben. Das war ein Schock für mich! Ich hatte gewußt, daß es ihr nicht gutging, aber nicht, daß sie dem Tode so nahe war!
> In diesem Moment begriff ich die Absicht meiner beiden Tanten. Ihr Erscheinen half mir zu verstehen, daß meine Mutter in guten Händen war.

Claudes Tanten erschienen ihm, bevor er vom Tod seiner Mutter erfuhr, aber er verstand den Sinn der Vision erst, als sein Vater ihn anrief. Durch dieses Erlebnis hatte er das Gefühl, sich nicht um seine Mutter sorgen zu müssen, ihre beiden Schwestern würden sich um sie kümmern.

Der letzte Bericht stammt von Mitch, einem Automechaniker aus Florida. Der Nachtod-Kontakt, den er erlebte, hat sein Leben grundlegend verändert. Seine 23jährige Tochter Becky starb bei einem Autounfall:

Zu der Zeit, als meine Tochter starb, lebte ich noch nicht für Gott. Ich leistete Ihm erbitterten Widerstand. Beckys Tod war ein solcher Schock, daß ich mich am liebsten aufgegeben hätte und gestorben wäre. Ich war völlig gebrochen.
In jener Nacht half mir mein Neffe ins Bett, und ich dämmerte allmählich ein. Ungefähr um 2 Uhr nachts wachte ich auf und hatte im Halbschlaf eine Vision.
Ich sah Becky und zwei andere junge Mädchen, die bei ähnlichen Unfällen ums Leben gekommen waren. Sie kannte diese Mädchen seit langem von der Schule. Sie saßen alle auf einer Bank, und im Hintergrund war ein sehr helles Licht. Ich sah auch einen Mann bei ihnen stehen – er sah aus wie Jesus! Er trug ein violettes Gewand und hielt die Arme verschränkt. Er blickte auf die drei Mädchen hinunter und lächelte, als sei er sehr zufrieden mit ihnen.
Becky sah mich an und sagte freundlich: «Papa, mir geht's gut. Du mußt unbedingt auch herkommen.» Sie war sehr, sehr glücklich. Außerdem sah sie ganz gesund aus, wie vor ihrem tödlichen Unfall.
Nach der Vision war ich hellwach. Ich weckte meine Frau und sagte zu ihr: «Wir brauchen uns keine Sorgen mehr um Becky machen. Ich habe sie gesehen! Sie ist bei Gott, und sie ist im Himmel. Wir brauchen nicht mehr zu weinen, denn sie hat es gut.»
Obwohl ich sehr traurig war, konnte ich die Beerdigung ohne Panik durchstehen. Ich hatte einen solchen Frieden in mir, im Herzen und in der Seele. Ich wußte ohne einen Anflug von Zweifel, daß ich Becky eines Tages wiedersehen würde. Ich glaube, Gott hat damit gesagt: «Ich habe dir ein Zeichen gegeben, daß es deiner Tochter gutgeht, und jetzt wirst du für mich arbeiten.» Es ist einfach unglaublich, wie schnell Gott mich verwandelt hat!
Von da an sah ich das Leben unter einem völlig anderen Blickwinkel, und ich wußte, daß ich ein anderer geworden war. Es war wie eine Wiedergeburt. Ich begann, für Gott zu leben und zur Kirche zu gehen und kümmerte mich von da an um Teenager, so gut ich es konnte. Und heute, acht Jahre später, tue ich das immer noch.

Diese letzte Geschichte illustriert die potentielle Transformationskraft von Nachtod-Kontakten. Trotz seiner tiefen Trauer erlebte Mitch eine spirituelle Wiedergeburt und konnte seinem Leben eine neue Richtung und einen neuen Sinn geben. Wie andere Berichte in diesem Buch zeigen, machen viele Menschen nach einem Nachtod-Kontakt eine dramatische persönliche Entwicklung durch.

Die Erlebnisse in diesem Kapitel unterscheiden sich praktisch in nichts von den Erfahrungen, die Menschen im Wachzustand machen. Wie schon mehrfach erwähnt, scheint es einzig nötig zu sein, daß wir uns in einem entspannten, offenen und empfänglichen Bewußtseinszustand befinden, damit unsere verstorbenen Angehörigen und Freunde mit uns in Verbindung treten können.

10 Mehr als ein Traum: Nachtod-Kontakte im Schlaf

> Etwa sechs Wochen nach seinem Tod erschien mein Vater mir im Traum ... Das war ein unvergeßliches Erlebnis und zwang mich zum ersten Mal, über das Leben nach dem Tode nachzudenken.
>
> *C. G. Jung*

Viele Menschen berichten, daß sie von Verstorbenen kontaktiert wurden, während sie fest schliefen. Da sie keinen anderen Namen für diese Erfahrung hatten, sprachen sie in der Regel von einem «Traum». Die meisten fügten jedoch schnell hinzu: «Es war aber kein gewöhnlicher Traum.» Wir nennen diese Erlebnisse Nachtod-Kontakte im Schlaf, sie kommen relativ häufig vor.

Es gibt viele bedeutsame Unterschiede zwischen einem gewöhnlichen Traum und einem Nachtod-Kontakt, der im Schlaf stattfindet. Ein Traum besteht im allgemeinen aus Fragmenten; er ist oft nicht leicht zu durchschauen, ist voller Symbole und häufig unvollständig. Obwohl er mit intensiven Gefühlen einhergeht, hat ein Traum etwas Unwirkliches an sich und gerät oft schnell wieder in Vergessenheit.

Im Gegensatz dazu werden Nachtod-Kontakte im Schlaf von den Betroffenen als persönliche Begegnungen mit Verstorbenen interpretiert. Sie sind geordneter, farbiger, lebhafter und einprägsamer als die meisten Träume. Bei manchen handelt es sich vielleicht sogar um Visionen, die statt im Wachzustand während des Schlafes eintreten. Sie vermitteln im großen und ganzen dieselben Erfahrungen wie Nachtod-Kontakte im Wachzustand oder im Halbschlaf.

Natürlich sind nicht alle Fälle, in denen im Schlaf ein verstorbenes Familienmitglied oder ein Freund auftauchen, auch wirklich Nachtod-Kontakte. Die meisten kann man wohl als gewöhnliche Träume einstufen, die auf Erinnerungen basieren. Für die Hinterbliebenen sind solche Träume ein normaler und wohltuender Bestandteil ihrer Trauer.

Denjenigen, die von verstorbenen Personen geträumt, aber auch Nachtod-Kontakt mit ihnen erlebt haben, fällt es nicht schwer, die Unterschiede zu benennen.

Die ersten drei Berichte erzählen von Nachtod-Kontakten, bei denen ein Verstorbener in einen gewöhnlichen Traum «einbrach».

Robin leitet einen Kinderhort in Florida. Mehrere Jahre nachdem ihr Großvater mit über siebzig an einem Herzanfall gestorben war, erschien er ihr genau zum richtigen Zeitpunkt:

> Es war im ersten Jahr meines Studiums, ich schlief in meinem Zimmer im Studentenwohnheim. Ich träumte gerade etwas, da brach plötzlich Opa in meinen Traum ein! Er war wirklich da, ich roch sein Rasierwasser und seinen Tabak und spürte seine Wärme. Er schien besorgt um mich. Er sagte: «Schließ die Fenster! Du sollst doch auf dich aufpassen! Schließ die Fenster!» Es war eine eindeutige Warnung.
> Ich wachte erschrocken auf und sah mich um. Mein Zimmer hatte zwei Fenster, die zum Hof zeigten, und zwei andere über der Feuerleiter. Ich stand also auf und verriegelte alle Fenster. Ungefähr eine halbe Stunde später hörte ich ein Mädchen in einem Zimmer auf meiner Etage schreien. Ein Mann war die Feuerleiter hinaufgestiegen, hatte offenbar erst an meinem Fenster gerüttelt und war dann zu ihrem weitergeklettert. Später wurde er gefaßt.
> Opa erschien, als ich Hilfe brauchte. Er bewies, daß er immer bei mir sein wird.

Jay ist 45 und arbeitet als Rechtsanwalt in Montana. Er berichtete von einer Begegnung mit seinem Freund und Klienten Neil, der mit 70 überraschend gestorben war:

> Ich war für Neils Nachlaß zuständig, der auf über eine Million

Dollar geschätzt wurde. Neil hatte am Tag vor seinem Tod ein Testament verfaßt. Das Testament war lang und enthielt zahlreiche Fehler. Juristisch gesehen war es ein Alptraum, genau das Chaos, das einen in jahrelange Prozesse verwickeln kann.

Ich war gerade eingeschlafen und träumte von etwas Angenehmem, als Neil in meinen Traum hereinplatzte – genauso eilig wie zu seinen Lebzeiten. Er sah aus wie früher, aktiv, fröhlich und fit. Ich sah ihn an und sagte: «Moment mal, du bist doch tot! Und jetzt stehst du hier lebendig vor mir!» Ich grübelte, wie Neil lebendig sein und gleichzeitig in meinem Traum herumspazieren konnte.

Er ließ mich wissen: «Keine Sorge, alles wird gut ausgehen.» Sofort dachte ich: «Bei all den Problemen, die ich vom rechtlichen Standpunkt aus sehe, erscheint mir das sehr fragwürdig.» Er wiederholte: «Nein, alles wird gut ausgehen.» Ich wollte mich mit ihm unterhalten, aber er hatte es eilig, wie im irdischen Leben, und lief wieder aus meinem Traum hinaus.

Genau wie Neil voraussagte, hat sich alles zum Guten gewendet. In Anbetracht des Vermögensumfangs, der Arbeitsmenge und des Konfliktpotentials war das eine erstaunliche Prophezeiung.

Neil tauchte in Jays Traum auf, lieferte seine Botschaft ab und verschwand im Handumdrehen – ganz wie es seiner Persönlichkeit entsprach.

Gayle ist Künstlerin, sie lebt in North Carolina. Einer ihrer Träume wurde von ihrem 21jährigen Sohn Alex unterbrochen, der bei einem Bootsunfall ertrunken war:

Ich machte eine schwere Zeit durch, wie wohl jede Mutter, die ein Kind verloren hat. Zwei Tage nach seiner Beerdigung wachte ich um 5 Uhr morgens auf. Ich konnte nicht mehr einschlafen und setzte mich ins Wohnzimmer. Dort betete ich: «Gott, ich bitte dich, ich muß wissen, wo mein Sohn ist. Ich muß wissen, ob es ihm gutgeht.»

Etwas zwang mich, wieder ins Bett zu gehen, also legte ich

mich hin und schlief ein. Ich träumte, ich wäre in der Küche und würde meinen beiden jüngeren Söhnen das Frühstück machen – da kam Alex herein! Mir war klar, daß er eigentlich nicht bei uns sein konnte. Deshalb sagte ich laut: «Alex ist hier!» Seine Brüder schauten mich an, als würden sie denken: «Wovon redest du denn?» Da merkte ich, daß sie ihn nicht sehen konnten – ich war die einzige, die ihn sah.

Alex lächelte strahlend. Er verbreitete ein himmlisches Licht. Er wirkte vollkommen zufrieden, glücklich und ausgeglichen. Ich ging zu ihm und sagte: «Alex, du bist bei Jesus, nicht wahr?» Er legte mir die Hände auf die Schultern, ich faßte ihn um die Taille, und er sagte: «Ja, Mama.»

Dann wachte ich mit einem starken Gefühl von Frieden auf, weil ich wußte, daß es Alex gutging. Ich weiß jetzt, sein Geist ist bei Gott, und er wartet auf uns, bis wir auch dort ankommen.

Es geschieht recht häufig, daß in einem Nachtod-Kontakt im Schlaf eine Reihe von lebenden Personen neben einem Verstorbenen auftreten. Interessanterweise ist in fast jedem Fall der oder die Betroffene die einzige Person, die den Verstorbenen wahrnehmen und mit ihr oder ihm kommunizieren kann, während die anderen sich seiner Gegenwart nicht bewußt sind.

In den nächsten Berichten erhalten wir typische Beispiele für Schlaf-NTK, die sich in einer den Hinterbliebenen bekannten Umgebung abspielten.

Henry, Musikarrangeur im Ruhestand, erlebte den folgenden Nachtod-Kontakt mit seinem Vater, der im Alter von 89 Jahren nach langer Krankheit gestorben war:

Ich bezeichne dieses Erlebnis als Traum: Da war Dad, der scheinbar höchst lebendig in der Nähe der Eingangstür stand. Er sah aus wie siebzig oder fünfundsiebzig und war nicht mehr kahl, sondern hatte weißes Haar. Er trug dunkelblaue Hosen, ein hellblaues Hemd und eine dunkelblaue Krawatte. Er war sehr aufgekratzt, sehr glücklich und sagte: «Komm nach draußen.» Ich erinnere mich, daß ich die Tür öffnete und hinausging, während ich seinen rechten Arm drückte. Es fühlte sich an, als würde ich meinen eigenen oder Ihren Arm drücken, so real war es. Ich fragte: «Bist du es wirklich, Dad?» Er sagte: «Ja, ich bin es wirklich.» Dann trat Dad zurück und sagte: «Schau her, ich kann gehen. Ich kann sehen.» Er hatte viel Sinn für Humor und vollführte einen kleinen Hopser. Als er noch lebte, konnte er keinen Schritt ohne seine Gehhilfe tun, und als er starb, war er völlig blind.

Als ich aufwachte, war ich überglücklich. Für mich war das der Beweis für ein Leben nach dem Tod. Es gibt keinen Tod – es gibt nur Leben.

Kein Wunder, daß Henry von seinem Erlebnis begeistert war. Im Wachzustand wie im Schlaf ist es wunderbar, wenn wir erfahren, daß in ihrem neuen Leben die Lahmen laufen und die Blinden sehen können.

Ethel ist Kindergärtnerin in Georgia. Sie berichtete von einer lebhaften Begegnung mit ihrem Bruder Vern, der mit 60 Jahren an Krebs gestorben war:

Mein Bruder Vern war Oberleutnant in der Armee. Er wurde in Vietnam verwundet. Später konnte er nicht mehr laufen und war schließlich an den Rollstuhl gefesselt.

Sein Tod ging mir sehr nahe, obwohl ich versuchte, mir nichts anmerken zu lassen. Ich unterdrückte meine Gefühle so lange, daß ich nicht mehr weinen konnte.

Ungefähr sechs Wochen nach seinem Tod träumte ich, Vern stünde in der Tür zu meinem Schlafzimmer. Er war kein Krüppel mehr! Er trug seine beste Uniform, in der wir ihn beerdigt hatten. Er sah sehr flott aus, alles war tipptopp. Ich stand auf und sagte: «Vern!» Er streckte lächelnd die Arme aus, und ich lief zu ihm. Er umarmte mich, und ich spürte seine Arme um mich. Ich sah zu ihm hoch. Es war ein herrliches Gefühl! Ich sagte: «Du hast recht! Du kannst wirklich gehen!»

Vern sagte: «Ja, es geht mir gut!» Dann küßte er mich und sagte mir, er liebe mich und würde immer bei mir sein. Er tröstete mich, wie kein anderer es konnte, und mir kamen Freudentränen.

Ich legte eine Hand auf sein Gesicht, und er sagte: «Weine nicht. Wir werden immer zusammensein.» Wir hielten einander fest, und dann löste er sich ganz allmählich auf. Als er weg war, wachte ich auf und weinte stundenlang. Vor seinem Tod hatten wir abgesprochen, daß er, wenn irgend möglich, einen Weg finden würde, zurückzukommen. Und er hat sein Versprechen tatsächlich eingelöst!

Ann stammt aus Maryland und arbeitet in einer Kunsthandlung. Sie war 21, als sie von ihrem 18jährigen Bruder Barry kontaktiert wurde, der bei einem Motorradunfall umgekommen war:

Nach Barrys Tod war ich wütend und verbittert. Etwa einen Monat später hatte ich das, was man einen Traum nennt, aber es war kein Traum. Es war, als würde ich von Angesicht zu Angesicht mit ihm sprechen.

Ich stand zu Hause bei meinen Eltern auf dem Hof, und Barry kam auf mich zugelaufen. Er trug Jeans und ein Flanellhemd – sein üblicher Aufzug. Sein blondes, lockiges Haar glänzte. Er war wunderschön! Er wirkte sehr glücklich, sehr zufrieden und liebevoll. Und er kam mir sehr weise vor, so als wisse er jetzt alles – keine Zweifel und keine Fragen mehr, nur noch Zuversicht und Vertrauen. Hinter ihm und um ihn her leuchtete ein wunderbar warmes Licht.

Ich fragte: «Barry, was machst du denn hier?» Er sah mich an und erwiderte: «Ich wollte dir sagen, daß alles in Ordnung ist.» Ich fragte: «Was meinst du damit? Hat es denn nicht wehgetan, als du gestorben bist?» Barry sagte: «Doch, einen Augenblick lang. Es war, als wenn man gequetscht wird. Dann flog ich durch einen dunklen Tunnel. Und plötzlich kam ich in ein herrliches, strahlend weißes Licht.»

Er lächelte mich die ganze Zeit an, und ich spürte nur noch Liebe und Licht. Es war so intensiv! Er sagte: «Ich will dir nur noch sagen, daß ich dich liebe, Ann.» Dann drehte er sich um und ging weg.

Gleich darauf wachte ich auf, und alle Wut und Enttäuschung

waren verschwunden. Ich glaube wirklich, daß Barry kam, um mir zu sagen, daß es ihm gutging, damit ich endlich zur Ruhe kam. Ich nenne es einen Traum, weil ich kein anderes Wort dafür habe. Aber es ist wirklich geschehen!

Viele Menschen sind unglücklich, wenn sie sich vorstellen, wie sehr ein geliebter Mensch bei seinem Tod gelitten haben muß – vor allem bei einem plötzlichen, gewaltsamen Tod durch einen Unfall, einen Mord oder im Krieg. Ann stellte ihrem Bruder eine Frage, die fast jeden in einem solchen Fall interessiert hätte: «Hat es denn nicht wehgetan, als du gestorben bist?»

Barrys Antwort ist sehr beruhigend. Sie steht hier für einige andere, ähnliche Berichte in unserer Sammlung. Durchgängig versuchen die Verstorbenen uns mitzuteilen, daß sie ihren Körper sehr rasch verließen und nur wenig oder keinen körperlichen Schmerz dabei empfanden. Einiges deutet sogar darauf hin, daß bei einem bevorstehenden, sicheren Tod die betroffenen Menschen ihren Körper kurz vor oder genau im Moment der gewaltsamen Einwirkung verlassen. Menschen, die Sterbeerlebnisse hatten, bestätigen das. Obwohl sie gewöhnlich zu Anfang Schmerz empfanden, erhoben sich die meisten schnell aus ihrem Körper und schwebten über dem Unfallort, dem Schlachtfeld oder ihrem Krankenbett in der Klinik. In anderen Fällen bewegten sie sich durch einen Tunnel auf ein helles Licht zu.

Auch Barry erwähnte einen «dunklen Tunnel» und tauchte in ein «herrliches, strahlend weißes Licht» ein.

Weitere NTK-Berichte, die sehr an Sterbeerlebnisse erinnern, werden im nächsten Kapitel vorgestellt.

Greg ist 20 und studiert in West Virginia. Er traf seinen Freund Evan wieder, der bei einem Arbeitsunfall auf einer Baustelle mit 20 Jahren einen tödlichen Stromschlag erlitten hatte:

Evan und ich waren neun Jahre lang sehr eng befreundet. Wir unternahmen in der Freizeit alles gemeinsam, abgesehen von Verabredungen mit Mädchen.

Zwei Nächte nach Evans Tod hatte ich einen Traum. Ich war an der Stelle, wo sich die Straße gabelt – auf der einen Seite geht es zu meinem Haus, auf der anderen zu seinem. Evan und ich standen uns gegenüber, und alles war wie im wirklichen Leben. Wir freuten uns sehr, daß wir uns getroffen hatten. Evan war glücklich und froh. Er war gesund und hatte sich nicht verändert. Auf seinem Gesicht lag ein breites Lächeln. Ich fragte ihn: «Was ist passiert?» Er sagte: «Ich wollte gerade an einem sieben Meter hohen Pfeiler einen Beleuchtungskörper anbringen, da geriet ich an irgendwelche Stromkabel. Etwas passierte mit mir, und ich fiel nach unten.» Er streckte einen Arm vertikal und einen horizontal aus, um mir zu zeigen, wie er gefallen war. Evan sagte, er habe in diesem Augenblick Angst gehabt, und dann habe er nichts mehr gefühlt. Er sagte: «Ich habe bestimmt nicht gewollt, daß das passiert.» Außerdem versicherte er mir, daß er durch dieses Erlebnis nicht gelitten habe.

Er sagte auch noch, wir sollten uns keine Sorgen um ihn machen oder um ihn trauern, denn er sei jetzt an einem großartigen Ort. Man kümmere sich um ihn, und es gehe ihm gut, er sei glücklich und warte darauf, daß wir eines Tages zu ihm kämen. Dann wachte ich auf.

So etwas hatte ich noch nie geträumt. Es hat mir viel bedeutet, daß ich mit Evan nach seinem Tod noch sprechen konnte. Als wir uns trennten, wußte ich, wir würden uns eines Tages wiedersehen.

Evan überzeugte Greg davon, daß er bei seinem Tod nicht gelitten hatte. Greg fand Details über den Tod seines Freundes heraus, die er vorher nicht gewußt hatte und von niemandem außer Evan hätte erfahren können. Solche Informationen erhalten gelegentlich Hinterbliebene von Menschen, die bei einem Unfall, einem unbeabsichtigten Suizid oder einem Mord ums Leben kamen. Doch im allgemeinen scheinen Verstorbene nicht gerne Einzelheiten über ihren Tod weiterzugeben, allenfalls die Feststellung: «Es hat nicht wehgetan.»

Die nächsten drei Berichte erzählen von Nachtod-Kontakten, die in einer für die Hinterbliebenen unbekannten Umgebung stattfinden:

Dee ist Hausfrau, 31 Jahre alt, und lebt im Südosten der USA. Ihr einjähriger Sohn Joey, der mit dem Down-Syndrom zur Welt gekommen war, starb an einem Herzfehler:

> Joey war seit seiner Geburt krank gewesen. Er verbrachte die Hälfte der Zeit im Krankenhaus und starb unerwartet einen Tag nach Weihnachten. Ich konnte mir nicht vorstellen, daß ich je wieder glücklich sein würde.
> Vier Monate später hatte ich eine Art Traum. Joey saß auf einem Karussell, wie man sie in Freizeitparks findet. Er lächelte fröhlich und sah glücklicher und gesünder aus, als ich ihn je gesehen hatte. Er war erfüllt von Frieden und Freude. Joey zeigte mir, daß er sich an einem wundervollen Ort aufhielt und daß das Leid, das er auf der Erde ertragen mußte, jetzt vorüber war. Keine Herzbeschwerden mehr, keine Schmerzen mehr nach Operationen, keine Medikamente mehr. Ich freute mich so für ihn! Und ich wachte gleich danach auf.
> Ich fühlte, daß Joey vom Himmel gekommen war, um mich zu besuchen. Er wollte mir mitteilen, daß er glücklich sei und ich nicht mehr trauern und mir Sorgen um ihn machen müsse.
> Ich fühlte mich wunderbar, weil ich mein Baby noch einmal hatte sehen dürfen. An diesen Traum werde ich mich mein ganzes Leben lang erinnern!

Trauernde Eltern, die ihre chronisch kranken oder behinderten Kinder vollständig geheilt und schmerzfrei vor sich sehen, empfinden dies als große Gnade. Wie Dee besitzen sie nun eine neue, bleibende Erinnerung, auf die sie sich stützen können.

Haben wir erst einmal erkannt, daß die Verstorbenen einen glücklicheren und freieren Daseinszustand erreicht haben, können wir uns wahrhaftig für sie freuen, und dieses Wissen hat auch auf uns einen unmittelbar heilsamen Einfluß.

Janet ist Krankenschwester und lebt in North Dakota. Sie verlor ihren Sohn Toby im Alter von 4 Jahren durch eine Gehirnblutung:

Es war etwa ein Jahr nach Tobys Tod. Ich erinnere mich an den Traum, als hätte ich ihn gestern geträumt. Ich stand am Ufer eines Flusses und schaute zu Toby hinüber, der am anderen Ufer stand. Seine Seite war mit üppigem Grün bewachsen und von Bäumen bestanden. Das Wasser war von einem herrlichen Blau, und ich hörte Vögel singen. Es war ein Paradies, das mich an den Garten Eden erinnerte. Alles war ruhig und friedlich. Toby stand nahe am Fluß inmitten der Gräser und Blumen, die ihm bis zur Taille reichten. Er war noch ein kleiner Junge, derselbe, den ich verloren hatte. Er trug ein gestreiftes T-Shirt und Bluejeans und war ganz lebendig und fröhlich.

Ich versuchte immer wieder, zu Toby zu gelangen, aber ich schaffte es nicht. Er sah zu mir hoch und sagte ganz ruhig: «Nein, Mama, du kannst nicht hierher kommen. Mir geht es gut. Aber du kannst nicht herkommen.» Er mußte das mehrmals wiederholen, weil ich ständig versuchte, den Fluß zu überqueren, um bei ihm zu sein.

Toby redete wie ein Erwachsener beruhigend auf mich ein. Ich fühlte mich im Vergleich zu ihm fast wie ein Kind, das mit einer älteren, klügeren Person spricht. Er sagte mir, ich solle zur Ruhe kommen und erkennen, daß sein Leben jetzt gut geregelt sei. Er gab mir das Gefühl, daß er Frieden gefunden hat und da ist, wo er hingehört.

Der Traum war so wirklich, so echt! Als ich aufwachte, war ich völlig niedergeschmettert, weil der Traum schon zu Ende war. Und gleichzeitig fühlte ich mich sehr getröstet.

Janet kann sich nun immer das Bild ihres Sohnes in seiner «himmlischen» Umgebung in Erinnerung rufen. Tobys unkindliche Weisheit und Autorität machten es ihr möglich zu akzeptieren, daß er «da ist, wo er hingehört».

Janets Bericht ist einer von mehreren, in denen es ein Hindernis zwischen dem Verstorbenen und der lebendigen Person gab, das keiner der beiden überschreiten durfte. Ähnliche Barrieren werden auch gelegentlich bei Sterbeerlebnissen wahrgenommen.

Vicky, die in der Verwaltung eines College in Utah arbeitet, war 39, als sie ihren Vater wiedersah. Er war mit 69 nach einer Herzoperation an einer Infektion gestorben:

> Als mein Vater starb, war ich so wütend! Ich hätte am liebsten das Krankenhaus verklagt! Ich dachte, wenn er sich diese Infektion nicht zugezogen hätte, hätte er überlebt und wir wären eine vollständige Familie geblieben.
> In der Nacht vor meinem Geburtstag, fast drei Wochen nach dem Tod meines Vaters, hatte ich einen Traum. Im Hintergrund sah ich eine Art grauen Nebel, Zeit und Ort erschienen mir völlig fremd. Dad und ich standen uns gegenüber, und er wirkte gesund. Es war, als würden wir uns tatsächlich im Leben gegenüberstehen.
> Er hielt mich am Arm, während ich zu ihm sagte: «Dad, es war nicht richtig, daß du weggegangen bist.» Er antwortete mir sehr eindringlich: «Du solltest nicht zornig sein. Ich war bereit zu gehen. Es war Zeit für mich.» Er zog mich an sich und hielt mich in den Armen. In diesem Moment wußte ich, daß Dad recht hatte. Er war gekommen, um mir das zu sagen und um mich zu trösten. Es war wunderbar, ihn wiederzusehen, und ich war sehr dankbar dafür. Ich sagte immer wieder: «Danke, Dad.»
> Als ich aufwachte, empfand ich nur noch Freude – Freude inmitten von Schmerz. Ich verstand, daß Dad zu mir gekommen war, weil mein irregeleiteter Zorn mich an der Verarbeitung meiner Trauer hinderte. Trotz der Fehler von medizinischer Seite hatte er ein erfülltes Leben gehabt. Er hatte sich auf den Tod vorbereitet und war bereit gewesen zu gehen – es war wirklich für ihn an der Zeit gewesen.
> Dad hat mir damit das größte Geschenk meines Lebens gemacht. Es war so tröstlich zu wissen, daß ich nicht verlassen war, daß wir uns auf spiritueller Ebene noch nahe waren. Das, was uns als Vater und Tochter verbindet, und die Liebe zwischen uns, wird immer bleiben.

Heute erwarten wir so viel von der Apparate-Medizin, daß wir es nicht fassen können, wenn ein Mensch im Krankenhaus an einer banalen Infektion stirbt, vor allem dann, wenn er gerade eine komplizierte Operation erfolgreich überstanden hat.

Die heilende Kraft eines Nachtod-Kontaktes wird hier durch Vickys dramatisch veränderte Einstellung illustriert. Vicky konnte sich von ihrer Wut lösen und den Tod ihres Vaters akzeptieren, weil sie wußte, daß ihre Beziehung über seinen Tod hinaus Bestand haben würde.

In den nächsten beiden Berichten kehren Verstorbene zu ihren schlafenden Familienmitgliedern zurück, um ihnen in einer schwierigen Zeit beizustehen und sie zu trösten.

Jean, 32, arbeitet im Büro eines Freizeitparks in Florida. Sie erhielt emotionale Unterstützung von ihrer Patentante Miriam, die an Krebs gestorben war:

> Fünf Jahre später mußte meine Gebärmutter entfernt werden. Es war meine erste Operation. Ungefähr eine Woche davor wurde ich unruhig, weil ich noch nie eine Narkose bekommen hatte. Eines Abends machte ich mir besonders große Sorgen. Als ich eingeschlafen war, träumte ich, Miriam käme zu mir. Es fühlte sich anders an als ein normaler Traum – es kam mir sehr echt vor. Wir standen an einem schönen, ruhigen Ort beieinander. Sie war heiter und gesund.
>
> Miriam sagte, alles würde gut ausgehen und sie würde mir während der Operation beistehen. Ich würde nicht allein sein. Dann umarmte sie mich. Als ich aufwachte, hatte ich das Gefühl, als würde sie mich immer noch umarmen. Ich war noch nie so aufgewacht – ich war vollkommen entspannt und ruhig. Die ganze Nervosität und Sorge waren weg. Es war, als hätte sie jemand weggezaubert.
>
> Als ich die Narkose bekam, war ich ganz ruhig, weil ich wußte, daß Miriam da sein würde und ich es nicht alleine durchstehen mußte. Ich wurde sogar zwei Tage früher als vorgesehen aus der Klinik entlassen!

Wenn man eine Operation mit Vollnarkose vor sich hat, können verborgene Ängste aufsteigen, die mit dem Gedanken an den Tod verknüpft sind. Zu solchen Zeiten sind wir unter Umständen besonders ängstlich und verletzbar und fühlen uns schnell allein gelassen. Miriams Versprechen, bei der Operation anwesend zu sein, scheint für Jean ein besonders großer Trost gewesen zu sein.

Kaye aus Indiana, die ihren 12jährigen Sohn Bryan durch Mukoviszidose verloren hatte, erhielt nach seinem Tod neue Impulse:

> Ich hatte fünf Kinder – drei Söhne und zwei Töchter. Meine Söhne hatten alle Mukoviszidose, und wir verloren sie alle drei innerhalb von fünfzehn Jahren.
> Ich war mit meinen Jungen ständig im Krankenhaus, und als Folge davon entschloß ich mich, selbst sterbenden Kindern und ihren Familien zu helfen. Ich wollte für andere tun, was man für mich getan hatte.
> Ein Jahr nach dem Tod meines Sohnes Bryan machte ich die Aufnahmeprüfung für die Ausbildung zur Krankenschwester. Aber es war fünfundzwanzig Jahre her, seit ich zur Schule gegangen war, und als der Brief mit der Zulassung nicht gleich kam, wurde ich wieder schwankend.
> In dieser Zeit hatte ich einen Traum. Ich war in einem Restaurant, in dem alles für eine große Party hergerichtet war. Ich ging zum Buffet, und da stand Bryan! Er war nicht mehr der dünne, zwölfjährige Junge. Er war bestimmt 1,80 Meter groß und sah aus wie ungefähr fünfundzwanzig. Er wirkte gesund und robust. Er kam mir sehr glücklich, zufrieden und selbstsicher vor.
> Bryan lächelte mich an, streckte die Arme nach mir aus und umarmte mich. Ich spürte ihn – er war vollkommen real! Ich hielt ihn fest und konnte mich an seiner Schulter ausweinen. Ich sagte: «Bryan, was tust du hier? Du siehst so gut aus!» Er sagte: «Es geht mir gut, Mutter. Ich mußte zurückkommen, um dich an das zu erinnern, was du mir beigebracht hast.»
> Ich fragte: «Was ist das denn?» Er erwiderte: «Mutter, du mußt deine Träume ernst nehmen. Tu, was du für richtig hältst, und streb nach dem, was dir wichtig ist. Oft ist es gerade

das, was Gott von uns will.» So hörte der Traum auf, und ich wachte weinend auf, weil das Gespräch mich so aufgewühlt hatte.

Die Post kam am nächsten Tag zur Mittagszeit, und ich erhielt meine Zulassung zur Schwesternschule! Da wußte ich, daß ich Krankenschwester werden sollte!

Inzwischen bin ich ausgebildete Krankenschwester und arbeite in der Kinderabteilung und betreue Eltern von Kindern mit Mukoviszidose. Ich habe wirklich das Gefühl, ich bin am richtigen Platz.

Es ist sehr beeindruckend, wenn eine Mutter, die drei Kinder durch dieselbe Krankheit verloren hat, den Wunsch verspürt, Krankenschwester zu werden, um Menschen zu helfen, die durch ähnliche Prüfungen gehen. Wer könnte solche Patienten und ihre Familien besser betreuen als jemand, der sich selbst mehrfach in ihrer Lage befunden hat?

Nur ein Jahr nachdem Kayes Sohn Bryan mit zwölf gestorben war, erschien er ihr als junger Mann von Mitte Zwanzig. Immer wieder hörten wir davon, daß ein Kind während des Nachtod-Kontaktes bedeutend älter war als bei seinem Tod. Zunächst mag das verblüffen, aber ebenso wie ältere Menschen sich gelegentlich in der Blüte ihrer Jahre zeigen, können offenbar verstorbene Kinder jedes Alter annehmen, das ihnen passend scheint.

Bei den folgenden Nachtod-Kontakten begegnen die Betroffenen zwei verstorbenen Angehörigen, die gemeinsam mit einer bestimmten Absicht zurückkehrten.

Margo ist Hausfrau und lebt in Florida. Sie wurde von ihrem Baby Ann Marie, das tot zur Welt gekommen war, und ihrer Schwiegermutter Nadine, die mit 45 an Krebs gestorben war, gleichzeitig besucht:

Als ich im sechsten Monat schwanger war, starb mein Baby. Die Nabelschnur hatte eine Fehlbildung. Ich sah Ann Marie nur einmal ganz kurz.

Einen Monat später erschien mir meine Schwiegermutter Nadine in einem Traum. Ich hatte sie nie kennengelernt, denn sie war ungefähr zehn Jahre, bevor ich meinen Mann traf, schon gestorben. Aber ich erkannte sie von Fotos. Sie war ungefähr in meinem Alter und trug einen dunklen Rock und eine weiße Bluse. Es war Tag – ein sehr heller Morgen –, und im Hintergrund stand ein großer, altmodischer Kinderwagen. Nadine lächelte und hielt unser Baby. Ann Marie schien am Leben zu sein, aber sie war winzig, wie eine kleine Puppe. Sie war in eine rosarote Strickdecke gewickelt und hatte eine kleine rosarote Mütze auf.

Meine Schwiegermutter sagte: «Jetzt ist alles gut. Ich habe dein Baby. Ich sorge für sie, bis du zu uns kommst.» Als ich aufwachte, war ich erleichtert, weil ich wußte, Ann Maries kurzes Leben war noch nicht zu Ende. Ich wußte, mein Baby war bei ihrer Großmutter und lebte dort oben im Himmel weiter.

Alana besitzt in Ohio ihr eigenes Geschäft. Ihr erster Mann Craig starb mit 21 bei einem Unfall, und ihre Tochter Amber, die aus ihrer zweiten Ehe stammte, erstickte im Alter von achtzehn Monaten:

Ungefähr sechs Monate nach Ambers Tod hatte ich einen Traum. Es war der lebhafteste, farbigste und beglückendste Traum, den ich je hatte! Es war ein heller, sonniger Sommertag, und ich blickte eine Landstraße entlang. Auf beiden Seiten der Straße standen große Ahornbäume. Die Sonne schien durch die Blätter, und die Vögel sangen. Direkt vor mir war mein erster Mann Craig, der sich von mir entfernte. Er hielt Amber, mein kleines Mädchen, an der Hand.

Sie wandten sich langsam einander zu, dann drehten sie sich um 90 Grad zu mir um. Amber lächelte, schaute Craig an und sah dann zu mir herüber. Craig sagte: «Alana, mach dir keine Sorgen. Amber wird es gutgehen. Ich werde auf sie aufpassen.»

Craig lächelte und war glücklich, daß Amber diese Straße mit ihm entlangging, als würden sie sich schon ewig kennen. Dann

lächelte Amber auch wieder, die beiden drehten sich um und gingen weiter.
In diesem Moment wachte ich auf, aber ich wußte, das war kein Traum gewesen! Ich wußte, es war Wirklichkeit! Ich kann gar nicht beschreiben, welchen Seelenfrieden mir das gegeben hat.
Craig wollte mir sicher ein bißchen Frieden verschaffen, denn ich war nach Ambers Tod schrecklich durcheinander. Er wollte mich wissen lassen, daß es meinem kleinen Mädchen gutging. Dadurch wußte ich, daß sie nicht irgendwo ganz allein und ohne Beistand existieren mußte.

Viele trauernde Eltern fragen: «Wer wird sich im Himmel um mein Kind kümmern?» Die beiden zuletzt gehörten Berichte lassen darauf schließen, daß es nicht an liebevollen Betreuern für unsere verstorbenen Kinder mangelt. Anscheinend können wir uns darauf verlassen, daß es unzählige spirituelle Helfer gibt, die unsere Lieben willkommen heißen und ihnen beistehen, wenn sie sterben.

Der letzte Bericht stammt von Julia, einer 31jährigen Hausfrau aus North Carolina. Sie hatte nicht erwartet, von Patrick, dem 7jährigen Sohn ihrer Nachbarn Debra, und Jim zu hören. Patrick wurde auf seinem Fahrrad von einem Auto überfahren:

In der Nacht nach Patricks Beerdigung ging ich schlafen und träumte, wie sonst auch. Plötzlich hörte ich die Stimme eines kleinen Kindes – sie brach auf einmal in meinen Traum ein. Die Stimme rief ganz deutlich: «Mama!» Sie schien aus weiter Ferne zu kommen.
Da begriff ich, es war Patrick. Ich konnte ihn zwar nicht sehen, aber er schien wirklich hier zu sein. Ich hatte den Eindruck, daß er sagte: «Ich gebe dir eine Botschaft. Sag Mama und Papa, es geht mir gut. Sie sollen wissen, daß ich in Sicherheit bin. Ich weiß, sie sind sehr traurig, aber sag ihnen, sie sollen meinetwegen nicht weinen.» Das alles schien irgendwie direkt in meine Gedanken einzudringen. Ich wachte auf und fuhr im Bett hoch. Mein Herz klopfte wie rasend.

Wenn ich daran denke, kann ich Patricks Stimme immer noch hören.

Kurz danach fuhr ich für ein paar Wochen weg, aber der Traum ging mir nicht aus dem Sinn. Sechs Wochen später war er mir immer noch ganz lebhaft in Erinnerung.

Dann kam eines Tages Patricks Mutter Debra zu mir. Ich erzählte ihr, daß Patrick mich besucht hatte, und sie hörte mir gespannt zu. Sie sagte, genau das habe sie hören wollen, obwohl das nicht ihren Schmerz und Kummer aufheben könne. Aber es gab jetzt etwas, an dem sie sich festhalten konnte, und für Patricks Eltern blieb es ein großer Trost.

Vorher waren wir nur gute Bekannte gewesen, aber seit diesem Tag sind Debra und ich eng befreundet. Durch Patrick sind wir auf immer verbunden.

Dieser letzte Bericht ist ein hervorragendes Beispiel für einen Kontakt, bei dem der oder die Betroffene eine Botschaft erhält und den Mut hat, sie auszurichten. Julia ahnte in jener Nacht nicht, welche Bedeutung Patricks tröstliche Worte für seine Eltern haben würden.

Wir führten auch mit Patricks Eltern separate Gespräche. Debra sagte uns folgendes:

Als Julia es mir erzählte, bekam ich eine Gänsehaut. Ich glaubte ihr sofort. Ich war so froh, daß Patrick zu Julia gegangen war: Er wußte, daß ich ihr glauben würde. Zu wissen, daß es ihm gutging, half uns sehr. Ich wünschte, alle Eltern, die ein Kind verloren haben, hätten eine Julia!

Und Jim, Patricks Vater, erklärte:

Ich kannte Julia damals nicht besonders gut, aber als sie es uns erzählte, glaubte ich ihr jedes Wort. Mir war eine Last von den Schultern genommen. Ich war so erleichtert und glücklich, daß Patrick zu ihr gekommen war. Seit damals hat unser Leben eine sehr positive spirituelle Wendung genommen.

Julias Erlebnis hatte deutlich positive Folgen. Wir alle profitieren davon, wenn wir unsere Furcht überwinden, für «merkwürdig» oder «komisch» gehalten zu werden, und das Risiko einzugehen, eine NTK-Botschaft weiterzuleiten. Wenn wir es nicht tun, werden wir nie erfahren, wieviel Gutes daraus entstehen kann oder wie vielen Menschen letztlich dadurch geholfen wird.

Wenn Sie eine Botschaft für einen anderen Menschen erhalten, schreiben Sie Ihr Erlebnis möglichst gleich danach Wort für Wort auf, damit Sie es nicht vergessen. Einzelheiten, die Ihnen unbedeutend vorkommen, mögen für einen anderen von großer Wichtigkeit sein. Wenn es Ihnen unangenehm ist, die Nachricht weiterzugeben, können Sie Ihre Erzählung ja erst einmal mit den Worten einleiten: «Ich hatte letzte Nacht einen ganz eigenartigen Traum...»

Die Berichte in diesem Kapitel haben gezeigt, daß Nachtod-Kontakte im Schlaf sich von gewöhnlichen Träumen wesentlich unterscheiden. Sie können ebenso viele Informationen und Trost enthalten wie diejenigen Nachtod-Kontakte, die im Wachzustand oder im Halbschlaf erlebt werden.

11 Auf der Heimreise: Out-of-Body-Kontakte

> Ich erlebte die Realität des spirituellen Körpers und erfuhr, daß er jede Fähigkeit des physischen Körpers besitzt, wenn auch mit einer größeren Sensibilität und weiteren Dimensionen... Der Übergang wird nichts Erschreckendes an sich haben, er wird eine Fortsetzung dessen sein, was ich bin.
>
> *Catherine Marshall*

Dieses Kapitel läßt Menschen zu Wort kommen, die von Kontakten mit einem verstorbenen Angehörigen oder Freund während einer außerkörperlichen Erfahrung, auch Out-of-Body-Erlebnis genannt, berichten. Wir nennen diese Ereignisse Out-of-Body-Kontakte. Sie sind ein eher seltener Typus von Nachtod-Kontakten. Außerkörperliche Erfahrungen sind kein neues Phänomen. Wir kennen seit langem Berichte über sie, vor allem im letzten Jahrhundert sind einige von ihnen untersucht und beschrieben worden. Es gibt Bücher, die detaillierte Instruktionen enthalten, wie man Out-of-Body-Erlebnisse herbeiführt.

Die Grundannahme besteht darin, daß wir spirituelle Wesen sind, die den physischen Körper während des Lebens auf der Erde tragen oder bewohnen. Wir können deshalb diesen Körper zeitweise verlassen und uns eine kurze Strecke von ihm entfernen – oder auch bis zu den Sternen reisen. Manche Menschen behaupten, sie könnten in andere Dimensionen einschließlich spiritueller Bereiche vordringen.

Spontane Out-of-Body-Kontakte können im Wachzustand, im Halbschlaf oder im Schlaf auftreten. Es sind äußerst lebhafte, intensive und erregende Erfahrungen, von denen oft gesagt wird, sie seien «wirklicher als das Leben».

Viele Menschen, die selbst außerkörperliche Erfahrungen hatten, zum Beispiel während eines Sterbeerlebnisses ihren physischen Körper verließen, und Menschen, die sich intensiv mit diesen Erlebnissen beschäftigt haben, halten es für erwiesen, daß es sich hierbei um wirkliche Erfahrungen handelt.

Unsere Umfrage zielte nicht darauf ab, die Echtheit derartiger Erfahrungen zu untersuchen. Statt dessen präsentieren wir Berichte von Menschen, die glauben, daß sie einen Nachtod-Kontakt erlebten, während sie ihren physischen Körper verlassen hatten, und wir laden Sie ein, sich eine eigene Meinung zu diesem Thema zu bilden.

In den ersten beiden Berichten hielten sich unsere Interviewpartner bei ihren Out-of-Body-Kontakten innerhalb des eigenen Hauses auf.

Shirley, eine Krankenschwester aus Wisconsin, erlebte die folgende Begegnung mit ihrer 5 Monate alten Tochter Amanda, die an einem angeborenen Herzfehler gestorben war:

> Drei oder vier Wochen nach Amandas Tod lag ich im Bett, aber ich schlief nicht. Plötzlich fühlte ich, wie ich aus meinem Körper gezogen wurde. Ich spürte, daß ich mich ein Stück unter der Schlafzimmerdecke befand und aus dem Fenster sah.
>
> Das ganze Fenster füllte sich mit dem strahlendsten, goldenen Licht, das man sich vorstellen kann! Es war, als käme jemand mit aufgeblendeten Scheinwerfern auf mich zu. Ich fühlte, wie mich das Licht umgab, und ich spürte die Gegenwart meiner Tochter. Dann sah ich Amanda! Ich sah ihren Geist in diesem Licht! Und ich hörte sie – es war eine telepathische Mitteilung. Sie sagte: «Danke für alles, was du für mich getan hast. Ich liebe dich sehr.»
>
> Plötzlich fühlte ich eine sehr, sehr machtvolle Gegenwart – die Gegenwart Gottes. Und dazu Liebe und Verständnis in einem Ausmaß, wie ich es noch nie kennengelernt hatte. Und in diesem Augenblick verstand ich alles! Ich war völlig überwältigt. Es war wie ein Wunder. Ich fühlte mich vollkommen angenommen und geliebt, so wie ich war. Mit dieser spirituellen Liebe waren keine Verpflichtungen verbunden. Danach schlief ich tief und fest.

Das war viel mehr als nur ein Traum. Ich hatte wirklich das Gefühl, mit meiner Tochter zu sprechen. Und das ist für mich ein großes Geschenk.

Shirleys ungewöhnlicher Nachtod-Kontakt wurde für sie zu einer ganz besonderen Erfahrung und hat sie stark verändert. Wieder einmal übermittelt hier ein sehr kleines Kind eine liebevolle Botschaft, die weit über sein eigentliches Alter hinausweist.

Peter, ein Vertreter aus Florida, begegnete seiner Tochter April, die sechs Monate zuvor mit 20 nach einem Autounfall an einer Gehirnblutung gestorben war:

Eines Nachts, als ich im Bett saß, verließ ich meinen Körper. Ich befand mich plötzlich im Flur unseres Hauses. Dort stand meine Tochter April. Sie trug ein weißes Gewand. Ich sah ihre Hände und Unterarme, ihren Hals, ihre Schultern und ihr Gesicht. Sie hatte einen wunderbaren Teint, und ihre Haare sahen phantastisch aus. April war absolut makellos.
Ich sagte immer wieder zu ihr: «April, ich liebe dich! Ich liebe dich!» Und sie sagte: «Ich weiß, Dad. Es ist gut so.» Ich wollte sie anfassen, sie umarmen und küssen. Aber als ich mich ihr näherte, wich sie zurück und sagte: «Dad, du kannst mich noch nicht berühren.» Und ich verstand das.
Dann fragte ich: «April, bist du im Himmel?» Sie sagte: «Ja!» Ich fragte: «Wie ist es im Himmel?» Meine Tochter, die viel Sinn für Humor hatte, antwortete: «Du weißt doch, wie es bei den oberen Zehntausend zugeht? Das ist noch armselig im Vergleich dazu!»
Dann sagte sie: «Ich muß jetzt gehen.» Ich wiederholte immer wieder: «Ich liebe dich, April, ich liebe dich.» Sie sagte: «Ja, ich weiß, Dad», während sie rückwärts durch die Tür und aus dem Haus ging. Und ich legte mich wieder ins Bett und schlief die ganze Nacht durch.
Am nächsten Morgen erzählte ich es meiner Frau, und sie hielt mich für ziemlich übergeschnappt.

Im Gegensatz zu früheren Berichten in diesem Buch, in denen von Umarmungen und Küssen zwischen Lebenden und Verstorbenen die Rede war, erhielt Peter keine Erlaubnis, seine Tochter zu berühren. Ähnliches wurde uns auch von anderen Nachtod-Kontakten erzählt.

In den folgenden Berichten unternahmen der oder die Betroffene eine längere Reise außerhalb ihres Körpers, während ein verstorbenes Familienmitglied mit ihm oder ihr in Verbindung trat.

Nora ist eine 44jährige Hausfrau, die bei Orlando, Florida, lebt. Sie begegnete ihrer Mutter, die mit 72 Jahren an einer Herzkrankheit gestorben war:

> Meine Mutter starb im Juni, und ich machte im August auf Sanibel Island Urlaub. Ich lag im Bett, als plötzlich etwas mit mir geschah. Ich erhob mich aus meinem Körper! Es war ein sehr, sehr merkwürdiges Gefühl. Ich sah meinen Körper auf dem Bett liegen, und dann stand ich mit einem Mal zu Hause in meiner eigenen Küche.
>
> Ich dachte gerade: «Was mache ich denn hier?», als ich eine Stimme hörte, die sagte: «Hallo, Nora.» Ich drehte mich um, und da stand meine Mutter! Ich konnte es nicht fassen! Ich war so entgeistert, als ich sie sah, daß ich nur ein Wort hervorbrachte: «Mama!»
>
> Sie war wunderschön. Ihr Gesicht strahlte, und sie war von Licht umgeben. Sie war ungefähr fünfzig und kam mir vor wie der glücklichste Mensch, den ich je gesehen hatte. Meine Mutter nahm mich an der Hand, und wir verließen die Küche. Als wir zur Haustür kamen, tätschelte sie meine Hand und sagte: «Ich bin gekommen, um auf Wiedersehen zu sagen. Ich liebe dich und werde immer auf dich und deine Kinder aufpassen.» Als sie das sagte, lag ein wundervolles, engelhaftes Lächeln auf ihrem Gesicht. Dann war sie fort.
>
> Ich blieb stehen, aber nur Sekunden später spürte ich, wie ich mich wieder in meinen Körper senkte, der im Bett auf Sanibel Island lag. Ich war hellwach und fühlte mich so sicher und beschützt wie als kleines Kind.

Für mich steht außer Frage, daß dies wirklich geschehen ist. Es hat mir bewiesen, daß es ein Leben nach dem Tod gibt, und es hat mir gezeigt, daß ich den Tod nicht zu fürchten brauche.

Noras Bericht beschreibt ein klassisches Out-of-Body-Erlebnis. Während sie sich in die Luft erhob, konnte sie nach unten blicken und ihren physischen Körper auf dem Bett liegen sehen. Und als sie zurückkam, schlüpfte sie wieder in ihren Körper, der getreulich ihre Rückkehr erwartete.

Nora legte die vierhundert Kilometer – von ihrem Haus in Florida bis nach Sanibel Island im Golf von Mexico und wieder nach Florida – in Sekundenschnelle zurück. Raum und Zeit sind offenbar keine begrenzenden Faktoren bei Out-of-Body-Erlebnissen.

Jonathan ist 20 und studiert in Massachusetts. Seine Schwester Erica starb bei einem Autounfall, als sie 17 war:

Ein paar Monate nach Ericas Tod schlief ich in meinem Zimmer – ich schlief wirklich ganz fest. Das nächste, an das ich mich erinnere, ist, daß ich über dem Zentrum von Stockbridge, meiner Heimatstadt, schwebte, ungefähr zwei Kilometer von meinem Elternhaus entfernt. Ich fühlte mich lebendig und nicht anders als sonst.

Als ich den Kopf wandte, sah ich meine Schwester! Sie war direkt neben mir und hielt meine Hand. Ich spürte ihre Hand ganz, ganz deutlich in meiner. Wir schwebten hoch über den Dächern. Ich sah die Farbe der Gebäude und erkannte sogar die Ampeln. Erica war ganz in Weiß gekleidet – sie trug ein glänzendes, weißes Gewand, das hell leuchtete. Es sah weich und fließend aus, wie ein Engelsgewand. Der Saum flatterte im Wind.

Sie lächelte ihr typisches Lächeln – ein frohes, glückliches Lächeln. Sie sah aus wie am letzten Tag, an dem ich sie gesehen hatte – vollkommen gesund.

Erica sagte mir, alles sei in Ordnung und ich solle mir keine Sorgen machen. Dann glitt sie langsam ins Licht und winkte mir zum Abschied.

Als ich aufwachte, war ich sehr glücklich. Ich hatte das Gefühl: «Phantastisch! Erica ist mein Engel und paßt auf mich auf!»

Manche Menschen erinnern sich genau daran, wie sie ihren Körper verlassen haben und wieder in ihn zurückkehrten, andere, wie Jonathan, wissen von diesem Teil hinterher nichts mehr. Spontane Out-of-Body-Erlebnisse sind in ihrem Ablauf nicht voraussagbar, schon gar nicht für Menschen, die sie zum ersten Mal erfahren. Es ist nicht ungewöhnlich, daß sich die Betroffenen in einer nahe gelegenen und vertrauten Umgebung wiederfinden, nicht selten allerdings berichten Menschen von einem völlig unbekannten Ort, der mitunter Tausende von Kilometern von ihrem Ausgangspunkt entfernt ist.

Ron, 46, ist Grundstücksmakler in Kalifornien. Ein Jahr nach dem Tod seiner Schwester Bobbie, die mit 53 während eines Klinikaufenthaltes starb, machte er die folgende Erfahrung:

Bevor ich eines Abends einschlief, lag ich ausgestreckt, halb in Meditation versunken, auf dem Bett und ruhte mich aus. Plötzlich spürte ich die Gegenwart meiner Schwester Bobbie. Sie flog zu mir herunter und packte mich an der rechten Hand. Ich spürte ihre Berührung – sie war echt! Bobbie trug ein weißes Gewand aus einem leichten, fließenden, sehr zarten Material. Sie war viel jünger und körperlich in bester Verfassung.
Meine Schwester war glücklicher, als ich sie je gesehen hatte, sie lächelte und lachte die ganze Zeit. Ihre Augen funkelten, und sie wirkte sehr zufrieden. Bobbie sagte telepathisch zu mir: «Komm, wir amüsieren uns jetzt, Ron.» Und ich sagte: «Okay.»
Und so rasten meine Schwester und ich los in Richtung Weltraum. Es war phantastisch! Ich sah Sterne und Planeten und alle möglichen Sternenkonstellationen. Alles war sehr deutlich, sehr intensiv und sehr hell. Ich blickte nicht zurück, obwohl ich spürte, daß uns ein helles Licht umgab und wie ein Jetstream hinter uns zurückblieb. Als wir immer schneller

> flogen, drehte sich Bobbie zu mir um und sagte: «Ist das nicht großartig?» Ich sagte: «Ja, nur weiter so!» Wir lachten beide und setzten unseren Aufstieg fort. Ich bin sicher, wir flogen mit Lichtgeschwindigkeit oder noch schneller.
> Dann kam mir der Gedanke: «Moment mal! Wohin bringst du mich? Wie weit fliege ich denn? Wie soll ich zur Erde zurück?» Bobbie spürte meine Angst und meinen Widerstand, und Sekunden danach war ich wieder auf der Erde und lag ausgestreckt auf dem Bett.
> Mein Körper vibrierte, und ich fühlte mich wie mit Energie aufgeladen. Ich schlug beeindruckt die Augen auf.

Einige unserer Interviewpartner berichteten, daß ein Verstorbener sie eingeladen habe «mitzukommen» und sie daraufhin einen besonders aufregenden Out-of-Body-Kontakt erlebten. Andere erhielten die gleiche Einladung, hatten jedoch Angst, ihr zu folgen.

Maryann, eine Hausfrau aus Florida, unternahm ein Jahr nachdem ihr 18jähriger Sohn Shawn von einem Auto überfahren worden war, eine ausgedehnte «Reise»:

> Ich schlief fest, und dann war mir, als gäbe es mich zweimal. Die erste Person lag auf dem Bett. Die zweite, das wirkliche Ich, wurde immer weiter hochgezogen. Ich konnte nach unten blicken und meinen schlafenden Körper sehen.
> Ich wurde immer höher gezogen – ich sah von oben das Haus und die Bäume – und immer noch höher, ganz weit –, und dann war plötzlich Shawn bei mir. Ich war völlig perplex! Es war sehr hell, aber es sah nicht aus wie auf der Erde. Ich hatte das Gefühl zu schweben, so als hingen wir irgendwo im Weltraum.
> Mein Sohn und ich umarmten uns – es war eine solche Freude, einfach überwältigend! Es gab keine Worte, nur diese große Freude und die Tatsache, daß Shawn noch lebte. Ich verstand alles, es war eine Vereinigung, ein Wissen, ein Akzeptieren. Ich wußte, daß es meinem Sohn gutging und er sich noch etwas aus mir machte. Er hatte Einblick in mein Leben, aber er

führte auch ein eigenes Leben. Sein Leben und seine Freiheit waren grenzenlos, und sein Wissen überstieg alles, was wir hier auf Erden kennen.
Dann befand ich mich wieder in meinem Körper auf dem Bett und war wach. Ich dachte: «Diese Existenz hier erscheint mir eher wie ein Traum. Jene Existenz dort kommt mir viel wirklicher als mein jetziges Leben vor!» Es war die tröstlichste und stärkste Erfahrung meines Lebens. Ich weiß, ich werde Shawn eines Tages wiedersehen, und er wartet auf mich – das weiß ich einfach.
Ich weine immer noch, weil ich meinen Sohn vermisse. Aber nicht wie früher, als ich mir nicht vorstellen konnte, daß er noch lebt. Und auch nicht mehr, weil ich befürchten müßte, daß ich ihn nie wiedersehe.

Es scheint, als könnten wir in jener Existenz, die «viel wirklicher als das Leben» ist, uns als ewige Wesen treffen und eine Art von Vereinigung mit unseren Verstorbenen erlangen, die intimer und befriedigender ist als jede Begegnung hier auf der Erde.

Betsy ist Geschäftsführerin einer Großhandelsfirma im Südosten der USA. Sie saß am Lenkrad ihres Wagens, als sie und ihre Söhne Nathan, 6, und Travis, 4, in einen Unfall verwickelt wurden. Betsy erlitt keine ernsthaften Verletzungen, ihre beiden Jungen aber waren auf der Stelle tot:

Als ich im Krankenhaus lag, wollte ich nicht mehr leben. Es hatte alles keinen Sinn mehr, ich wollte nur noch sterben. Ohne meine Söhne wollte ich nicht weiterleben. Eines Tages kam ein Engel und nahm mich an der Hand. Ich spürte eine Liebe, wie ich sie noch nie gespürt hatte. Er brachte mich zu einer wunderschönen Wiese. Sie war smaragdgrün, und darüber stand ein leuchtend blauer Himmel. Die Farben sind schwer zu beschreiben, weil sie den Farben, die wir hier sehen, nicht gleichen.
Die Wiese war in helles, weiß und lavendelfarbenes Licht getaucht, aber es blendete mich nicht. Die Atmosphäre war

sehr beruhigend, sehr liebevoll. Als der Engel und ich über der Wiese schwebten, hörte ich lautes Gelächter. Es waren meine Söhne, Nathan und Travis! Ich blickte nach unten, um zu sehen, was sie machten. Meine Sehkraft war phantastisch – ich konnte die Augen wie ein Zoom benutzen.

Nathan und Travis spielten mit einer Gruppe anderer Jungen und Mädchen. Sie strotzten alle vor Vitalität und Gesundheit, sie liefen und tollten lachend herum. Die Luft war ganz erfüllt von Schönheit und Liebe.

Der Engel sagte mir: «Deinen Söhnen geht es gut, und du wirst sie wiedersehen. Mach dir keine Sorgen.» Als ich nach Nathan und Travis die Hand ausstreckte, wurde ich plötzlich wieder in mein Bett im Krankenhaus zurückgezogen. Und damit war mein Erlebnis zu Ende. Der Engel wußte, daß ich einfach sehen mußte, ob es meinen Jungen gutging. Ich habe nie eine größere Liebe erlebt.

Es wurde uns gelegentlich von Engeln berichtet, die an Nachtod-Kontakten beteiligt gewesen seien. Sie dienen offensichtlich als mitfühlende Begleiter, die zu den verstorbenen Angehörigen oder Freunden führen.

Die nächsten Berichte erinnern sehr an Sterbeerlebnisse, und doch gibt es einen entscheidenden Unterschied: Die Personen, die einen Out-of-Body-Kontakt hatten, waren zu diesem Zeitpunkt gesund und weder einer körperlichen Gefahr ausgesetzt noch gar dem Tod nahe.

Ellie arbeitet in Michigan in der Datenverarbeitung. Vier Monate nach dem Tod ihres Sohnes Don, der mit 26 bei einem Autounfall getötet worden war, eröffnete sich ihr eine neue Sicht des Lebens:

Ich war ins Bett gegangen und hatte die Augen zu, aber ich weiß, daß ich nicht schlief. Dann merkte ich auf einmal, daß ich mich auf ein stecknadelgroßes Licht zu bewegte. Ich war in einem Tunnel, und das Licht wurde immer heller, aber es blendete mich nicht. Ich wußte, das war kein Sterbeerlebnis, denn ich war ja nicht einmal krank!

> Das intensive, helle Licht war friedvoll und tröstlich – ich konnte die Augen nicht von ihm abwenden. Es schien mich zu sich hinzuziehen, und ich sah den Umriß einer Figur in einem fließenden Gewand, die mir die Hände entgegenstreckte, als hieße sie mich willkommen. Als ich näher kam, erkannte ich meinen Sohn Don! Er stand in diesem Licht.
>
> Don sagte in meinem Kopf sehr deutlich: «Halt! Es ist noch nicht Zeit für dich, Mama. Geh zurück! Mir geht es gut, und du hast noch viel zu tun.»
>
> Ich weiß nicht mehr, wie ich durch den Tunnel zurückgekehrt bin. Das Licht zog sich von mir zurück und verschwand, und dann war ich vollkommen wach.
>
> Ich hatte vorher nie über meine eigene Sterblichkeit nachgedacht, aber jetzt habe ich keine Angst vor dem Tod mehr. Ich weiß, daß ich eines Tages, wenn meine Aufgabe hier beendet ist, wieder bei Don sein werde.

Dieser Bericht klingt in der Tat wie ein typisches Sterbeerlebnis. Ellie wurde nachdrücklich mitgeteilt: «Es ist noch nicht Zeit für dich.» Es scheint, als sei das physische Leben auf der Erde eine Schule, und wir sind erst dann reif für den Abschluß, wenn wir alle Klassen durchlaufen haben. Unsere wichtigste spirituelle Lektion besteht wohl darin, daß wir lernen, einander zu lieben und uns umeinander zu kümmern.

Dottie, eine 44jährige Hausfrau aus Michigan, lernte das Reich des Spirituellen auf besondere Weise kennen:

> In einem Traum flog ich mitten durch einen langen, dunklen Tunnel, der mir endlos vorkam. Er wirkte wie aus Felsbrokken oder Backsteinen gebaut. Am Ende des Tunnels war ein helles, warmes, weißes Licht, aus dem eine Spur Gold herausströmte. Etwas zog mich vorwärts – ich mußte einfach zu diesem Licht! Ich spürte eine sehr liebevolle Gegenwart und wußte, das Licht würde mir nicht wehtun. Dann tauchte ich selbst in das Licht ein wie in einen Nebel.
>
> Ich wurde von einer Frau begrüßt, die mir beide Hände entgegenstreckte. Ich fühlte, sie war die Gottesmutter Maria.

Sie sagte zwar nie, wer sie war, aber ich erkannte sie gleich. Sie nahm mich sanft an der Hand, und ich fühlte ihre Wärme und Liebe.
Ich war erleichtert und voller Frieden. Sie trug ein weißes Gewand aus glänzendem, hellen Tuch. Ich wußte, sie paßte auf mich auf und liebte mich.
Die Gottesmutter führte mich zu einem herrlichen Garten mit einem klaren, frischen Fluß. Ich berührte das Wasser, und es war real. Das Gras und die Bäume waren hellgrün, und es wuchsen Blumen aller Art. Ich befand mich in einer parkähnlichen Umgebung und sah in der Ferne große, kristallene Gebäude. Irgendwoher kam helles Licht, und alle Farben waren sehr intensiv. Ich sah meinen Vater, meinen Stiefvater und meinen Schwiegervater, die alle auf einer Bank am Fluß saßen. Sie winkten mir zu und sagten: «Hallo, Dottie!» Sie fischten mit einer Angelausrüstung – sie waren auch früher alle Fischer gewesen. Aber auf der Erde hatten sie sich nicht gekannt.
Die Atmosphäre war sehr entspannt. Ich war sehr zufrieden, sehr gelassen. Und ich wollte nicht wieder fort. Alle fühlten sich wohl, und ich sah niemanden arbeiten. Ich traf eine Freundin, die vor langer Zeit gestorben war, und sie sagte: «Mach dir keine Sorgen. Ich bin jetzt wirklich glücklich.» Und ich sah auch meine kleine Cousine.
Die Gottesmutter sagte: «Es ist Zeit zu gehen» und führte mich zurück zum Tunneleingang. Ich spürte, daß sie blieb, bis ich das Licht durchquert hatte. Aber ich weiß nicht mehr, wie die Rückkehr durch den Tunnel verlief.
Mir wurde ein Wissen anvertraut, das die meisten Menschen nicht haben. Ich war schon immer sehr religiös, aber jetzt fühle ich mich Gott noch viel näher.

Das strahlende Licht, die allumfassende Liebe, die unvergleichliche Schönheit und vibrierende Lebendigkeit, die Dottie fühlte, sind auch bei Sterbeerlebnissen häufig anzutreffen. Es ist zudem sehr interessant, daß die drei Männer, die zur selben Familie gehörten, sich aber auf der Erde nicht kannten, nach ihrem Tod zu Freunden wurden. Vielleicht werden wir eines Tages alle entdecken, daß wir zu einer weitaus größeren spirituellen Familie gehören.

Der letzte Bericht stammt von Michelle, die bei einem Chiropraktiker in Kalifornien als Sprechstundenhilfe arbeitet. Zwei Jahre nach dem Tod ihrer 11jährigen Tochter Angela durch einen Autounfall erlebte sie den folgenden Nachtod-Kontakt:

> Eines Nachts, kurz nach dem Einschlafen, spürte ich, daß etwas an mir zog, und dann flog ich sehr schnell durch einen Tunnel. Ich sah Licht über mir und hatte Angst. Eine Stimme sagte: «Keine Sorge. Du brauchst dich nicht zu fürchten. Dir wird nichts geschehen. Du wirst nicht sterben. Wenn du zurück willst, kannst du das. Wenn du vorwärts willst, kannst du das auch.» Ich entschloß mich vorwärtszugehen, und so geschah es auch. Ich spürte Wind auf meinem Gesicht und in den Haaren. Ich fühlte mich richtig euphorisch.
>
> Als ich mich umschaute, sah ich blühende Bäume, einen blauen Himmel, wunderbare Blumen und grünes Gras. Die Farben leuchteten, und alles war sehr klar. Ich hörte sogar Vögel singen. Ich dachte: «Wo immer ich bin – es ist sehr schön hier!»
>
> Ich ging weiter und entdeckte Kinder. Vier kleine Mädchen saßen auf einer Decke und spielten Picknick. Ich ging zu ihnen und fragte: «Kennt ihr meine Tochter Angela?» Wir unterhielten uns telepathisch. Eines der Mädchen erzählte mir, sie sei im Spielhaus, und zeigte es mir.
>
> Ich ging hinüber zum Spielhaus und spähte durch das Fenster hinein. Da saß Angela an einem Tisch und spielte Karten. Ich war so glücklich! Als ich an die Fensterscheibe klopfte, hörte ich das Geräusch und spürte das Glas.
>
> Angela schaute hoch und sah mich, und dann kam sie heraus. Wir umarmten uns, und ich stotterte etwas wie: «Es tut mir so leid, daß dir das passiert ist.» Der Gedanke, daß meine Tochter bei einem Autounfall umgekommen war, setzte mir schrecklich zu, und ich fing an zu weinen.
>
> Angela war sehr lieb und gelassen. Sie sagte: «Weißt du, Mama, es ist schon okay so. Alles ist in Ordnung. Ich bin nicht

verletzt. Mir geht es gut. Du mußt aufhören, dir um mich Sorgen zu machen. Mir geht's gut, und ich bin hier glücklich.»
Ich beruhigte mich und schaute sie mir richtig an. Sie sah wunderschön aus. Sie hatte keine Narben. Sie trug ein weißes Kleid, das glänzte und mit Gold durchsetzt war. Und wenn sie sich bewegte, schien das Kleid zu leuchten.
Ich entspannte mich völlig, und dann merkte ich, wie meine Energien nachließen. Sie sagte: «Mama, ich weiß, du kannst nicht bleiben. Aber nicht mehr lange, dann sind wir zusammen. Du wirst schon sehen!»
Wir umarmten uns wieder, und Angela sagte: «Du mußt jetzt zurückgehen, Mama.» Ich kehrte auf demselben Weg zurück, den ich gekommen war, durch den Tunnel. Schließlich war ich wieder zu Hause und hellwach.
Ich kann mich an jede Einzelheit genau erinnern. Es war so wunderbar! Ich habe zwar alles aufgeschrieben, aber ich brauche es nicht zu lesen – es ist für immer in mein Gedächtnis eingeprägt.

Wie Michelle haben zahllose Menschen bei Sterbeerlebnissen ihren Körper verlassen und sind durch einen Tunnel gereist, haben ein sehr helles Licht gesehen und ein «himmlisches» Reich besucht. Auch sie haben häufig verstorbene Angehörige oder Freunde oder auch «himmlische Wesen» gesehen, und ihre außerordentlichen Zeugnisse haben Millionen Menschen inspiriert und getröstet, die die spirituelle Wahrheit ihrer eigenen Erlebnisse erkannt haben.

Unsere Untersuchung hat ergeben, daß man nicht notwendigerweise dem Tod nahe sein muß, um ein außerkörperliches Erlebnis zu haben, das eine Reise durch einen Tunnel und das Treffen mit verstorbenen Angehörigen oder Freunden beinhaltet.

12 Die Stimme im Hörer: Telefonische Nachtod-Kontakte

> Ihr lebt auf der Erde nur wenige Jahre, die ihr Inkarnation nennt, und dann verlaßt ihr euren Körper wie ein abgetragenes Kleid und sucht Erfrischung in eurer wahren geistigen Heimat.
>
> *White Eagle*

Stellen Sie sich vor, Ihr Telefon läutet. Sie nehmen den Hörer ab, und es meldet sich die Stimme eines verstorbenen Angehörigen oder Freundes, der Ihnen eine kurze Mitteilung macht oder ein regelrechtes Gespräch mit Ihnen führt. Uns wurde von telefonischen Nachtod-Kontakten berichtet, die sich sowohl im Schlaf als auch im Wachzustand ereigneten. Von den zwölf Arten der Nachtod-Kontakte kommen sie am seltensten vor.

Wir haben mit Leuten gesprochen, die einen Anruf von einem Verstorbenen erhielten, während sie schliefen. Bei Nachtod-Kontakten im Wachzustand läutete das Telefon tatsächlich. Wenn die Hinterbliebenen den Hörer abnahmen, hörten sie die Stimme eines Verstorbenen. Seine oder ihre Stimme war dabei deutlich vernehmbar oder schien von weit her zu kommen. Nach Ende des Gespräches oder der Mitteilung gab es kein Klicken und kein Freizeichen. Statt dessen trat eine Stille ein, als sei das Telefonkabel durchgeschnitten worden.

Die folgenden vier telefonischen Nachtod-Kontakte fanden statt, während die Betroffenen schliefen. Da sie keine andere Bezeichnung fanden, um ihr Erlebnis zu benennen, bedienen sie sich gewöhnlich des Wortes «Traum».

Alice ist Bankangestellte in Massachusetts. Sie erhielt einen Anruf, nachdem ihr 16jähriger Sohn Trey ertrunken war:

Trey war ein Kind, das sich ständig irgendwo verletzte. Als er ertrank, ging ich nicht in die Notaufnahme, wo er lag. Dort hineinzugehen und es nicht mehr ändern zu können – das brachte ich nicht über mich. Ich fühlte mich gräßlich und sagte mir ständig: «Ich habe es nicht mal geschafft, meinem Sohn Lebewohl zu sagen.»

Kurz nach seinem Tod klingelte im Traum das Telefon. Ich nahm den Hörer ab und hörte Treys Stimme. Er sagte nur: «Mama!», ganz schnell, als sei etwas passiert. So hat er immer geredet.

Ich fragte: «Trey, bist du das? Wo bist du?» Er sagte: «Ich rufe nur an, um zu sagen, daß es mir gutgeht und ich dich liebe.» Er sprach langsamer und weniger hektisch als sonst, aber es war definitiv seine Stimme. Er sprach ruhig, als wolle er mich nicht aufregen. Es schien alles ganz real. Dann war das Telefon tot.

Trey mußte mir sagen, daß es ihm gutging, weil er wußte, welche Sorgen ich mir um ihn machte. Dieser Traum überzeugte mich auch davon, daß es nicht schlimm war, daß ich ihm nicht Lebewohl gesagt habe.

Fast alle Hinterbliebenen bedauern es im nachhinein sehr, wenn sie nicht in der Lage waren, sich von einer geliebten Person vor deren Tod zu verabschieden. Wie Alice fühlen sich manche schuldig, wenn sie die Möglichkeit dazu hatten, es aber gefühlsmäßig nicht über sich brachten.

Unsere verstorbenen Angehörigen und Freunde scheinen unsere menschlichen Schwächen mit Leichtigkeit zu verstehen und zu akzeptieren. Offensichtlich wollen sie uns unnötige Selbstanklagen und Schuldgefühle ersparen, damit wir uns unserem eigenen Leben widmen können. Daran ist wieder einmal zu erkennen, wie heilsam die Botschaft der Liebe bei zahlreichen Nachtod-Kontakten wirken kann.

Carole, eine 43jährige Hypnotherapeutin aus Michigan, führte ein Telefongespräch mit ihrer Mutter, die etwa 12 Wochen zuvor gestorben war:

Meine Mutter starb bei einer Gasexplosion. Es geschah ganz

plötzlich, und es gab keinen Leichnam, der aufgebahrt werden konnte. Ich grübelte immer über ihren Tod nach. Ich ertappte mich bei dem Gedanken, daß er nicht wirklich stattgefunden hatte. Ich konnte einfach nicht akzeptieren, daß sie nicht mehr da war. Ich schob das alles weit von mir weg.

Einmal klingelte im Traum das Telefon. Ich ging dran und hörte meine Mutter sagen: «Carole, hier ist Mama.» Mir war, als hätte ich einen Stromstoß bekommen, als ich das hörte. Und ich wußte sofort, daß sie es wirklich war!

Ich begann hemmungslos zu weinen und sagte: «Mama! Mama! Mama!» Ich erinnere mich nicht mehr genau an unser Gespräch, aber ich glaube, sie sagte: «Carole, ich bin auf der anderen Seite. Ich bin nicht mehr auf der irdischen Ebene. Ich komme nicht zurück.»

Als ich aufwachte, war mein Kopfkissen klatschnaß, mein Gesicht war naß und mein Nachthemd auch. Ich fühlte mich sehr erschöpft, aber ich hatte endlich Frieden gefunden.

Dieser Anruf half mir, über den Berg zu kommen. Ich hörte auf, alles zu leugnen, und konnte endlich um meine Mutter trauern.

Wenn eine geliebte Person plötzlich stirbt und der Körper nicht aufgebahrt werden kann, haben wir häufig Schwierigkeiten, die Realität des Todes zu akzeptieren. Dies geschieht zum Beispiel dann, wenn jemand auf See vermißt wird, bei einem Flugzeugabsturz stirbt oder während eines Krieges umkommt. Ein Nachtod-Kontakt nach einem solchen Todesfall ist besonders wertvoll, denn er führt die Hinterbliebenen aus der Phase des Leugnens heraus und hilft ihnen, den Tatsachen ins Auge zu blicken. Das Gleiche gilt, wenn zu der Trauer lange Zeit noch Zorn kommt, was häufig passiert, wenn eine geliebte Person ermordet oder von einem betrunkenen Autofahrer überfahren wurde oder von eigener Hand gestorben ist.

Sheila, 46, lebt als Krankenschwester in Iowa. Sie profitierte von einer Botschaft, die ihr Vater ihr sieben Monate nach seinem Tod an einer Lungenkrankheit zukommen ließ.

Mein Mann und ich hatten große Probleme, und ich war sehr bedrückt. Ich fühlte mich ausgenutzt und wollte die Ehe beenden. Aber ich schaffte es noch nicht – ich hatte den entscheidenden Schritt schon seit drei, vier Jahren aufgeschoben.

Als mein Vater starb, war der einzig wichtige Mann in meinem Leben verschwunden. Das glaubte ich jedenfalls. Mein Mann nahm mich nicht einmal in die Arme, um mir zu sagen, daß es ihm leid täte. Er hat mich überhaupt nicht getröstet, und ich war schrecklich niedergeschlagen. Dann erhielt ich im Traum, kurz vor dem Aufwachen, einen Anruf. Als ich den Hörer ans Ohr hielt, war mein Daddy dran – es war eindeutig seine Stimme. Er sagte: «Mach dir keine Sorgen! Ich bin bei dir, solange du mich brauchst. Was immer du entscheidest, ich bin für dich da.»

Ich brauchte die Gewißheit, daß mein Vater mich liebte und mich unterstützen würde, was immer ich zu tun beschloß. Das war die Bestätigung, die ich nicht bekommen hatte, als er noch lebte.

Am nächsten Morgen fühlte ich zum ersten Mal seit vielen Jahren wieder Frieden. Die Verwirrung hatte sich gelegt. Es war ein Wendepunkt, und plötzlich wußte ich, ich konnte tun, was ich schon lange tun wollte.

Ungefähr fünf Monate später reichte ich die Scheidung ein. Ich glaube nicht, daß ich dazu imstande gewesen wäre, wenn ich nicht diesen Anruf von meinem Vater bekommen hätte.

Bemerkenswert ist, daß Sheilas Vater ihr keinen spezifischen Rat gegeben hat, sondern sie nur seiner bleibenden Unterstützung versichert hat. Könnten wir nur häufiger eine solche Liebe ohne Gegenleistung zum Ausdruck bringen – die Welt wäre ein weitaus glücklicherer und gesünderer Ort.

Terry arbeitet in Florida in einem Reisebüro. Sie hatte mehrere telefonische Kontakte mit ihrer Mutter, die im Alter von 76 Jahren an Krebs gestorben war:

Mutter hatte sich zwei Paar Schuhe gekauft, aber sie hat sie nicht mehr getragen, weil sie so krank wurde. Sie war ein sehr sparsamer und genügsamer Mensch, und vor ihrem Tod bat sie mich, die Schuhe zurückzubringen und mir das Geld geben zu lassen. Aber ich hatte es noch nicht getan. Innerhalb von sechs Wochen nach ihrem Tod erhielt ich im Schlaf drei Anrufe. Jedesmal klingelte das Telefon, und wenn ich den Hörer abnahm, meldete sich Mutter!

Beim ersten Mal fragte ich, wie es ihr ginge. Sie sagte, alles sei bestens, und ich sagte, daß ich sie vermisse. Sie fragte: «Hast du die Schuhe schon zurückgebracht?» Das schien ihr wichtig zu sein. «Nein», antwortete ich und begann zu weinen. Dann beendete sie den Anruf, indem sie sagte: «Ich muß jetzt gehen.»

Ungefähr eine Woche später kam der zweite Anruf, der in etwa gleich verlief. Wieder fragte sie mich, ob ich die Schuhe zurückgebracht hätte. Und ich antwortete: «Nein, noch nicht. Aber ich werde es tun.»

Als sie zum dritten Mal anrief, fragte sie wieder nach den Schuhen. Mir kamen die Tränen. Da sagte sie: «Terry, wenn du nicht aufhörst zu weinen, rufe ich nicht mehr an.» Und ich bekam nie mehr einen Anruf von ihr.

Ein paar Wochen nach dem dritten Anruf brachte ich die Schuhe endlich zurück und erhielt das Geld dafür. Ich wußte, sie wollte es unbedingt, und deshalb tat ich es auch.

Manche Menschen haben offenbar nach dem Tod das Bedürfnis, unerledigte Angelegenheiten noch zum Abschluß zu bringen. In mehreren Berichten unserer Sammlung haben Verstorbene ihre Angehörigen gebeten, Bibliotheksbücher, wissenschaftliche Unterlagen oder geliehenes Geld zurückzugeben. Viele Betroffene erzählten, daß ihnen der oder die Verstorbene den genauen Platz nannte, wo Geld, Wertpapiere, wichtige Dokumente oder andere Wertsachen versteckt waren. Wir werden später noch ausführlicher auf solche Fälle eingehen.

Alle verbleibenden Berichte in diesem Kapitel sind Beispiele von telefonischen Nachtod-Kontakten, bei denen die Befragten wach waren. Ramona, eine Hausfrau aus Kalifornien, erhielt einen Anruf ihres Mannes Stanley, der mit 43 an einem Aneurysma gestorben war:

> Wenige Wochen nach Stanleys Tod, an einem Morgen, räumte ich gerade den Frühstückstisch ab. Das Telefon klingelte, und ich ging dran. Mein Mann sagte: «Hallo, Liebling!» Es war Stanley – es war seine Stimme! Er war deutlich zu hören, als hätte er mich von der Arbeit angerufen. Das war alles, was er sagte, und dann war das Telefon tot – ich hörte aber kein Klicken.
> Ein Weilchen dachte ich, jetzt bin ich übergeschnappt. Aber ich weiß, daß das Telefon geklingelt hat. Ich hielt den Hörer noch in der Hand, und ich wußte, es war mein Mann, der da gesprochen hatte!

Monica besitzt in Missouri eine Buchhandlung. Sie wurde von ihrem Vater kontaktiert, der drei Monate zuvor an einem Herzanfall gestorben war:

> Mein Vater starb im Juni, und das folgende geschah im September. Ich war zu Hause und rief eine Firma wegen irgendeiner Kleinigkeit an. Die Vermittlung sagte, ich solle warten, und dann hörte ich die Wartemusik.
> Plötzlich brach die Musik ab, und ich hörte meinen Vater sagen: «Hallo, Dolly!» So hatte er mich immer genannt. Ich erkannte seine Stimme, aber ich brachte kein Wort hervor, weil ich wie betäubt war.
> Ein paar Sekunden vergingen, und dann sagte er: «Hier ist dein Daddy.» Er sprach sehr sanft, und seine Stimme klang wie immer. Es war wie bei einem Ferngespräch, allerdings knisterte es überhaupt nicht in der Leitung.
> Dann meldete sich die Vermittlung wieder und sagte, die Person, mit der ich sprechen wollte, sei nicht da. Also legte ich auf. Natürlich wählte ich die Nummer noch einmal, um zu sehen, ob ich wieder etwas hören würde, aber diesmal passierte nichts.
> Dieses Erlebnis war so echt, daß ich nicht im geringsten daran zweifle, daß es stattgefunden hat. Es hat meine Skepsis in

bezug auf derartige Kontakte völlig beseitigt. Vielleicht hat mein Vater sich absichtlich für diese Methode entschieden, damit ich nicht auf die Idee käme, an der Realität des Kontakts zu zweifeln.

Wie diese ersten beiden telefonischen Nachtod-Kontakte zeigen, beschränkt sich die Nachricht eines Verstorbenen manchmal auf ein einfaches «Hallo!», das klarstellt, daß er oder sie noch am Leben ist und an uns denkt. Diese Absicht scheint ohnehin praktisch allen Nachtod-Kontakten zugrunde zu liegen, auch wenn die meisten noch weitere Gefühle oder Wünsche zum Ausdruck bringen.

Da die Kommunikation per Telefon eine so alltägliche Angelegenheit ist, erscheint es uns völlig normal, wenn wir mit jemandem sprechen, ohne ihn gleichzeitig zu sehen. Viele Menschen erklären, daß es für sie eine viel konkretere Erfahrung war, die Stimme eines Verstorbenen am Telefon zu hören, als eine telepathische Botschaft zu erhalten. Daß der Telefonapparat buchstäblich so greifbar ist, verleiht dem Erlebnis ein größeres Maß an Realität.

Ellyn, eine Personalleiterin aus Nevada, erlebte den folgenden telefonischen Nachtod-Kontakt, nachdem ihre 12jährige Tochter Ashley an Leukämie gestorben war:

Es passierte über drei Jahre nach Ashleys Tod. Ich hatte schlimme gesundheitliche Probleme. Man hatte bei mir eine Lungenkrankheit diagnostiziert, und ich hatte Angst, ich würde auch sterben müssen.

Eines Abends hatte ich gerade Spaghetti aufgesetzt, da klingelte das Telefon. Ich nahm ab und hörte eine junge Stimme «Mami» sagen. Ich dachte: «Was? Wer spielt mir da so einen grausamen Streich?» Deshalb fragte ich: «Wer ist da, bitte?»

Sie sagte: «Hier ist Ashley. Was machst du gerade, Mami?»

Ich sagte: «Ashley? Ich koche.» Und sie sagte: «Du kochst mein Lieblingsessen. Du machst Spaghetti!»

Es war Ashleys Stimme – sie klang stark und gesund –, und

niemand konnte ihre Stimme nachahmen. In diesem Moment dachte ich, ich sei verrückt geworden, aber niemand konnte wissen, was ich zum Abendessen kochen wollte, weil ich mich selbst gerade erst dafür entschieden hatte.
Dann fragte ich sie: «Ashley, geht es dir gut?» Und sie sagte: «Mami, mir geht es gut. Ich rufe nur an, um dir zu sagen, daß es dir auch wieder gutgehen wird.» Dann war das Telefon tot. Es war kein Freizeichen zu hören. Kein Geräusch. Nichts. Ich saß eine Ewigkeit nur da und hielt den Hörer in der Hand.
Sechs Monate später wurde ich an der Lunge operiert. Vor einem Monat ging ich zum Arzt. Meine Blutwerte sind zum ersten Mal seit drei Jahren normal, und ab nächstem Monat werde ich langsam meine Medikamente absetzen können.
Ashley hatte recht – sie sagte ja, es würde mir wieder gutgehen!

Kein Wunder, daß es Ellyn die Sprache verschlug! Drei Jahre nach dem Tod ihrer Tochter hörte sie Ashleys Stimme wieder, und es gab keine rationale Erklärung dafür, wie irgend jemand wissen konnte, daß sie gerade in diesem Moment Spaghetti kochte.

Penny war vor ihrer Pensionierung Kreditsachbearbeiterin bei einer Bank in Florida. Als sie 16 war, starb ihre 35jährige Mutter unmittelbar nach einer Notoperation. Penny und ihre zwei Schwestern hatten sich nicht von ihr verabschieden können:

Einige Monate später lag ich eines Abends im Bett, ohne richtig zu schlafen – ich lag nur da und dachte nach. Um halb zwölf hörte ich das Telefon ein- oder zweimal klingeln. Ich sprang aus dem Bett und nahm den Hörer ab. Am anderen Ende war meine Mutter!
Sie sagte: «Wie geht's euch Mädchen? Es tut mir leid, daß ich euch nicht auf Wiedersehen sagen konnte. Seid brav und paßt gut aufeinander auf. Ich liebe euch, und ich gebe auf euch acht.»
Sie schien glücklich zu sein und uns sagen zu wollen, wir sollten uns um unser eigenes Leben kümmern. Ich war so froh

über ihren Anruf. Aber ich dachte auch: «Das kann nicht sein. Ich weiß, daß meine Mutter tot ist.»

Kurz darauf kam mein Vater ins Zimmer und fragte: «Mit wem hast du gesprochen?» Ich sagte: «Ich weiß, du wirst es nicht glauben, Papa, aber ich habe mit Mama gesprochen.» Da sagte er: «Penny, du weißt, daß Mama gestorben ist. Du warst sicher durcheinander, oder du hast geträumt.» Ich sagte: «Nein, Papa, ich bin hellwach!»

Er kam zu mir und nahm mir den Hörer aus der Hand. Am anderen Ende war Schweigen, als höre jemand zu. Wir sahen uns an, und ich sagte: «Ich weiß nicht, wie das zuging, aber ich weiß, warum. Mama wollte sich von uns verabschieden.»

Später setzten mein Vater und ich uns zusammen und diskutierten darüber. Er sagte, er wisse ja, daß ich über den Tod meiner Mutter traurig sei. Es sei bestimmt schwer für mich, ihren Tod zu akzeptieren, und vielleicht sei es gut, wenn ich mich einmal richtig aussprechen würde. Also sprach ich mit dem Pfarrer unserer Gemeinde und erzählte ihm von meinem Erlebnis. Nach dem Gespräch sagte er Papa, daß er mir glaube, weil ich so vollkommen aufrichtig sei. Danach ließ Papa das Thema fallen.

Niemand wird mir je ausreden können, daß meine Mutter in jener Nacht am Telefon war. Ich wußte immer, daß ich nur auf mein Herz und mein Gewissen hören mußte und dann sagen konnte: «Ja, das habe ich wirklich erlebt.»

Penny hatte Glück, daß der Pfarrer ihrer Gemeinde ihr mit offenen Ohren zuhörte und ihr den telefonischen Nachtod-Kontakt glaubte. Und was noch wichtiger ist, sie besaß genügend Selbstvertrauen und hegte nie Zweifel daran, daß das Telefongespräch mit ihrer Mutter wirklich stattgefunden hatte. Wenn wir unseren intuitiven Erfahrungen trauen und dort, wo es angebracht ist, nach ihnen handeln, haben wir eine der wichtigsten Lektionen gelernt, die das Leben uns vermitteln kann.

Der letzte Bericht stammt von Hilda, die zwei Wochen nach dem Tod ihres 82jährigen Vaters von diesem telefonisch kontaktiert wurde. Zufällig ist sie in Florida bei der Telefonvermittlung beschäftigt:

> Bei uns war zwei Tage lang der Telefonanschluß unterbrochen, weil sie eine zweispurige Straße hinter unserem Haus zu einer vierspurigen Schnellstraße ausbauten. In unserem Garten arbeiteten Leute von der Telefongesellschaft, und alle Kabel waren herausgerissen und lagen auf der Erde herum.
> Meine 17jährige Tochter Greta und ich waren zu Hause und sahen fern, als das Telefon läutete. Ich habe drei Anschlüsse im Haus, und Greta nahm den Hörer in der Küche ab, weil nur dort das Telefon läutete.
> Sie sagte nur immer wieder: «Hallo, hallo?» Aber sie hörte nur ein Geräusch wie das Meer – als wenn man eine große Muschel ans Ohr hält. Deshalb legte sie wieder auf. Ungefähr zehn Minuten später läutete das Telefon wieder. Greta nahm wieder ab und sagte: «Hallo?» und hörte dasselbe Geräusch. Zehn Minuten später läutete das Telefon in der Küche zum dritten Mal, und diesmal nahm ich ab. Zuerst hörte ich auch dieses Geräusch, wie Wellen am Meer, aber dann war da noch eine Stimme, die immer näher kam.
> Es war mein Vater, der sagte: «Hilda, Hilda, ich liebe dich.» Er sprach nur Polnisch, und er sagte mir, wie sehr er mich liebte.
> Ich rief: «Daddy! Daddy! Daddy! Ich liebe dich auch!» Aber sobald er zu sprechen begann, wurde seine Stimme wieder schwächer und war schließlich gar nicht mehr zu hören. Nur das Meeresrauschen blieb, und dann brach die Verbindung ab.
> Ich schaute Greta an, und sie fragte: «Mutter, was ist los? Du bist ja weiß wie ein Leintuch!» Ich sagte: «Gerade hat Großvater mit mir gesprochen.»
> Ich rannte nach draußen und fragte den leitenden Ingenieur: «Können wir schon wieder telefonieren?» Er sagte: «Nein, Madam. Die Kabel liegen noch hier, und der Anschluß wird erst morgen wieder funktionieren.»
> Ich fragte: «Sind Sie sicher? Ich habe gerade einen Anruf bekommen. Ist es möglich, daß sie von der Zentrale aus etwas

manipuliert haben?» Er sagte: «Nein, Madam, das ist völlig unmöglich.» Er sah mich ziemlich mißtrauisch an, und ich beschloß, lieber ins Haus zu gehen, da er mich vermutlich für verrückt hielt.

Meine Tochter war bei mir, als das Telefon dreimal läutete. Also habe ich eine Zeugin, daß ich einen Anruf bekam – als das Telefon eigentlich gar nicht funktionieren konnte. Ich weiß nicht, was ich davon halten soll, aber ich weiß, daß ich es mir nicht eingebildet habe.

Wie konnte ein Telefon dreimal läuten, wenn alle Kabel herausgerissen waren und das Telefon offensichtlich nicht funktionierte? Dies ist nicht der einzige Bericht über einen telefonischen Nachtod-Kontakt, der Merkwürdigkeiten enthält. Eine Frau aus Michigan erzählte uns, daß sie die Stimme ihrer verstorbenen Mutter hörte – und zwar aus einem Telefon, bei dem sie den Stecker aus der Wand gezogen hatte, weil ihr kleiner Sohn damit spielte!

Wir haben bei unseren Befragungen fast fünfzig telefonische Nachtod-Kontakte gesammelt. Andere Interviewpartner berichteten von NTK-Botschaften auf ihren Anrufbeantwortern, Tonbandgeräten, Radios, Fernsehern oder Computern. Ihre Berichte haben wir jedoch nicht in dieses Buch aufgenommen, weil sie nicht zahlreich genug waren.

13 Materie in Bewegung: Nachtod-Kontakte und physikalische Phänomene

Der Tod ist nicht das Ende; er bedeutet nur, daß man sich von der physischen Form löst und in das Reich des Spirituellen eintritt, das unsere wirkliche Heimat ist. Er ist eine Heimkehr.

Stephen Christopher

Viele Menschen, die wir interviewten, berichteten von ungewöhnlichen Vorfällen im Zusammenhang mit dem Tod von Angehörigen oder Freunden. Sie betrachten diese Ereignisse als Botschaften der Verstorbenen. Nachtod-Kontakte, die im Zusammenhang mit physikalischen Phänomenen auftreten, kommen relativ häufig vor. Bei den genannten Phänomenen handelt es sich um Licht, das an- oder ausging, um Radios, Stereoanlagen, Fernsehgeräte und andere Elektrogeräte, die sich einschalteten, um Gegenstände, die aktiviert wurden, um Bilder und andere Objekte, die in Bewegung gerieten, und zahlreiche Vorkommnisse ähnlicher Art.

Zunächst hatten wir die Berichte mit einiger Skepsis aufgenommen. Es kam uns so vor, als würde jedesmal, wenn eine Tür aufschwang oder zuschlug oder eine Jalousie unvermittelt hochschnappte, irgend jemand unweigerlich sagen: «Das war unsere Großmutter! Sie ist vor ein paar Wochen gestorben, und das war ihre Art, uns zu sagen, daß sie noch da ist.»

Die Qualität der Berichte hat uns letztlich jedoch überzeugt, und es war uns unmöglich, sie alle als Zufälle oder Produkte einer überaktiven Phantasie abzutun. Wir gelangten schließlich zu der Überzeugung, daß manche physikalische Phänomene tatsächlich authentische Nachtod-Kontakte sind.

Alle in diesem Kapitel aufgeführten Nachtod-Kontakte ereigneten sich, während die betroffenen Personen wach waren.

Bei den ersten vier Berichten wurden jeweils Lampen oder elektrische Geräte an- oder ausgeschaltet.

Dorothy ist 37 und arbeitet als Sprechstundenhilfe in Virginia. Sie berichtet über die Vorfälle nach dem Tod ihres Vaters:

> Eines Nachts lag ich im Bett und las. Dann sagte ich: «Also, Papa, wenn es wirklich ein Leben nach dem Tod gibt, laß es mich wissen.» Und da ging das Licht im Schlafzimmer aus! Ich dachte: «Na gut, das habe ich so gewollt.» Und ich sagte: «Okay, Papa, wenn du noch da bist, zeig es mir», und das Licht ging wieder an.
>
> Ein paar Nächte später lag ich wieder im Bett und dachte an meinen Vater. Und wieder ging das Licht aus! Das passierte noch in zwei, drei weiteren Nächten, immer wenn ich an ihn dachte. Entweder ging das Licht aus, wenn es angeschaltet war, oder es ging an, wenn es ausgeschaltet war. So wußte ich, daß mein Vater tatsächlich da war!

Dorothy und ihr Vater stellten eine Kommunikation her, er reagierte auf ihre Gedanken, indem er ihr Schlafzimmerlicht mehrfach an- oder ausschaltete.

Carole, 43, ist Hypnotherapeutin im Mittleren Westen der USA. Ihr Vater, der dreizehn Jahre zuvor an Krebs gestorben war, beantwortete ihr eine brennende Frage:

> Mein Bruder Kenny lebte allein in Las Vegas. Er war schwer krank, und man nahm nicht an, daß er die Nacht überleben würde. Weil ich nicht wußte, ob er noch am Leben sein würde, wenn ich dort ankam, kämpfte ich mit mir, ob ich überhaupt fahren sollte. Ich mußte mich aber sofort entscheiden.
>
> Als ich weinend auf meinem Stuhl saß, bat ich Gott: «Bitte hilf mir bei dieser Entscheidung. Soll ich bleiben oder fahren?» Plötzlich sah ich meinen verstorbenen Vater vor mir. Er erschien nur kurz und war gleich wieder verschwunden.
>
> Dann blinkte die Lampe auf dem Tisch dreimal. Und ich hörte meinen Vater telepathisch sagen: «Du mußt fahren und dei-

nen Bruder ins Licht schicken. Er hat große Angst vor dem Tod.»
Ich sagte: «Das ist die Antwort. Ich fahre!» Ich packte sofort meine Sachen und fuhr zum nächsten Flughafen.

Da Caroles Vater wollte, daß sie ihrem sterbenden Bruder dabei half, «ins Licht» zu gehen, verursachte er offenbar das dreifache Blinken der Lampe, um seiner Aufforderung Nachdruck zu verleihen. Carole verließ sich auf seinen Rat und war am Bett ihres Bruders, als dieser starb.

Ein telefonischer Nachtod-Kontakt mit ihrer Mutter ist in Kapitel 12 beschrieben.

Rebecca, eine 48jährige Therapeutin aus Alberta, ist sicher, daß ihre Großmutter sechs Monate nach ihrem Tod durch Herzversagen mit ihr Kontakt aufnahm:

Es war schon spät, und mein Mann und ich hatten unsere Abendrunde gemacht: Wir hatten nach den Kindern geschaut, die Vorder- und Hintertür abgeschlossen und alle Lichter gelöscht. Dann waren wir ins Bett gegangen.
Plötzlich weckte mich etwas aus meinem tiefen, traumlosen Schlaf. Ich setzte mich auf und sah meine Großmutter am Fußende von meinem Bett sitzen! Ich spürte ihre Gegenwart mehr, als daß ich sie wirklich sah. Ich merkte, daß sie mich anlächelte. Ich weckte meinen Mann und sagte: «Oma ist hier! Sieh mal, sie sitzt da bei meinen Füßen.» Er konnte nichts sehen und sagte: «Du spinnst.»
Dann hörten wir ein Geräusch aus dem Wohnzimmer. Wir schauten uns an, standen auf und gingen hin. Die Stereoanlage war an und alle Lichter dazu! Auch das Eßzimmer war hell erleuchtet. Sogar die Küchenlampe war angeschaltet und der Backofen erleuchtet. Wir dachten, das gibt's doch nicht!
Als wir zur Hintertür kamen, merkten wir, daß sie nicht mehr abgeschlossen und das Hauslicht angeschaltet war. Dann beschlossen wir, in den Keller zu gehen. Dort lief der Fernseher, und alles war hell erleuchtet!
Mein Mann ging um das Haus herum und sah, daß auch das

Licht über der Vordertür brannte. Alles, was überhaupt angeschaltet sein konnte, war es. Alles lief, einfach alles!
Von da an war ich irgendwie beruhigt, was Oma betraf. Tief im Herzen wußte ich, daß sie gekommen war, um sich von uns zu verabschieden. Ich weiß, sie ist nie ganz weit weg – sie ist nur in einer anderen Dimension.

Diese Vorführung war alles andere als subtil. Anscheinend hatte Rebeccas Großmutter erkannt, daß ihr Mann zu den eingefleischten Skeptikern gehörte, und daraufhin eine spektakuläre elektrische Demonstration inszeniert, die er schlichtweg nicht ignorieren konnte.

Laurie ist Massagetherapeutin und lebt in Virginia. Bert, der Vater einer ihrer engsten Freundinnen, hielt sein Versprechen, sich zu melden, nachdem er mit 67 an einem Schlaganfall gestorben war:

Bert hatte schreckliche Angst vor dem Tod. Wir redeten öfter darüber, und allmählich wurde er gelassener. Dann bat ich ihn, mich nach seinem Tod wissen zu lassen, ob alles so sei, wie wir es uns ausgemalt hatten. Ich bat nicht nur meinetwegen, sondern vor allem im Hinblick auf meine Mutter, die auch sehr große Angst vor dem Sterben hatte.
Ich hatte Bert oft die Kassette mit der Musik aus dem Film «Jenseits von Afrika» vorgespielt, und sie war seine Lieblingsmusik geworden. Er versprach mir, die Musik würde so zu mir kommen, daß ich sicher sei, keiner Einbildung zum Opfer zu fallen.
Ungefähr zwei Wochen nach Berts Tod war meine Mutter bei mir zu Besuch. Plötzlich, mitten in der Nacht, fand ich mich im oberen Flur wieder. Auch meine Mutter war aus ihrem Zimmer gekommen.
Wir starrten uns an und fragten uns erstaunt: «Was um Himmels willen ist denn da los?» Auf einmal merkten wir, daß unten die Stereoanlage bis zum Anschlag aufgedreht war. Und es lief die Musik aus «Jenseits von Afrika»! Niemand außer uns war im Haus, der sie angeschaltet haben könnte.

Und Mutter hatte alles doppelt und dreifach kontrolliert, bevor sie ins Bett gegangen war.
Bert hatte gewartet, bis er Mutter und mich zusammen antraf, und von da an hatte sie keine Angst mehr vor dem Tod.

Der Einfallsreichtum, der bei so vielen Nachtod-Kontakten unter Beweis gestellt wird, setzt uns immer wieder in Erstaunen.

Die nächsten beiden Berichte sind Beispiele von Nachtod-Kontakten, in deren Verlauf andere Gegenstände eine Rolle spielten.

Maryellen ist Rechtsanwältin und lebt im Mittleren Westen der USA. Sie und ihr Mann erlebten im Beisein von vier anderen Personen eine Begegnung mit ihrer Tochter Bonnie, die mit 26 Jahren gestorben war:

An unserem dreißigsten Hochzeitstag erneuerten Rob und ich unser Eheversprechen bei einer wunderschönen Zeremonie in unserer Kirche. Als wir wieder nach Hause kamen, hatten Rob und unsere Tochter Bonnie eine riesige Überraschungsparty organisiert. Ich habe nie herausbekommen, wie sie das alles vorbereitet haben!
Fünf Monate später wurde Bonnie in Florida ermordet. An unserem nächsten Hochzeitstag luden meine Schwester, mein Schwager, meine beste Freundin und ihr Mann Rob und mich in ein Restaurant ein. Alle mußten immer wieder daran denken, wie anders der Tag im Jahr davor verlaufen war. Bei uns im Wohnzimmer hing eine kleine Uhr, die Bonnie bei uns gelassen hatte, als sie nach Florida umgezogen war. Als wir um Viertel vor zwölf nach Hause zurückkehrten, tickte die kleine Uhr wie verrückt!
Wir standen alle da wie vom Donner gerührt und starrten auf Bonnies Uhr. Wir waren deshalb so entgeistert, weil sie eigentlich gar nicht funktionierte – wir hatten sie nie angerührt, geschweige denn aufgezogen!

Ein gemeinsames Merkmal bei Nachtod-Kontakten mit physikalischen Phänomenen ist das perfekte Timing. Häufig sind dabei Wanduhren oder Armbanduhren mit im Spiel.

Cecilia, 44, ist Hausfrau und lebt in Neufundland. Sie hatte das folgende Erlebnis mit ihrer Tochter Holly, die mit 8 Jahren an Leukämie starb:

> Holly war neunzehn Monate lang krank, und ich war Tag und Nacht bei ihr. Sie weckte mich jede Nacht um Mitternacht, weil sie etwas zu essen wollte.
>
> Eines Abends, ungefähr zwei Wochen vor ihrem Tod, sagte sie: «Mami, sollen wir heute nicht lieber etwas trinken statt essen? Kann ich ein bißchen Baby Duck bekommen?» Ich sagte: «Ja.» Und danach weckte mich Holly jede Nacht und wollte als Mitternachts-Drink ihr Baby Duck, ein sprudelndes Getränk.
>
> Als die Flasche leer war, brachte eine Freundin ihr eine neue. Holly machte sich an dem Draht und der Folie zu schaffen, aber sie war zu schwach, um die Flasche zu öffnen. Ich fragte: «Soll Mami sie für dich aufmachen?» Und sie antwortete: «Nein. Das mache ich selber, wenn ich stark genug bin.»
>
> Am nächsten Tag starb Holly, und die ungeöffnete Flasche stellten wir auf unseren Porzellanschrank im Wohnzimmer.
>
> Drei Tage später, genau um Mitternacht, hörten wir ein lautes Geräusch. Bei der Flasche Baby Duck war der Korken herausgesprungen und an die Decke geknallt. Niemand hatte die Flasche angerührt, und es war nicht außergewöhnlich heiß im Haus, so daß das auch nicht der Grund sein konnte.
>
> Da spürte ich Hollys Gegenwart und wußte, sie war bei uns. Und ich begriff, daß sie mir sagen wollte: «Ja, ich bin jetzt stark genug. Ich habe die Flasche Baby Duck selbst aufgemacht.»

Baby Duck ist ein leichter Schaumwein, der in Kanada hergestellt wird. Die Flaschen werden mit einem Plastikkorken verschlossen, der mit Draht befestigt wird und mit Folie umhüllt ist. Es ist praktisch unmöglich, daß eine dieser Flaschen von allein aufgeht.

In den folgenden vier Berichten ist von einer Reihe von Gegenständen die Rede, die sich entweder bewegten oder spontan auftauchten.

Iris hat vor ihrer Pensionierung als Diätassistentin in einem New Yorker Krankenhaus gearbeitet. Sie erhielt unerwartet Unterstützung von ihrem Mann Jacob, der mit 76 an Krebs gestorben war:

> Nach dem Tod meines Mannes rief mich eine Nachbarin an, um mich an die Steuererklärung zu erinnern, die im Dezember fällig war. Früher hatte sich immer Jacob darum gekümmert. Er war Rechtsanwalt und hatte sich bei uns zu Hause ein Büro eingerichtet, in dem er alle Unterlagen aufbewahrte. Er war sehr gewissenhaft und ließ niemanden an seine Papiere heran. Deshalb hatte ich keine Ahnung, wo ich nach den Steuerunterlagen suchen sollte oder wie sie überhaupt aussahen. Ich suchte den ganzen Tag und fand sie nicht. Ich war völlig frustriert und verärgert. Da stand ich nun und war verantwortlich für etwas, von dem ich nichts verstand!
> Ich stand mitten im Büro und brach in Tränen aus. Und ich schrie: «Wie konntest du mir das antun, Jacob? Wie konntest du einfach weggehen? Wie konntest du mir das alles hier überlassen?»
> Plötzlich, während ich noch da stand, klappte Jacobs Terminkalender auf. Es ist ein ziemlich dickes Buch mit einem harten Einband. Das Buch hatte zugeklappt auf dem Tisch gelegen, und ich sah, wie es sich öffnete! Ich konnte es einfach nicht glauben.
> Also ging ich zum Tisch und sah genau hin. Der Kalender war im Dezember aufgeschlagen, und da lag auch das Steuerformular. Ich sagte einfach nur: «Danke, Jacob.»

Joan lebt als Hausfrau in Florida. Sie wurde Witwe, als ihr Mann Frank mit 56 Jahren an Nierenversagen starb:

> Frank, mein Mann, hielt sich ständig in der Küche auf, weil er so gerne kochte. Bevor er starb, sagte er zu mir: «Wenn ich je zurückkomme, dann wirst du mich in der Küche finden.»

Kurz vor der Beerdigung saßen mein Sohn und ich in der Küche und redeten. Ich habe einen Meßbecher, aus dem Frank gerne trank, weil das Wasser darin kühl blieb. Plötzlich sprang der Becher vom Haken. Er fiel zwischen uns auf den Boden! Mein Sohn und ich schauten einander an, und ich sagte: «Papa ist hier!» Ich weiß, daß es Frank war, weil der Becher schließlich nicht von alleine vom Haken springen konnte!

Ein Nachtod-Kontakt kann so dramatisch verlaufen, daß unser Verstand nicht begreift, was unsere Augen sehen. Hätte Joans Sohn dieses verblüffende Ereignis nicht auch gesehen, hätte Joan vielleicht ihrer Wahrnehmung mißtraut und an sich gezweifelt.

Patti, eine Postangestellte aus Kansas, erlebte den folgenden Nachtod-Kontakt mit ihrer Mutter, die mit 46 Jahren an einer Atemlähmung gestorben war:

Meine Schwester Rachel und ich fuhren zu Mutters Haus, um Kleider für ihre Beerdigung zu holen. Unsere Männer kamen mit, blieben aber unten in der Küche.
Wir waren oben in Mutters Schlafzimmer, und ganz plötzlich spürten wir ihre Gegenwart wie eine elektrische Energie. In diesem Augenblick stürzte der schwere, gerahmte Spiegel, der ungefähr einen Meter hoch und einen halben Meter breit war, von der Wand. Er flog einfach über die Kommode und landete auf dem Teppichboden.
Rachel und ich rannten hinunter zu unseren Männern und riefen: «Mama ist im Schlafzimmer!» Als wir ihnen erzählten, was passiert war, versuchten sie uns zu beruhigen und meinten, es gäbe sicher eine logische Erklärung dafür.
Dann gingen wir alle nach oben, und Len, mein Mann, der von Beruf Zimmermann ist, untersuchte den Spiegel. Der Draht an der Rückseite war sehr stark und noch intakt. Dann untersuchte er den Nagel – er steckte noch in der Wand und war sogar fest verdübelt!
Len war sehr verwirrt und sagte, es gäbe absolut keine

logische Erklärung für das, was passiert war. Meine Schwester und ich wußten, daß Mutter versucht hatte, mit uns Verbindung aufzunehmen.

Wir können weder erklären, wie ein Verstorbener einen kleinen Becher noch wie er einen schweren Spiegel in Bewegung setzen kann. Wir können nur eines mit Sicherheit sagen: All jene, die einmal einen Nachtod-Kontakt mit physikalischen Phänomenen erlebt haben, werden ihn so schnell nicht vergessen!

Glenda ist Hausfrau und lebt in Ohio. Eine Reihe von Ereignissen, die vier Monate nach dem Tod ihres Sohnes Randy eintraten, gab ihr seelisch Auftrieb. Randy war mit 19 Jahren ertrunken:

Es war an einem Regentag, und ich bügelte gerade in einem der oberen Zimmer. Während ich eines von Randys Hemden bügelte, begann ich zu weinen.
Auf dem Tisch neben mir stand ein kleiner Korb mit einem Deckel. Als ich hinsah, lag ein Bild meines Sohnes auf diesem Korb! Ich weiß nicht, wie das Bild dahin kam. Aber ich weiß, daß vorher nichts dort gelegen hatte, weil ich den Korb gerade in der Hand gehabt hatte.
Auf dem Bild war Randy ungefähr neun. Normalerweise lachte er auf Fotos nie – er lächelte höchstens ein bißchen. Aber auf diesem lachte er. Es ist sogar das einzige Bild, das ich von ihm habe, auf dem er lacht.
Zuerst war ich überrascht, weil ich das Bild so lange nicht gesehen hatte. Dann war ich beruhigt, weil ich spürte, Randy wollte mir sagen, daß es ihm gutging. Deshalb legte ich dieses Bild auf den Tisch neben meinem Bett.
Ein paar Tage später, als ich Geld brauchte, lag das Bild in meiner Brieftasche! Dasselbe Bild! Diesmal ließ ich es in meiner Brieftasche.
Und dann lag das Bild ein paar Wochen später auf meiner Kommode! Wieder dasselbe Bild! Und als ich nachschaute, lag es nicht mehr in meiner Brieftasche.
Das alles geschah, als ich sehr, sehr deprimiert war, als es mir

wirklich schlecht ging. Ich glaube, Randy wollte mir mitteilen, daß er glücklich ist.

Zunächst halten wir mehrfache Nachtod-Kontakte oft für unverbundene, zufällige Ereignisse. Doch im nachhinein entdecken wir in der Regel ein Muster und erkennen, daß sie sich gerade dann ereignet haben, wenn wir die emotionale Unterstützung, die sie gewähren, am dringendsten brauchten.

Der letzte Bericht stammt von Mildred, einer pensionierten Grundstücksmaklerin aus Florida. Sie erzählte uns von einer Botschaft ihres Mannes Albert, der mit 70 Jahren an Krebs gestorben war:

Als Albert noch lebte, saßen wir einmal zusammen und neckten uns. Ich sagte: «Wenn du vor mir stirbst, dann komm zurück und tu etwas, damit ich weiß, daß du es bist.»
Wir hatten zwei kleine Keramikhunde. Sie saßen auf dem Fensterbrett in der Küche. Jeder, der uns kannte, wußte, daß wir die Hunde auseinander setzten, wenn wir Streit hatten. Und wenn wir miteinander glücklich waren, saßen sie nahe beieinander und gaben sich einen Kuß. Sogar die Kinder gingen, wenn sie nach Hause kamen, in die Küche und schauten nach, wie die kleinen Hunde miteinander auskamen.
Ein paar Tage nach Alberts Tod stand ich am Spülbecken in der Küche und schaute auf das Fensterbrett. Sein kleiner Hund war umgefallen. Da ich alleine lebe, dachte ich: «Komisch, daß er umgefallen ist.» Ich nahm ihn in die Hand und stellte ihn zurück, bis seine Schnauze die des anderen berührte. Dann dachte ich nicht weiter darüber nach.
Ungefähr drei Tage später war sein kleiner Hund umgedreht, als würde er vor meinem davonlaufen. Beide Hunde standen ungefähr fünfzehn Zentimeter auseinander. Da verstand ich, daß Albert mir erklären wollte, daß er mich verlassen mußte.
Das ist wirklich geschehen! Aber manchmal hat man Angst, den Leuten so etwas zu erzählen, weil sie einen dann für wunderlich halten!

Albert wählte eine vertraute Methode, um seine Botschaft zu übermitteln. Die altbewährte Form ihrer nonverbalen Kommunikation gestattete es Mildred, den Sinn der Botschaft leicht zu erfassen: «Jetzt ist es Zeit, mich zu verabschieden.»

14 Schmetterling und Regenbogen: Symbolische Nachtod-Kontakte

> Bittet, so wird euch gegeben, suchet, so werdet ihr finden, klopfet an, so wird euch aufgetan.
>
> *Jesus von Nazareth*

Viele Menschen erhielten nach eigenen Angaben ein Zeichen, daß ein Familienmitglied oder Freund nach dem Tod in einer anderen Dimension weiterexistierte. Diese symbolischen Nachtod-Kontakte zwischen Lebenden und Verstorbenen kommen relativ häufig vor.

Als typische Zeichen gelten Schmetterlinge, Regenbögen, Blumen, die unterschiedlichsten Vogel- und Säugetierarten und alle möglichen unbelebten Gegenstände. Es kommt vor, daß Zeichen sofort gegeben werden; aber auch wenn sie erst nach Tagen oder Wochen eintreffen, erkennen die meisten Menschen «ihr» Zeichen intuitiv und wissen genau, daß es eigens für sie bestimmt ist.

In den ersten vier Berichten deuteten die Betroffenen einen Schmetterling als Zeichen, das ihnen persönlich galt.

Caroline ist Sekretärin und lebt in Illinois. Nach dem Unfalltod ihrer 24jährigen Tochter Lindsey, die von einem Auto überfahren wurde, hatte sie folgendes Erlebnis:

> Nach der Trauerfeier für meine Tochter gingen wir auf den katholischen Friedhof. Während der Priester die Gebete sprach, landete ein großer, weißer Schmetterling auf Lindseys Sarg und blieb die ganze Zeit über dort sitzen.
>
> Nachher umarmte mich Schwester Therese und sagte: «Caro-

line, hast du den weißen Schmetterling auch gesehen? Der Schmetterling ist ein Symbol für die Auferstehung!»

Das hatte ich nicht gewußt, und es gab mir meinen Frieden wieder.

Der Schmetterling ist das am häufigsten erwähnte Nachtod-Zeichen. Auf Grund der Metamorphose, die ihn charakterisiert, ist der Schmetterling das spirituelle Symbol für ein Leben nach dem Tod. Er verwandelt sich aus einer dem Boden verhafteten Raupe in eine schöne, fast ätherische Kreatur, die durch die Luft schwebt. Inzwischen ist er auch zum Symbol für die Entwicklung der Persönlichkeit und die spirituelle Wiedergeburt geworden.

Margot, 31, arbeitet in einem Antiquitätengeschäft in Washington. Sie erlebte einen Nachtod-Kontakt mit ihrem Onkel, der an Krebs gestorben war:

Wir hatten uns alle in der katholischen Kirche zum Trauergottesdienst für Onkel Teddy versammelt. Ich betete und dachte an ihn. Plötzlich flatterte ein Schmetterling durch die Reihen und verweilte dann bei uns. Er war sehr hübsch, braun und orangefarben.

Er flatterte um uns her, dann flog er zu meiner Schwester hinüber, die am Klavier saß. Er drehte einen Kreis, dann schwebte er über den Sarg und weiter zum Altar. Schließlich verschwand er einfach.

Es war umwerfend! Ein wahres Wunder! Seit ich diese Kirche besuche, habe ich dort noch nie einen Schmetterling gesehen. Was glauben Sie, in wie vielen Kirchen auf der Welt sich in diesem Moment wohl ein Schmetterling befand?

Elisabeth Kübler-Ross spricht oft von den vielen Schmetterlingszeichnungen auf den Wänden der KZ-Baracken. Diese bleibenden Symbole der Hoffnung wurden während des Holocausts von Kindern und Erwachsenen in die hölzernen Wände geritzt.

Heutzutage finden sich Bilder von Schmetterlingen in fast

jeder Sterbeklinik. Auch von Trauerbegleitern und Selbsthilfegruppen für Hinterbliebene wird dieses Symbol gerne benützt.

Fran ist Buchhalterin im Ruhestand und lebt in Ohio. Fünf Monate nachdem ihr 17jähriger Enkelsohn Johnny an den Folgen von Spina bifida gestorben war, hatte sie folgendes Erlebnis:

> Ich saß am Küchentisch und sah durch die Glastür nach draußen; da kam ein großer Chrysippusfalter geflogen. Als er flatternd mitten auf der Scheibe sitzen blieb, überkam mich ein seltsames Gefühl.
> Ich rief meinen Mann, und wir gingen zur Tür. Der Schmetterling drehte um und flog zu einem großen Blumenkasten am hinteren Ende unserer Terrasse. Wir sahen ein paar Minuten zu, wie er um die Blumen tanzte.
> Ich spürte, daß mein Enkelsohn bei uns war. Im Geiste sagte ich: «Johnny, wenn du wirklich hier bist, schick bitte den Schmetterling noch einmal zur Tür.»
> Sofort setzte sich der Schmetterling mitten auf die Tür, direkt neben meinem Gesicht. Dort blieb er noch einige Sekunden. Dann erhielt ich von Johnny eine telepathische Botschaft: «Ich bin am Leben, und es geht mir gut.» Die Worte waren sehr deutlich.
> Dieses Erlebnis hat mich davon überzeugt, daß ich meinen Enkelsohn wiedersehen werde, daß es ein Leben nach dem Tod gibt und daß die Liebe ewig besteht.

Bei diesem symbolischen Nachtod-Kontakt sind der Zeitpunkt, die Art und Weise des Erscheinens und das uncharakteristische Verhalten des Schmetterlings auffällig. Alles drei zusammen hebt es von einer alltäglichen Begebenheit ab. Doch gewöhnlich müssen sich die Betroffenen auf ihre Intuition verlassen, wenn sie den Sinn einer solch subjektiven Erfahrung entschlüsseln wollen.

June unterrichtet Naturwissenschaften an einer Junior High School in Illinois. Sie und ihr Mann Lyle begegneten einem nahen Verwandten des Schmetterlings, nachdem ihr Sohn Chad mit 16 Jahren an einem Herzanfall gestorben war:

June: Ungefähr zwei Wochen nach Chads Tod stand ich in der Küche, als mich mein Mann rief. Ich ging nach draußen, und da zeigte mir Lyle, mitten am Tag, einen großen Nachtfalter. Er war hellgrün und ungefähr zwölf Zentimeter groß. Ich hatte noch nie einen so herrlichen Falter gesehen!
Lyle: Ich fand den Falter auf unserem Hof. Ich hob ihn hoch, setzte ihn auf meine Hand, und er flog nicht weg. Ich habe noch keinen Falter gesehen, der sich so verhält. Dann setzte ich ihn auf einen Busch.
June: Wir riefen unsere Söhne Cory und Clay. Wir beobachteten ihn alle gemeinsam eine Weile, dann flog er schließlich weg. Später sah ich in einem Buch über Schmetterlinge nach und war wie vom Schlag gerührt! Es war ein seltener Nachtfalter, der zur Familie der Augenspinner, der *saturniidae*, gehört. Chads Hobby war die Astronomie, und er wollte Astrophysiker werden. Über seinem Schreibtisch hängt ein Bild vom Saturn!
Deshalb glauben wir alle, daß Chad uns dieses Zeichen gesandt hat, damit wir wissen, daß für ihn ein neues Leben begonnen hat.

NTK-Zeichen sind häufig auf mehreren Bedeutungsebenen interpretierbar. Junes Neugier veranlaßte sie dazu, sich genauer zu informieren und weit mehr über die Botschaft ihres Sohnes herauszufinden, als im ersten Moment denkbar schien.

In den nächsten beiden Berichten erschienen den Betroffenen Regenbögen, das zweithäufigste NTK-Zeichen.

Ellie arbeitet in Michigan in der Datenverarbeitung. Sie erhielt fünf Monate nachdem ihr 26jähriger Sohn Don mit dem Auto verunglückt war, ein wunderbares Geschenk:

An meinem Geburtstag im Dezember fuhr ich von der Arbeit nach Hause. Es war ein kalter, grauer Tag, und ich war niedergeschlagen, weil mir Don so fehlte.

Beim Fahren schaute ich dann einmal nach oben. Die grauen Wolken am Himmel hatten sich ein wenig geteilt und bildeten einen perfekten Kreis. Innerhalb dieses Kreises sah ich das farbige Band eines Regenbogens.

In Michigan sind Regenbögen im Dezember etwas ziemlich Ungewöhnliches. Ich spürte sofort, daß Don mir diesen Regenbogen zum Geburtstag geschickt hatte. Mein Sohn hatte ihn mir geschenkt! Ich sagte laut: «Danke, Don, ich habe deine Nachricht bekommen.»

Wie wir alle wissen, scheint selbst an einem regnerischen Tag die Sonne hinter den dunkelsten Wolken. Wenn wir traurig sind, sollten wir uns zusätzlich daran erinnern, daß dort oben vielleicht auch ein funkelnder Regenbogen verborgen ist.

Belinda ist Bankangestellte im Yukon-Territory, Kanada. Sie erlebte einen symbolischen Nachtod-Kontakt, nachdem ihr Mann Lou mit 65 Jahren an Krebs gestorben war:

Ich habe drei Kinder, die alle verheiratet sind, und acht Enkelkinder. Lou hatte sich immer eine kleine blauäugige, rothaarige Enkeltochter gewünscht, weil meine drei Kinder und ich rote Haare haben, von unseren Enkelkindern bisher aber keines.

Eine Woche bevor Lou starb, rief meine Tochter Shelley an und sagte ihm, sie sei schwanger und würde das Baby nach ihm nennen. Er war begeistert und gab mir gleich Geld, um dem Baby ein Geschenk zu kaufen, weil er wußte, daß er vielleicht nicht mehr leben würde, wenn das Baby auf die Welt kam. Ein paar Tage später fiel Lou ins Koma und starb.

Acht Monate später wurde eine kleine Enkeltochter geboren, mit blauen Augen und roten Haaren wie ihre Mutter. Als ich ins Krankenhaus fuhr, weinte ich, weil Lou nicht bei mir war, um das Baby zu sehen.

Als ich fast angekommen war, erschien über dem Krankenhaus plötzlich ein Regenbogen! Gott wollte mir bestimmt durch diesen Regenbogen zeigen, daß Lou genau wußte, hier war seine kleine blauäugige, rothaarige Enkeltochter, die er sich so sehr gewünscht hatte. Es war ein Wunder!

Während manche Menschen ihr NTK-Zeichen für eine direkte Botschaft des Verstorbenen halten, betrachten es andere als Geschenk Gottes.

Auch Blumen spielen bei symbolischen Nachtod-Kontakten eine herausragende Rolle, wie die nächsten beiden Berichte verdeutlichen.

Raymond ist 59 und lebt als Industriedesigner in Illinois. Er wurde durch den Tod seiner Frau Cynthia Witwer:

> Cynthia und ich besaßen einen Weihnachtskaktus, ein armseliges kleines Ding. Er blühte nie. Wir nannten ihn im Scherz «Cynthias Pflänzchen».
> Nach dem Tod meiner Frau verreiste ich und kam an ihrem Geburtstag wieder nach Hause. Als ich die Jalousien hochzog und einen Blick auf die Pflanzen warf, war der kleine Weihnachtskaktus über und über von Blüten bedeckt. Gewöhnlich blühen Weihnachtskakteen bei uns im Hochsommer. Cynthias Geburtstag ist aber am 14. Juni!

Symbolische Nachtod-Kontakte können als nonverbale Nachrichten der Verstorbenen verstanden werden – als wollten sie damit sagen: «Viele Grüße aus dem Himmel! Mir geht es gut, ich liebe dich, und ich wache über dich und dein Leben.»

Darlene ist Heilpädagogin und lebt in Massachusetts. Sie freute sich über ein bemerkenswertes Zeichen von ihrem Mann Martin, der mit 40 Jahren an einem Herzanfall gestorben war:

> Martin war jemand, der nicht das geringste von Gartenarbeit verstand. Er schaffte es gerade noch, den Rasen zu mähen, obwohl er sogar dabei einmal mit dem elektrischen Rasenmäher das Kabel durchschnitt.
> Eines Nachmittags, ungefähr sechs Jahre vor seinem Tod, kam er mit einem Stock in der Hand nach Hause. Er sagte:

«Darlene, aus dem wird mal ein blühender Pflaumenbaum.» Ich sagte: «Du machst wohl Witze!»

Er pflanzte den Stock direkt vor dem Küchenfenster in die Erde. Manchmal redete er mit ihm, und siehe da, er wuchs. Er entwickelte sich zu einem großen, schönen Pflaumenbaum, aber er bekam nie Knospen oder Blüten.

Martin starb an Thanksgiving. Am Ostermorgen des nächsten Jahres stand ich früh auf, ging in die Küche und sah aus dem Fenster. Ich traute meinen Augen nicht! Martins Baum war von Millionen leuchtend rosaroter Blüten bedeckt. Es sah umwerfend aus!

Mein Mann glaubte nicht an ein Leben nach dem Tod oder an Gott. Deshalb fand ich es interessant, daß so etwas ausgerechnet am Ostersonntag passiert ist. Für mich steht außer Frage, daß der blühende Pflaumenbaum seine Wiedergeburt symbolisiert.

Betroffene verstehen diese und ähnliche Ereignisse als Zeichen dafür, daß es ihren verstorbenen Angehörigen gutgeht. Skeptiker dagegen halten sie für reine Zufälle. Vielleicht sind beide Ansichten gültig.

Die folgenden Berichte demonstrieren, daß verschiedene Vögel und Säugetiere ebenfalls eine bedeutsame Rolle bei symbolischen Nachtod-Kontakten spielen.

Pamela, 43 Jahre alt, ist Bibliothekarin in Virginia. Sie erhielt einen Abschiedsgruß ihres Vaters, der an einem Schlaganfall gestorben war:

Nach dem Tod meines Vaters brachten wir seine Asche zum Red River Gorge in Kentucky. Dort wachsen Stechpalmen, Immergrün und Lorbeer. Wir spielten eines seiner Lieblingslieder und warfen dann die Asche vom Berggipfel hinunter.

In diesem Moment flogen drei Rotschwanzbussarde vom Grund der Schlucht auf. Sie flogen Seite an Seite nach oben, fast wie eine Flugzeugformation. Als sie über uns waren, teilten sie sich. Ein Vogel flog nach links, einer nach rechts und einer gerade aufwärts. Es war ein erstaunlicher Anblick.

Ich wandere seit Jahren in dieser Schlucht und habe noch nie drei Rotschwanzbussarde auf einmal gesehen. Für mich war das ein Zeichen von meinem Vater, ein letzter Gruß, ein letztes «Lebt wohl! Und alles Gute!»

Wir hörten zahlreiche Berichte über symbolische Nachtod-Kontakte, in denen Vögel vorkamen. So wurden neben Bussarden auch Eichelhäher, Kanadagänse, Krähen, Adler, Kolibris, Fischadler, Eulen, Tauben und Rotkehlchen genannt.

Mary Kate arbeitet als Buchhalterin in einer Firma in Washington. Stewart, ihr Mann, starb mit 48 Jahren an Leukämie:

Stewart träumte seit seiner Kindheit davon, ein eigenes Flugzeug zu besitzen, und nachdem wir erfuhren, daß er Leukämie hatte, kauften wir eines. Diese fünf Jahre mit dem Flugzeug waren die glücklichsten seines Lebens. Stewart liebte das Fliegen und die Freiheit, die er da oben hatte, und er liebte das Buch *Die Möwe Jonathan*. Etwa drei Wochen nach seinem Tod mußte ich zum ersten Mal wieder arbeiten gehen – und mir war ganz schlecht bei dem Gedanken daran. Ich saß am Eßtisch und konnte gar nicht mehr aufhören zu weinen.
Dann sah ich auf unsere Terrasse hinaus. Dort saß die größte Möwe, die mir je zu Gesicht gekommen ist, auf dem Geländer und sah mich an, als wolle sie mir sagen: «Du schaffst es schon!»
Ich lebe über fünfhundert Kilometer von der Küste entfernt und habe nie zuvor eine Möwe auf meiner Terrasse oder im Garten gehabt! Ich stieg ins Auto, und die Möwe folgte mir den ganzen Weg zur Arbeit!
Danach habe ich immer wieder bemerkt, daß die Möwe mir folgte, wenn ich zur Arbeit fuhr. Mir war völlig klar, daß der Vogel vom Himmel gesandt war, um mich innerlich aufzurichten und mir den Mut zum Weitermachen zu geben. Ich spürte, daß Stewart zu jener Zeit bei mir war und auf mich aufpaßte. Daran erkannte ich, daß es ihm gutgeht und er nicht mehr leidet und daß er frei durch den Himmel fliegt, wie er es hier auf der Erde getan hat.

Die letzten Berichte hatten eines gemeinsam: Sämtliche NTK-Zeichen erschienen den Betroffenen spontan, und es handelte sich stets um Erscheinungsformen aus der Natur. Ihre symbolische Bedeutung wurde unmittelbar verstanden.

Nicht wenige unserer Gesprächspartner haben jedoch Familienangehörige und Freunde um ein Zeichen gebeten, das sie von einem Leben nach dem Tod überzeugte. Die restlichen Berichte dieses Kapitels sind solche Beispiele.

Claudia unterrichtet an einer High School in Kentucky. Sie erkannte, daß das folgende Zeichen von ihrer Tochter Jodi kam, die mit 12 Jahren von einem Auto überfahren worden war:

> Es passierte etwa zwei Wochen vor dem ersten Todestag meiner Tochter. Ich betete: «Lieber Gott, bitte laß Jodi mir ein Zeichen geben. Du hast dort oben Abermillionen von Menschen bei dir. Ich bitte dich um nichts weiter, als daß ein kleines Mädchen seiner Mutter ein Zeichen gibt, daß es ihm gutgeht.» Das wiederholte ich den ganzen Tag, und nichts geschah.
>
> Am Abend mußte ich zu einer Versammlung der Kirchengemeinde. Als ich rückwärts aus der Einfahrt herausfuhr, fiel mein Blick zufällig auf den Straßenrand. Da lag ein Bleistift, und etwas ließ mich ihn aufheben. Auf dem Bleistift stand: «Ich bin okay.» Für mich besteht kein Zweifel daran, daß Jodi das getan hat – daß es eine Botschaft von ihr war. Jodi zeichnete gerne und oft, und der Bleistift war, glaube ich, ein Gegenstand, von dem sie wußte, daß ich ihn mit ihr in Verbindung bringen würde.
>
> Das half mir über ihren ersten Todestag hinweg. Noch Tage später war ich ganz aufgekratzt!

Bittgebete führen anscheinend häufig dazu, daß ein Wunsch tatsächlich erfüllt wird. Dieses spirituelle Prinzip trifft, ob wir uns dessen bewußt sind oder nicht, auch auf alle anderen Bereiche des Lebens zu.

Peg ist in Pennsylvania als Tagesmutter tätig. Ihre Gebete wurden von ihrem 17jährigen Sohn Skip beantwortet, der bei einem Unfall ums Leben gekommen war, den ein betrunkener Autofahrer verursacht hatte:

> Skip verschenkte sehr gerne Rosen. Zu jedem erdenklichen Anlaß kaufte er Rosen. Er schenkte seiner Freundin jeden Montag Rosen, weil sie sich an einem Montag kennengelernt hatten. Wenn ich Geburtstag hatte oder er sich bei mir einschmeicheln wollte, brachte er mir eine Rose.
> Einen Monat nach seinem Tod redete ich zu ihm. Ich sagte: «Bitte, Skip, gib mir ein Zeichen, daß es dir gutgeht.» Später fuhr ich mit meinen drei Schwestern zum Friedhof. Ich sagte: «Wenn Skip uns doch nur wissen lassen würde, daß es ihm gutgeht.» Eine meiner Schwestern antwortete: «Das wird er schon noch.» Danach gingen wir in die Kirche, und während des gesamten Gottesdienstes betete ich um ein Zeichen.
> Als wir nach der Kirche zu meinem Auto kamen, sah ich, daß eine Rose unter den Scheibenwischer geklemmt war. Es war eine langstielige, rote Rose. Ich wußte sofort, daß sie von Skip kam. Ich wußte es einfach! Meine Schwestern fingen alle an zu weinen, weil sie auch wußten, daß die Rose ein Geschenk meines Sohnes war.
> Ich habe diese Rose immer noch, und sie ist immer noch so rot wie an dem Tag, an dem sie mir gegeben wurde!

Die Macht aufrichtiger Gebete ist wahrhaft bemerkenswert. Wenn wir ohne Rückhalt beten, demonstrieren wir aktiv unsere Offenheit und Bereitwilligkeit, Nachtod-Kontakte oder andere Gaben aus dem spirituellen Bereich in Empfang zu nehmen.

Andrea arbeitet in leitender Funktion in einer Wasseraufbereitungsanlage in Florida. Ihr Sohn Douglas verunglückte mit 25 bei einem Motorradunfall:

> Douglas liebte Rehe. Er trug eine Anstecknadel in Form eines Rehs an seinem Hut, und ein paar Tage vor seinem Unfall hatte ich ihm einen goldenen Rehkopf als Anhänger für sein Goldkettchen gekauft.

Acht Tage nach seinem Tod wollte ich wieder arbeiten, weil ich dachte, es würde mir vielleicht helfen. Während der Autofahrt mußte ich schrecklich weinen. Ich hielt am Straßenrand an und sagte: «Gott, bitte gib mir ein Zeichen, daß mein Sohn in jener Nacht nicht gelitten hat, daß er keine Schmerzen hatte.»

Als ich aufsah, stand keine zwanzig Meter von mir entfernt ein wunderhübsches Reh mit seinem Kitz. Sie standen da und schauten mich an. Sie liefen nicht weg. Sie gingen einfach langsam davon, bis ich sie nicht mehr sah. Ich sagte: «Danke, Gott, jetzt weiß ich, daß es Douglas gutgeht.» Es ist mir noch häufiger passiert. Ich kann mich nicht mehr beherrschen und weine nur noch, und wenn ich dann hochschaue, steht ein Reh da. Und danach empfinde ich immer Frieden und Trost.

Es vergeht kaum eine Woche, ohne daß ich eines sehe. Heute habe ich tatsächlich schon drei Rehe gesehen!

Viele unserer Gesprächspartner haben, wie Andrea, eine Serie von symbolischen Nachtod-Kontakten erlebt, bei denen das Zeichen aus der Natur kam. Andere berichteten, daß sie mehrmals unbelebte Gegenstände fanden. In jedem Fall ließ sich das Zeichen unschwer mit dem Verstorbenen assoziieren.

Im letzten Bericht dieses Kapitels erzählt Kathleen, eine Kindergärtnerin aus Illinois, was sie acht Jahre nach dem Tod ihres 7jährigen Sohnes Marc erlebte, der an Leukämie gestorben war:

Meine beste Freundin sah nach dem Tod ihres Sohnes viele Regenbögen, und sie glaubte immer, daß sie eine besondere Bedeutung hätten. Ich freute mich für sie, aber ich war auch ein bißchen neidisch. Ich weiß noch, wie ich dachte: «Alle anderen bekommen diese Zeichen. Warum ich nicht?»

Dann beschloß ich, zu einem Treffen der *Compassionate Friends* zu fahren. Eines der Mitglieder hatte für die Tombola ein phantastisches Buntglasfenster angefertigt. Es zeigte zwei Schmetterlinge und war sehr farbenfroh. Ich ging zweimal während der Konferenz daran vorbei und dachte, daß wir in unserem Haus den perfekten Platz dafür hatten.

Als ich meine Tombolalose kaufte, sagte ich im Geist zu Marc: «Seit Jahren höre ich Geschichten von Leuten, die von ihrem Kind Zeichen oder Botschaften bekommen haben. Wenn du mir überhaupt je ein Zeichen geben willst, dann ist jetzt der Augenblick dazu gekommen!»

Ich glaube nicht, daß ich Marc vorher schon einmal um etwas gebeten hatte – es fiel mir ganz spontan ein. Ich kaufte zehn Lose, insgesamt wurden um die 800 Lose verkauft.

Als die Gewinnzahl vorgelesen wurde, dachte ich: «Ich werde gewinnen. Marc hat das veranlaßt!» Und mein Los gewann tatsächlich! Ich war überwältigt! Zu Hause nennen wir unser Buntglasfenster mit den Schmetterlingen immer «Unser Geschenk von Marc».

Kathleens symbolischer Nachtod-Kontakt zeigt, daß es für die Bitte um ein Zeichen nie zu spät ist. Auch Kathleen bat erst nach acht Jahren. Selbst wenn seit ihrem Tod Jahre verstrichen sind, demonstrieren uns unsere verstorbenen Angehörigen, daß der Tod lediglich ein Übergang in eine andere Daseinsform oder Bewußtseinsebene ist.

Hiermit haben wir die Darstellung der zwölf Haupttypen von Nachtod-Kontakten beendet. Alle nun folgenden Berichte beinhalten unterschiedliche Kombinationen bereits bekannter Kontaktformen.

15 Ausnahmen von der Regel: Beunruhigende Nachtod-Kontakte

> In des Vaters Haus gibt es viele Räume, so wie es in einer Schule viele Lernstufen gibt. Der Zeitraum, den wir auf der Erde verbringen, ist nur eine Stufe im Leben, nur ein Anfang.
>
> *Robert A. Russell*

Das folgende Kapitel untersucht drei Themenbereiche, zu denen wir während unserer Workshops häufig befragt werden: beunruhigende Nachtod-Kontakte, die Problematik des Suizids sowie unterschiedliche Existenzformen nach dem Tod.

Beunruhigende Nachtod-Kontakte

Nahezu alle Nachtod-Kontakte sind positive, erfreuliche Erlebnisse, und sie beschleunigen in der Regel die spirituelle Entwicklung. Doch aus den unterschiedlichsten Gründen verspüren manche Menschen dabei auch Angst.

Viele haben noch nie von Nachtod-Kontakten gehört und befürchten daher den Verstand zu verlieren, wenn ihnen ein Nachtod-Kontakt «zustößt». Dies gilt vor allem dann, wenn sie gerade einen ihnen nahestehenden Menschen verloren haben und ihre Umgebung Nachtod-Kontakte für ausgeschlossen hält.

Doch auch Menschen, die mit der Möglichkeit von Nachtod-Kontakten vertraut sind, haben unter Umständen irrationale Ängste oder von Aberglauben geprägte Vorstellungen, so daß sie in Furcht geraten, wenn sie selbst derartige Erfahrungen machen.

Ihre emotionale Reaktion läßt sich gewöhnlich mit ihrem kulturellen Erbe und der negativen Art und Weise erklären, wie solche Erlebnisse in Filmen, Fernsehsendungen und Büchern dargestellt werden.

Erwachsene, die einen Nachtod-Kontakt erleben, haben unter Umständen Schwierigkeiten, ihn mit ihrer Lebensphilosophie oder ihrem Glauben in Einklang zu bringen. Kinder wiederum empfinden es als verwirrend, wenn sie das, was sie erlebt haben, ihren Eltern erzählen wollen und ihnen nicht geglaubt wird.

Wie unsere Befragungen ergeben haben, ist die Furcht der Betroffenen vor Nachtod-Kontakten in aller Regel nicht gerechtfertigt. Die folgenden Beispiele verdeutlichen, daß die Absichten der Verstorbenen bei den als beunruhigend eingestuften Nachtod-Kontakten nicht weniger untadelig waren als bei allen anderen Nachtod-Kontakten aus unserer Sammlung.

Suzanne ist Abteilungsleiterin in Florida. Sie war 18 Jahre alt und völlig überrascht von der Begegnung mit ihrer 64jährigen Großmutter, die 10 Monate zuvor an Diabetes gestorben war:

> Meine Heirat stand kurz bevor, und das ganze Haus war mit Hochzeitsvorbereitungen beschäftigt. Ich war schrecklich müde, und es hieß, ich solle nach oben gehen und mich ein bißchen hinlegen.
>
> Ich lag auf dem Bett, starrte in die Luft und dachte daran, wie sehr mir bei der Hochzeitsfeier meine Großmutter fehlen würde. Ich hatte immer mit ihr gerechnet, und sie hatte mir versprochen dabeizusein.
>
> Plötzlich erschienen links von mir der Kopf und die Schultern meiner Großmutter! Sie sah aus wie ein richtiger Mensch. Sie lächelte, ihre Augen funkelten, und sie sagte ziemlich keck: «Keine Sorge, Kind, ich werde dabeisein.» Es traf mich wie ein Blitz aus heiterem Himmel! Leider war ich so entsetzt, daß ich nicht an mich halten konnte und nur lauthals schreiend und weinend aus dem Zimmer stürzte und die Treppen hinunterrannte! Ich war vollkommen außer mir. Meine Mutter hörte den Tumult und lief mir entgegen, aber ich brachte kein Wort hervor.
>
> Als ich ihr später erzählte, was ich gesehen hatte, tätschelte sie

mir nur den Arm, drückte mich an sich und sagte: «Das ist doch wunderbar, mein Schatz.»

Zweifellos war Suzanne durch all die Aufregung vor ihrer Hochzeit ohnehin nervöser als sonst und reagierte auf den unerwarteten Besuch erschreckter als vielleicht zu anderen Zeiten. Daß Suzannes Großmutter dem Wunsch ihrer Enkelin so umgehend entsprach, bestätigt das Sprichwort: «Gib acht, um was du bittest, denn du könntest es bekommen.»

Charlotte ist 43 und arbeitet als Krankenschwester in New Jersey. Sie wurde Witwe, als ihr Mann Glen an Krebs starb:

> In der Nacht, in der Glen starb, mußte ich unbedingt mit jemandem sprechen. Ich setzte mich also ins Wohnzimmer und rief meine Freundin Joni an, die nebenan wohnte.
> Während ich mit ihr telefonierte, sah ich plötzlich Glen vor mir stehen, nur Zentimeter von mir entfernt. Er hatte einen richtigen Körper, und ich konnte nicht durch ihn hindurchsehen. Aber er sah nicht mehr so aus wie während seiner Krankheit, sondern absolut gesund!
> Glen beugte sich vor, legte mir die Hand auf das Knie und sagte: «Charlotte, ich bin es. Es geht mir gut. Alles ist in Ordnung. Ich habe keine Schmerzen mehr. Ich fühle mich großartig!»
> Ich schrie auf, etwas anderes konnte ich nicht. Mir standen vor Angst die Haare zu Berge. Und je mehr ich schrie, desto eindringlicher sagte er: «Ist schon gut, Charlotte. Schon gut. Schon gut. Du brauchst dir keine Sorgen um mich zu machen. Mir geht es bestens.» Das war alles, und danach löste er sich irgendwie auf.
> Ich saß wie gelähmt auf meinem Stuhl – ich konnte es einfach nicht fassen! Joni wollte wissen, was um Himmels willen passiert war, und kam herüber. Wir redeten miteinander, und langsam beruhigte ich mich wieder.

Charlotte erlitt einen Schock, als Glen ihr erschien und sie berührte, doch er war vermutlich auf ihre hysterische Reaktion nicht gefaßt. Auch wenn wir während eines Nachtod-Kontaktes – vor allem wohl bei einer partiellen oder vollständigen körperlichen Erscheinung – Befremden oder ungläubiges Erstaunen verspüren, liegt es nicht in der Absicht der Verstorbenen, uns zu erschrecken.

Melissa ist Arzthelferin in Maryland. Dustin, ihr 6jähriger Sohn, wurde auf seinem Fahrrad von einem Auto überfahren und erlag später seinen schweren Verletzungen:

> Ungefähr einen Monat nach dem Tod meines Sohnes lag ich auf dem Bett. Plötzlich sah ich Dustin auf einem Hügel vor mir. Die Farben waren unglaublich intensiv. Der Himmel war von einem Blau, das ich hier auf der Erde noch nie gesehen hatte. Ich wußte, daß ein Wind wehte, weil das hohe Gras sich bewegte.
>
> Ich sah Dustins gesamten Körper – es war mein Sohn! Er hatte die Arme um seine kleinen Beine geschlungen. Er trug blaue Shorts und ein Hemd und schien ganz gesund zu sein. Aber ich sah nur eine Seite von Dustins Gesicht. Er schaute auf irgend etwas hinüber, aber ich wußte nicht, was es war. Er sah neugierig aus, als wolle er etwas herausfinden.
>
> Die Vision hielt etwa zehn Minuten an. Ich machte die Augen auf und zu, aber sie wurde deshalb nicht undeutlicher – sie blieb so, wie sie war.
>
> Dann bekam ich Angst. Mein Puls begann zu rasen, und mein Herz klopfte wie verrückt. Ich fürchtete, Dustin würde sich zu mir umdrehen und ich würde ihn so sehen, wie er nach dem Unfall aussah. Deshalb betete ich, daß die Vision aufhören möge, und sie verblaßte langsam.
>
> Ich werde nie wissen, was noch hätte geschehen können, weil meine Angst die Vision vertrieben hat.

Melissas Furcht ist verständlich. Wäre sie jedoch besser informiert gewesen, hätte sie gewußt, daß alle verstorbenen Kinder in ihrem neuen Leben heil und gesund sind.

Hope, eine 35jährige Krankenschwester aus New Jersey, geriet in Panik, als ihr Vater sechs Jahre nach seinem Tod zurückkehrte:

> Als ich nach dem Mittagsschlaf aufwachte, sah ich in Richtung Tür. Dort stand mein Vater! Er hatte eine Hand in die Hüfte gestützt, die andere an den Türrahmen gelegt. Er trug seinen schwarzen Anzug mit einem weißen Hemd und einer schwarzen Krawatte.
> Ich hatte schreckliche Angst, weil ich ja wußte, daß er tot war! Ich zitterte wie Espenlaub. Ich versuchte auch zu schreien, aber ich brachte keinen Ton heraus. Dann sagte mein Vater mit seiner normalen Stimme: «Hab keine Angst. Ich will dir nichts tun. Ich habe noch nie meinen Schwiegersohn und meine Enkelkinder gesehen. Ich wollte sie und dich nur einmal sehen.» Er lächelte und blickte mich liebevoll an.
> Aber er merkte wohl, daß ich Angst hatte, denn als ich wieder aufschaute, verschwand er direkt vor meinen Augen. Ich weiß, daß mein Vater mir nicht weh tun wollte. Aber jedesmal, wenn ich daran denke, bekomme ich Herzklopfen. So echt war es!

Mehrere unserer Interviewpartner waren in einem Irrglauben befangen, der ihren Nachtod-Kontakt verdarb. So glaubten sie zum Beispiel, das Erscheinen eines Verstorbenen bedeute unweigerlich, daß sie selbst oder ein anderes Familienmitglied nun auch sterben werde. Andere wiederum nahmen automatisch an, daß der Verstorbene ihnen Schaden zufügen wolle.

Robert ist Erzieher und lebt in Florida. Sein 12jähriger Sohn Robbie starb an Verletzungen, die er sich bei einem Sturz zugezogen hatte:

> Eines Abends um zehn Uhr, über ein Jahr nach dem Tod meines Sohnes, hatte ich gerade das Haus fertig geputzt und bereitete alles für den nächsten Tag vor. Ich war in der Küche, als ich im hinteren Hausteil ein Geräusch hörte.
> Ich ging in den Flur, und da saß Robbie auf einer Metalltruhe. Ihr Deckel schepperte, wenn man sich auf sie setzte, und das

war das Geräusch, das ich gehört hatte. Robbie trug rote Jeans und ein kariertes Hemd. Er hatte sehr lange, blonde Haare, die glänzten. Er sah toll aus! Er winkte mir zu und sagte: «Hallo, Dad. Keine Sorge. Alles in Ordnung.» Seine Stimme war deutlich hörbar und sehr beschwingt. Es war, als wäre er gar nicht tot – er war wirklich da. Ich war wie vor den Kopf gestoßen! Ich weiß nicht mehr, ob ich mich umdrehte, aber als ich das nächste Mal hinsah, war Robbie nicht mehr da. In diesem Moment bekam ich wirklich Angst, weil ich wußte, daß mein Sohn tot war und überhaupt nicht hier sein konnte. Mein Verstand sagte mir, daß mit mir irgend etwas nicht stimmte.

Ich ging nach draußen und dachte: «Das kann nicht sein! Ich weiß, daß mein Sohn tot ist. Er ist seit über einem Jahr tot!» Aber Robbie sah so lebendig aus. Genau wie an dem Tag vor seinem Tod.

Einerseits war ich irgendwie glücklich, andererseits hatte ich Angst. Also ging ich ins Haus zurück und zu der Truhe, und da war nichts mehr. Ich dachte: «Das ist doch verrückt! Wenn ich das den Leuten erzähle, halten sie mich für verrückt!»

Es vergingen Monate, bevor ich dieses Erlebnis irgend jemandem erzählte, einschließlich meiner Frau. Aber es ging mir die ganze Zeit über nicht aus dem Kopf. Ich wollte mir einreden, daß meine aufgestauten Gefühle das alles ausgelöst hatten, daß es gar nicht wirklich passiert war.

Ich habe lange über dieses Erlebnis nachgedacht. Inzwischen bin ich davon überzeugt, daß es wirklich geschehen ist und nicht nur eine Ausgeburt meiner Phantasie war. Ich habe es als ganz besonderen Augenblick meines Lebens schätzen gelernt. Es hat nur wenige Sekunden gedauert, aber das waren vielleicht die bedeutsamsten Sekunden meines Lebens.

Viele Menschen zweifeln nach einem Nachtod-Kontakt an ihrem Verstand und zögern, sich anderen mitzuteilen. Nicht selten verdrängen sie die Erfahrung vollständig, da sie nicht in ihre Auffassung von der Wirklichkeit paßt. Frauen allerdings sind in der Regel offener und für spirituelle Erlebnisse empfänglicher. Sie sind schneller bereit, ihrer Intuition zu trauen und nicht für etwas, von dem sie wissen, daß es wahr ist, wissenschaftliche Beweise zu verlangen.

Die Mehrzahl unserer Gesprächspartner hatte nach ihrem beunruhigenden Nachtod-Kontakt positive Erlebnisse, wenn sie mehr über Nachtod-Kontakte erfahren und ihre Ängste überwunden hatten.

Suizid – eine problematische Entscheidung

Es ist uns ein Anliegen, davor zu warnen, die vielen positiven Berichte über Nachtod-Kontakte so zu interpretieren, daß es möglich ist, irdischen Problemen durch Selbstmord zu entgehen. Ohne die Gründe dafür bis ins letzte aufschlüsseln zu können, müssen wir feststellen, daß wir gerade im Zusammenhang mit Suiziden auch von eher traurigen Nachtod-Kontakten erfahren haben.

Marlene, 38, arbeitet bei einem Nachrichtensender in Maryland. Ihr Freund Wes hatte sich das Leben genommen:

> Ungefähr einen Monat später erschien mir Wes in einem ungeheuer lebhaften Traum. Aber es war nicht nur ein Traum – es war wirklich.
>
> Er befand sich in einer Art Wüste, von Nebel umgeben. Es war ein einsamer Ort, vorwiegend dunkel und trostlos. Er trug ein zerrissenes T-Shirt und Shorts. Wes war niedergeschlagen und resigniert. Er hatte keineswegs Frieden gefunden. Er sagte: «Ich bin verurteilt worden.» Ich fragte: «Wozu?» Er sagte: «Ich bin zum ewigen Leben verurteilt worden.»
>
> Er war verloren, und ich verstand, er hatte nicht den Frieden gefunden, nach dem er gesucht hatte, und ich fühlte eine große Trauer und großen Schmerz. Ich sagte ihm, daß ich für ihn beten würde.
>
> Als ich aufwachte, erkannte ich, daß es nichts nützt, Selbstmord zu begehen, weil man trotzdem weiterlebt. Man kann nicht entkommen. Es wird nach dem Tod nicht besser. Du

mußt dieses Leben durchhalten und die Verantwortung dafür übernehmen.

Möglicherweise führt Selbstmord nicht zu einem Zustand des Vergessens oder der Leere, der alle Seelenqualen beendet. Das, was man zerstören kann, ist der physische Körper. Alle Probleme und nicht gelernten Lektionen nehmen wir womöglich in unser neues Leben mit.

Leeanne, eine Bankangestellte aus Georgia, kommunizierte im Schlaf mit ihrem 30jährigen Bruder Chet, der sich nach dem Konkurs seiner Firma das Leben genommen hatte:

> Chet war eigentlich kein Mensch, der zu Depressionen neigte. Er liebte seine Arbeit, und sein erfolgreiches Unternehmen bedeutete ihm alles.
> Sein Selbstmord kam ganz plötzlich. Es war grauenhaft! Meine Eltern waren am Boden zerstört. Ich, als das älteste Kind, mußte mich um alles kümmern, die Trauerfeier und so weiter.
> Ungefähr sechs Monate später erschien er mir in einem Traum, und wir sprachen miteinander. Er war sehr unglücklich, weil er seiner Familie so etwas Schreckliches angetan hatte. Chet hatte einen melancholischen und verwirrten Gesichtsausdruck. Es tat ihm sehr leid, daß wir alle so litten. Das hatte er nicht gewollt. Er wirkte reumütig und bestürzt. Er ließ die Schultern hängen und schüttelte den Kopf, als könne er nicht glauben, was er da getan hatte.
> Das war mehr als ein Traum, und als ich aufwachte, zitterte ich. Mein Bruder tat mir sehr leid, weil ich begriff, daß er das alles so nicht gewollt hatte.

Derrick ist Nachrichtenphotograph und lebt in Texas. Sein Bruder Kirk war 21, als er sich das Leben nahm:

> Es war am ersten Weihnachtsabend nach dem Tod meines Bruders. Ich lag im Bett und schlief seit ungefähr drei oder vier Stunden. Ich erinnere mich daran, daß ich geweckt

wurde, und ich wußte, daß sich Kirk im Zimmer befand – ich spürte seine Gegenwart körperlich. Ein paar Sekunden lang hatte ich große Angst, und dann sah ich Kirk aus dem Augenwinkel links von mir. Ich erkannte ihn gleich. Sein Gesicht war dunkel und verschattet, aber er sah aus wie immer.

Ich sagte, daß ich mich freute, ihn zu sehen, und mit ihm sprechen wollte. Aber er sagte nur: «Es tut mir leid. Es tut mir leid, daß ich das getan habe. Ich wollte keinem weh tun. Es tut mir leid.» Ich wurde ganz aufgeregt, weil ich nicht wollte, daß er mich nach so einem kurzen Besuch schon wieder allein ließ. Doch dann war er fort.

Danach lief ich im Haus umher, wie betäubt und gleichzeitig von einer Million Gefühlen überschwemmt. Kirk konnte sich tausendmal entschuldigen, weil er uns die Hölle auf Erden bereitet hatte – besser wurde es dadurch auch nicht.

Bei einem Suizid machen die Hinterbliebenen Furchtbares durch. Sie spüren all den Schmerz, den der Tod eines geliebten Menschen verursacht, und dazu fühlen sie sich zurückgestoßen und allein gelassen. Darüber hinaus müssen sie sich mit Schuldgefühlen und der endlosen Frage nach dem «Warum?» quälen.

Rhonda ist Sekretärin im medizinischen Bereich und lebt in Nevada. Sie war 21, als sie im Schlaf einen Nachtod-Kontakt mit Hank, einem Freund der Familie, erlebte, der sich mit 45 Jahren das Leben genommen hatte:

In der Nacht vor seinem Tod lud Hank seine und meine Familie zu sich ein. Ich war die einzige, die fehlte. Er erzählte ihnen von seiner unheilbaren Krebserkrankung – keiner hatte davon gewußt. Er erklärte, er wolle sich das Leben nehmen, und am nächsten Tag tat er das auch.

Vier Tage später erschien mir Hank im Traum. Er klopfte an die Tür, und als ich öffnete, stand er vor mir. Er wirkte gesund, überhaupt nicht krank. Er sah völlig normal aus, trug ein weißes Hemd, eine Krawatte und schwarze Hosen. Hank machte ein glückliches Gesicht und sagte: «Es ist okay. Ich habe das getan, weil ich ohnehin sterben mußte und mit diesen Schmerzen nicht mehr weiterleben konnte. Dir und deiner Familie wird es gutgehen. Alles wird gut werden für euch. Macht so weiter wie bisher. Ich liebe euch.» Das war das Ende des Traumes, und ich wachte auf.

Da das Leben eines jeden Menschen von großer spiritueller Bedeutung ist, raten wir persönlich unter allen Umständen von Suizid ab. Bitte lassen Sie sich rechtzeitig von kompetenter Seite beraten, wenn Sie sich mit dem Gedanken an Selbstmord tragen.

Unterschiedliche Existenzformen nach dem Tod

Die meisten Menschen führen ein leidlich anständiges Leben. Sie stellen sich ihren Aufgaben, machen Fehler, lernen daraus und nehmen sich vor, sich in Zukunft zu bessern. Daß es ihnen nach dem Tod gutgeht, scheinen die Berichte in diesem Buch zu bezeugen.

Unseres Wissens wurde niemand, den wir befragten, von einem Menschen aufgesucht, der ein schweres Verbrechen begangen hatte, deshalb sagt unsere Untersuchung nichts über deren Existenzform aus. Es gibt jedoch Menschen, die bei Sterbeerlebnissen oder außerkörperlichen Erfahrungen höllenähnliche Regionen besuchten, in denen sich zahllose menschliche Seelen aufhielten.

Zwischen diesen beiden Extremen scheinen sich diejenigen zu befinden, die Unrecht, das sie anderen antaten, vor ihrem Tod nicht wiedergutgemacht haben. Die Berichte, die wir hörten, legen nahe, daß diese Menschen eine gewisse Zeit einen Prozeß spiritueller Heilung und Reifung zu durchlaufen haben. Es sieht so aus, als erhielten sie die Möglichkeit, zu einer höheren Ebene aufzusteigen, wenn sie Reue empfinden und eine geistige Umkehr anstreben.

Joel ist 43 und arbeitet als Vertreter in Florida. Er begegnete seinem Vater, der an Krebs gestorben war, gleich mehrfach:

In seinen letzten Lebensjahren wurde mein Vater wieder zum Alkoholiker. Er brachte viel Unglück über die Familie, und es war, ehrlich gesagt, eine Erleichterung, als er starb.
Nach seinem Tod spürte ich oft seine Gegenwart um mich. Ich konnte ihn nicht sehen oder mit ihm kommunizieren, aber ich spürte seine Qual.
Acht Jahre später begann ich zu meditieren, und mein Vater kam wieder zu mir. Er bat um Verzeihung. Er konnte das, was er zu tun hatte, nicht vollbringen, weil er soviel Unheil angerichtet hatte.
Er bat mich, jedes Familienmitglied in seinem Namen um Vergebung zu bitten. Anscheinend war ich der einzige, der wußte, was er durchmachte. Und so erzählte ich einem nach dem anderen – meiner Mutter, meiner Schwester, seiner zweiten Frau – von seiner Bitte um Vergebung. Ich war sehr verblüfft, daß alle meine Geschichte ohne weiteres akzeptierten und ihm verzeihen konnten. Und als auch ich dazu imstande war, fühlte ich mich von einer Last befreit.
Dann kam es mir plötzlich so vor, als sei er erlöst, denn er tauchte auch nicht mehr auf. Ich freute mich so für ihn.

Wenn wir einem anderen vergeben, sind wir selbst die Nutznießer unseres Handelns. Durch den Akt des Verzeihens befreien wir uns aus der Abhängigkeit von Groll, Wut, Bitterkeit, Haß und Rachedurst. Dies ist die Voraussetzung für die größte spirituelle Gabe, den inneren Frieden.

Catherine, 35, ist Hausfrau und lebt in Pennsylvania. Sie wurde von ihrem Schwiegervater, der an Krebs gestorben war, um Hilfe gebeten:

Vier Monate nach Pops Tod träumte ich von ihm. Ich erkannte seine Gestalt ganz deutlich, obwohl kein Licht vorhanden war. Um ihn herum war es stockdunkel – als wenn man eine Figur ausschneidet und sie auf schwarzes Zeichenpapier legt.
Pop lief aufgeregt hin und her. Er wirkte sehr aufgewühlt und verzweifelt. Zuerst beachtete er mich gar nicht. Er hatte die

Hände hinter den Rücken gelegt und lief mit gesenktem Kopf umher.

Schließlich fragte ich: «Was ist los, Pop?» Er drehte den Kopf und starrte mir direkt in die Augen. Er sagte: «Ich mag es hier nicht. Ich mag es überhaupt nicht. Was ich getan habe, mußte ich tun. Ich hatte Kinder zu versorgen. Aber das habe ich nicht gewollt.»

Ich sagte: «Ich kann nichts für dich tun.» Er erwiderte: «O doch, du kannst. Du kannst beten!» Ich sagte: «Also gut, ich bete für dich.» Dann sagte er noch: «Bitte alle, für mich zu beten.» Als er verschwand, sah er erleichtert aus und wiederholte noch einmal: «Vergiß nicht – sag allen, daß sie für mich beten sollen!»

Ich wachte sofort danach auf und erzählte alles meinem Mann. Ich fragte ihn, was Pop denn getan hätte, daß er so zerknirscht war. Mein Mann sagte mir, daß Pop früher, als er kleine Kinder zu versorgen hatte, in die Illegalität abgerutscht war. Davon hatte ich nichts gewußt.

Als mein Mann seinen Brüdern und Schwestern davon berichtete, beteten alle für ihren Vater. Und ich fühlte auch das Bedürfnis dazu.

Gelegentlich bitten uns Verstorbene, für sie zu beten. Unsere Gebete scheinen zu ihrem spirituellen Wohlbefinden beizutragen und ihren Aufstieg in eine höhere Existenzebene zu beschleunigen. Die meisten Weltreligionen sind ebenfalls dieser Auffassung.

Alle hier aufgeführten Berichte sind repräsentativ für weitere, ähnliche Fälle, die wir gesammelt haben.

16 Ungewöhnliche Zeitpunkte: Nachtod-Kontakte ohne Kenntnis der Todesnachricht

> Das Leben währt ewig. Der Tod ist nur ein unvermeidbarer Übergang, den jede Seele beim Verlassen des physischen Körpers durchschreitet. Er ist ein Zustand größerer Freiheit, der die Seele nicht auf Zeit und Ort beschränkt.
>
> *Betty Bethards*

Dieses ist das erste von sechs Kapiteln, die überzeugende Beweise dafür erbringen, daß Nachtod-Kontakte wirklich stattfinden. Wenn Sie alle Berichte gelesen haben, werden Sie vermutlich mit uns darin übereinstimmen, daß es sich bei Nachtod-Kontakten definitiv nicht um Halluzinationen, Phantasien oder trauerbedingte Erinnerungsbilder handelt. Sie sind auch keine Projektionen des Unterbewußten oder Produkte einer überreizten Imagination. Vielleicht sind auch Sie dann davon überzeugt, daß die Menschen in diesem Buch, wie Millionen andere, tatsächlich direkten Kontakt mit einem verstorbenen Familienangehörigen oder Freund aufnehmen konnten und daß es ein Leben nach dem Tode gibt, das uns alle erwartet.

Im folgenden Kapitel erzählen unsere Gesprächspartner, wie sie von einem oder einer Verstorbenen aufgesucht wurden, bevor sie von dessen oder deren Tod erfuhren. Sie erlebten also zunächst einen Nachtod-Kontakt und wurden erst zu einem späteren Zeitpunkt vom Tod ihres Verwandten oder Freundes informiert. In einem solchen Fall kann man sicherlich nicht von trauerbedingten Halluzinationen sprechen.

In den ersten vier Berichten nehmen die Verstorbenen kurz nach ihrem Tod Kontakt auf.

Melinda, die jetzt als Hausfrau in Washington lebt, hatte eine Begegnung mit ihrem Jugendfreund Tom:

Tom und ich sind zusammen aufgewachsen. Wir waren Nachbarskinder, aber ich hatte ihn nicht mehr gesehen, seit er Priester geworden war. Ich hatte den Kontakt zu ihm und seiner Familie durch meinen Umzug nach Texas völlig verloren.

Eines Nachts, über zehn Jahre später, wachte ich aus tiefem Schlaf auf. Da stand Tom in Marineuniform am Fußende meines Bettes! Daß er Uniform trug, wunderte mich, denn ich nahm doch an, er sei katholischer Priester! Er sagte: «Leb wohl, Melinda. Ich gehe jetzt fort.» Und er verschwand.

Mein Mann wachte auf, und ich erzählte ihm, was geschehen war. Aber er meinte, das sei bloß ein Traum gewesen. Drei Tage später schrieb mir meine Mutter, daß Tom bei Kampfhandlungen gefallen sei. Er war Marinekaplan gewesen!

Dies ist ein hervorragendes Beispiel für einen Nachtod-Kontakt ohne Vorwissen, und es hat starke Beweiskraft. Da Melinda zehn Jahre lang nichts von Tom gehört hatte, wußte sie nicht, daß er Marineoffizier geworden war. So bestand für sie wahrlich kein Grund, Toms Erscheinung in Uniform zu halluzinieren.

Francine, eine 42jährige Krankenschwester aus Florida, wurde durch den Besuch ihres Patienten Roland in Erstaunen versetzt:

Ich arbeitete damals auf einer Station, auf der manche Patienten aufstehen und herumlaufen konnten. Roland war einer von ihnen, wir freundeten uns mit der Zeit an. Ich merkte, daß er sich nützlich machen wollte, und ließ ihn kleine Jobs erledigen, was ihm großen Spaß machte.

Eines Morgens saß ich zwischen 6 Uhr und 6.15 Uhr auf dem Bettrand und zog mir die Schuhe an. Als ich den Kopf drehte, sah ich Roland wie ein mattes Bild am Fußende. Er lächelte. Ich erkannte ihn sofort. Er sah glücklich und entspannt aus.

Ich traute meinen Augen nicht, aber ich lächelte zurück, und dann war er weg. Da mußte ich lachen und sagte zu meinem Mann: «Jetzt habe ich wirklich nicht mehr alle Tassen im Schrank. Ich bin noch nicht mal bei der Arbeit und sehe schon Patienten!»

> Ich fuhr arbeiten, und als ich ankam, sagten sie mir, daß Roland in der Nacht an einem Herzanfall gestorben war. Ich hatte das Gefühl, er war gekommen, um mich wissen zu lassen, daß es ihm gutging.

Francine hatte noch nicht von Nachtod-Kontakten gehört und wußte nicht, daß sie einen erlebte, als Roland ihr erschien. Deshalb war es nur natürlich, daß sie ihren Sinnen mißtraute. Sehr wahrscheinlich hatte Roland von Francine eine ebenso hohe Meinung wie sie von ihm und wollte sich für ihre Freundschaft bedanken und Abschied nehmen.

Sue Ellen lebt als Hausfrau in Florida. Ihr Vater überbrachte ihr, als sie 24 Jahre alt war, eine persönliche Botschaft:

> Ich lag auf dem Sofa. Plötzlich sah ich ganz deutlich meinen Vater vor mir! Er war wirklich da – ich sah das Lächeln auf seinem Gesicht. Ich hörte ihn sagen: «Es ist alles in Ordnung, mein Liebling. Es ist schön hier. Ich bin wirklich glücklich, mach dir also keine Sorgen.» Dann lachte er und fügte hinzu: «Jetzt muß ich nicht die ganzen Möbel bezahlen, die deine Mutter und deine Schwester gekauft haben.» Ich wußte nicht, was er damit meinte.
> Fast gleichzeitig läutete das Telefon. Ich hörte, wie mein Mann im Hintergrund sagte: «Oh, mein Gott!» Er erfuhr, daß mein Vater an einer Herzattacke gestorben war. Mein Vater war erst dreiundfünfzig und galt als vollkommen gesund!
> Danach erfuhren wir durch einen Brief, daß meine Mutter und meine Schwester kurz vor dem Tod meines Vaters praktisch das ganze Haus neu möbliert hatten, aber die Lebensversicherung meines Vaters alles zahlte! Daran erkannte ich, daß ich die Begegnung wirklich erlebt hatte!
> Ich glaube, mein Vater kam, weil er mir als erster sagen wollte, daß er gestorben war.

Sue Ellen empfand das Timing ihres Vaters als perfekt. Er kam gerade rechtzeitig, um den Schock zu mildern, den die Nachricht von seinem unerwarteten Tod bei seiner Tochter auslösen mußte.

Clare ist beglaubigte Wirtschaftsprüferin und lebt in Oregon. Die Begegnung mit ihrem 56jährigen Freund Hugh stimmte sie nachdenklich:

> Hugh und ich kannten uns seit fünfzehn Jahren und waren Kollegen. Sein Verständnis und seine Freundschaft bedeuteten mir viel
>
> Als ich eines Montagmorgens aufwachte, kam Hugh zu mir. Er zwickte mich sogar, um mich auf sich aufmerksam zu machen. Ich sah ihn wirklich! Er stand an meinem Bett und trug ein weißes Hemd mit aufgekrempelten Ärmeln. Seine Haltung und sein Gesicht drückten Bedauern aus, als habe er alles verloren.
>
> Hugh sagte: «Es tut mir leid, Clare. Ich habe es nicht geschafft.» Dann sagte er noch: «Auf Wiedersehen», als sei es ein Abschied für immer. Danach verschwand er einfach. Ich saß auf dem Bettrand und dachte über seine Worte nach. Mir war schleierhaft, was das wohl bedeuten mochte. Dann schaltete sich mein Radiowecker mit den Frühnachrichten ein. Und ich hörte, daß Hughs Wasserflugzeug am Tag vorher im Columbia River notlanden mußte. Er hatte es nicht bis zum Ufer geschafft und war ertrunken.

In den folgenden Berichten ereigneten sich die Nachtod-Kontakte praktisch zeitgleich mit dem Tod der Person, die die Begegnung suchte.

Lillian ist 57 und lebt als Hausfrau in British Columbia. Über ein Erlebnis mit ihrem Mann Arthur berichtet sie:

> Mein Mann hatte einen Herzinfarkt erlitten und lag im Krankenhaus. Als ich wieder zu Hause war, saß ich allein im Wohnzimmer. Es war 1.56 Uhr morgens. Plötzlich hörte ich ganz deutlich Arthurs Stimme in meinem Kopf! Er sagte: «Ich muß weitergehen. Ich habe jetzt andere Aufgaben. Meine Arbeit hier auf der Erde ist beendet. Deine ist noch nicht zu

Ende.» Da wußte ich, daß das Krankenhaus mich bald anrufen würde, um mir zu sagen, daß Arthur gestorben war.
Ungefähr fünfzehn Minuten später läutete das Telefon. Es war die Schwester von der Intensivstation. Sie sagte mir, der Zustand meines Mannes habe sich verschlechtert – das sagen sie gewöhnlich, wenn jemand gestorben ist.
Die Kinder waren zu Hause, und ich weckte sie auf. Wir fuhren alle gemeinsam ins Krankenhaus. Die Schwester wartete vor der Intensivstation, und ich sagte: «Ja, ich weiß, daß mein Mann gestorben ist.» Sie war schockiert, als ich ihr sogar die genaue Zeit nennen konnte, die auf der Sterbeurkunde stand: 1.56 Uhr.

Manchmal stimmen der Zeitpunkt des Todes und der des Nachtod-Kontaktes bis auf die Minute überein. Dies verleiht dem Ereignis einen Grad an Glaubwürdigkeit, der nicht leichtfertig geleugnet werden kann.

Vicky, 53, ist Abteilungsleiterin in Ohio. Sie hatte nicht erwartet, noch einmal von ihrem Großvater zu hören:

Ich weiß noch, daß ich aufwachte und fast gleichzeitig ein erstaunlich helles, blauweißes Licht nahe der Zimmerdecke sah. Es hatte eine ovale Form, war ungefähr 1,20 m hoch und 90 cm breit.
Während ich es ansah, erfuhr ich telepathisch, daß mein Großvater mütterlicherseits gerade in die nächste Welt eingegangen war. Ich fand das sehr eigenartig, weil ich nicht einmal gewußt hatte, daß er krank war. Wir standen überhaupt in keiner sehr engen Beziehung zu dem Mann. Er war ein bißchen griesgrämig und hatte sich mit dem Rest der Familie überworfen.
Das Licht blieb noch eine Weile da, und als es verschwunden war, sah ich auf die Uhr. Es war 2.17 Uhr. Dann schlief ich wieder ein.
Am nächsten Morgen klopfte meine Schwester an die Haustür. Ich wußte, warum sie gekommen war, und sagte: «Du wolltest mir erzählen, daß Opa gestorben ist, oder?» Sie

machte ein verblüfftes Gesicht und erwiderte: «Mama hat gerade angerufen und gesagt, daß er heute nacht um 2.30 Uhr einen Herzanfall hatte.» Ich sagte: «Nein, es war um 2.17 Uhr» und berichtete ihr, was passiert war.

Ganz offensichtlich befand sich Vicky nicht in Trauer oder in einem angespannten Erwartungszustand, als sie von einem ihr emotional eher fremden Großvater besucht wurde. Nichts an ihrer Beziehung zu ihm konnte sie dazu veranlassen, ein solches Ereignis zu halluzinieren oder zu phantasieren. Den Erfahrungsberichten nach zu urteilen, ist es gar nicht so ungewöhnlich, daß Menschen nach ihrem Tod «die Runde machen», um sich von verschiedenen Angehörigen und Freunden zu verabschieden.

Dominic, 38, lebt als Arzt in Florida. Er machte eine wichtige Erfahrung, während er sich gemeinsam mit einem Freund in einem abgelegenen Landhaus auf sein Medizinexamen vorbereitete:

> Während mein Freund und ich über unseren Büchern saßen, nahm ich plötzlich sehr stark den Geruch einer Arznei wahr, die meine Mutter immer bei meiner Großmutter benutzte – Kampfer und Alkohol. Es war ein Hausmittel, das sie ihr als kalten Umschlag auflegte, wenn sie sich schwach fühlte.
> Im Haus gab es keinen Alkohol und keinen Kampfer. Aber der Geruch war so stark, daß ich meinem Freund sagte: «Ich glaube, meine Großmutter ist gerade gestorben.» Er zuckte nur die Achseln, aber ich merkte mir die Zeit. Es war 10.10 Uhr.
> Kurz darauf spürte ich die friedvolle Gegenwart meiner Großmutter. Ich begriff, daß etwas ganz Außergewöhnliches geschah. Die ganze Atmosphäre schien zu sagen: «Leb wohl. Keine Sorge. Alles ist gut.»
> Großmutter hatte Alzheimer. In ihren letzten Lebensmonaten war sie geistig verwirrt. Aber als ich ihre Gegenwart spürte, war sie wieder die Person, die sie vor ihrer Krankheit

gewesen war. Sie hinterließ mir ein Gefühl von Erleichterung, Gelassenheit und Frieden.

Als ich an jenem Tag nach Hause kam, wartete meine Mutter schon auf mich. Sie sagte: «Deiner Großmutter geht es schlechter.» Ich sagte: «Schon gut. Ich weiß, was los ist. Sie ist heute morgen um 10.10 Uhr gestorben.» Da bestätigte sie mir den genauen Zeitpunkt.

Durch den Besuch seiner Großmutter konnte Dominic etwas lernen, was in den westlichen Ländern nicht zur ärztlichen Ausbildung gehört. Er erfuhr, daß seine Großmutter ein zeitloses Wesen ist, das seinen irdischen Körper wie ein wertlos gewordenes Kleidungsstück ablegt. Stellen Sie sich eine Welt vor, in der alle Ärzte und das gesamte Pflegepersonal über ein solches Wissen verfügen!

Die nächsten drei Berichte streichen noch einmal heraus, daß Nachtod-Kontakte ohne Wissen um den Todesfall natürlich auch über weite Entfernungen auftreten können.

Fay, eine 57jährige Psychotherapeutin aus Kalifornien, erhielt von ihrer Tante Marion, die in Missouri lebte, eine wertvolle Mitteilung:

Tante Marion und ich verstanden uns immer sehr gut, obwohl sie in Missouri lebte und ich in Kalifornien. Als sie erfuhr, daß sie Krebs hatte, flog ich nach Missouri und blieb lange dort.

Wir sprachen oft darüber, was ich über den Tod und das Sterben gehört hatte, und wie wichtig es ist, auf das Licht zuzugehen, wenn wir sterben.

Wieder in Kalifornien, wachte ich eines Morgens auf und war noch halb benommen. Da hörte ich die Stimme von Tante Marion so klar, als säße ich bei ihr im Krankenhaus. Sie sagte: «Ich will dich nur wissen lassen, daß du recht hattest! Ich sehe das Licht! Es wärmt mich überall. Ich gehe jetzt, und du sollst wissen, daß ich dich liebe.»

Ich öffnete die Augen, sah mich um und dachte: «Das ist ja unglaublich! War das ein Traum, oder habe ich es mir einge-

bildet?» Ich war richtig durcheinander und habe es meinem Mann gleich erzählt, als er aufwachte.
Später bekam ich einen Anruf, daß meine Tante am Morgen gestorben war. Wenn ich eine Kopie ihrer Sterbeurkunde hätte, würde ich sicher feststellen, daß sie genau in dem Moment starb, als ich ihre Stimme hörte.
Ich wußte, daß sie krank war, aber ich hatte keine Ahnung, daß es so schnell gehen würde. Wenigstens weiß ich jetzt, daß Tante Marion ins Licht gegangen ist.

Kris, 29, studiert in Florida. Er war über eine Begegnung mit seinem Großvater überrascht, der in Deutschland lebte:

Ich lebte bei meinem Großvater, bis ich in die USA kam. Als ich Deutschland verlassen mußte, saß ich neben ihm auf dem Sofa und hielt seine Hand. Ich wußte, daß er Krebs hatte und nicht mehr lange bei uns sein würde.
Zwei Monate später in Florida, in der Nacht zum 5. Februar, wachte ich um 3 Uhr morgens auf. Es war ganz merkwürdig! Mein Großvater saß auf der rechten Bettseite und sah lächelnd auf mich herunter. Ich bekam eine Gänsehaut, aber ich hatte eigentlich keine Angst. Ich war sogar ganz ruhig und entspannt. Er trug ein hellblaues, kurzärmeliges Hemd, seine silberne Uhr und seine Brille. Er sah aus wie sechzig. Ich konnte ihn ganz deutlich erkennen. Er wirkte glücklich und gesund, als hätte ihm der Arzt gerade das beste Zeugnis ausgestellt.
Opa war ein sehr willensstarker Mann, der viel auf Disziplin hielt. Aber in diesem Augenblick war er glücklich, mich zu sehen, und er schien mit mir zufrieden und sogar stolz auf mich zu sein, und alles war in Ordnung. Ich spürte seinen inneren Frieden. Ich schloß kurz die Augen, und als ich wieder hinsah, war er nicht mehr da. Alles war gut, und ich schlief wieder ein.
Später rief ich meine Mutter in Deutschland an. Sie sagte, Opa sei um 9 Uhr gestorben, und genau zu dieser Zeit war er zu mir gekommen. In Deutschland ist es sechs Stunden später als in den USA.

Hier erleben wir ein weiteres Mal, daß ein Mensch nach seinem Tod nicht nur heil und gesund ist, sondern darüber hinaus jünger, glücklicher und freier erscheint. Die nonverbale Botschaft, die der Großvater seinem Enkel übermittelte, enthielt mehr Liebe und Zustimmung, als er zu Lebzeiten hatte ausdrükken können.

Sherry, 52, lebt in Washington und erstellt medizinische Gutachten. Sie begegnete ihrem Großvater, der in Massachusetts lebte:

> Unsere Familie plante einen Umzug von Kalifornien nach Minnesota, um dem hektischen Leben zu entgehen. Meine zwei Töchter und ich fuhren voraus, mein Mann und mein Sohn blieben noch. Wir wohnten auf einem Campingplatz in Minnesota. Ich hatte es niemandem erzählt, deshalb wußte keiner, wo wir waren.
> Eines Nachts kam ein Sturm auf, deshalb konnten wir nicht im Zelt schlafen – wir mußten im Kombi bleiben. Ich konnte nicht einschlafen, weil es ständig donnerte und blitzte und der Regen auf das Dach prasselte. Als ich aus dem Fenster sah, sah ich plötzlich meinen Großvater! Er war ganz deutlich zu erkennen. Er trug ein kariertes Hemd und Hosenträger und war von einem weißlichen Licht umgeben, fast so, als würde ihn ein Scheinwerfer anstrahlen. Er zwinkerte, als hätten wir zwei ein Geheimnis.
> Ich sagte: «Was machst du denn hier? Komm aus dem Regen!» Opa lächelte und sagte: «Nein, mir geht es gut. Ich wollte dich nur sehen und dir Lebewohl sagen.» Ich hörte ihn so klar, als säße er im Auto. Dann verschwand er.
> Einen Monat später hatten wir ein Haus gefunden, und das Telefon wurde angeschlossen. Ich rief meine Mutter in Massachusetts an und erzählte ihr, wo wir jetzt waren. Sie sagte: «Ich habe leider schlechte Neuigkeiten für dich. Opa ist gestorben.» «Das weiß ich», antwortete ich, und ich nannte ihr den Tag und die Stunde seines Todes. Sie sagte: «Das stimmt! Woher weißt du das?» Ich erwiderte: «Er ist gekommen und hat sich von mir verabschiedet.»
> Ich weiß immer noch nicht, wie Opa mich in den Wäldern von

Minnesota gefunden hat, und das Sekunden nach seinem Tod – es übersteigt mein Fassungsvermögen!

Offensichtlich sind Verstorbene imstande, uns jederzeit und an jedem Ort zu finden und in ihrem spirituellen Körper innerhalb von Sekunden zu uns zu reisen.

Der letzte Bericht stammt von Christine, einer 37jährigen Maklerin aus Florida. Die Begegnung, die sie erlebte, hätte zu keinem passenderen Zeitpunkt geschehen können:

Unsere 14jährige Tochter Heather übernachtete an jenem Abend bei einer Freundin. Mein Mann und ich waren um 23 Uhr ins Bett gegangen. Ich schlief schon, als um 1 Uhr das Telefon klingelte. Der Portier sagte: «Mrs. Baker, die Polizei ist da. Kommen Sie bitte zur Tür?» Ich sagte: «Okay», legte auf und blieb erst einmal auf der Bettkante sitzen. Ich dachte: «Habe ich das Autolicht angelassen oder was?»
Ich zog den Bademantel an und den Reißverschluß zu, während ich aus dem Schlafzimmer ging. Im Flur sah ich Heather und ihren Großvater, den sie sehr gemocht hatte. Aber er war schon seit sechs Jahren tot! Sie standen in der Luft, und er hatte den Arm um sie gelegt. Sie wirkten vollkommen lebensecht, ich erkannte sie deutlich. Ich konnte es nicht fassen! Ich schüttelte den Kopf und dachte: «Warum sehe ich Vater mit Heather zusammen?»
Da sagte Dad: «Es geht ihr gut, Baby. Ich habe sie. Sie ist in Ordnung.» Er war mein Schwiegervater und hatte mich immer «Baby» genannt. Es war seine Stimme! Dad lächelte und wirkte zufrieden. Sie waren beide sehr glücklich. Ich konnte mir keinen Reim darauf machen.
Als ich die Tür öffnete, standen Polizisten draußen, und sie sagten, ich solle mich hinsetzen. Ich bat nur: «Sagen Sie mir, was passiert ist. Sagen Sie es mir bitte!» Da teilten sie mir mit, daß Heather bei einem tragischen Autounfall ums Leben gekommen war.
Später begriff ich, daß Dad versucht hatte, den Schock zu mildern, und ich wußte, daß Heather jetzt bei ihm war. Dieses

Erlebnis hat mir geholfen, den Verlust meines einzigen Kindes zu akzeptieren.

Unsere Sammlung enthält noch eine Vielzahl weiterer Nachtod-Kontakte ohne Vorwissen. Sie entkräften die in der Psychologie verbreitete Annahme, Nachtod-Kontakte seien lediglich Trauerphantasien, die durch den Schmerz der Hinterbliebenen ausgelöst würden. Da keiner der Betroffenen in diesem Kapitel gewußt hatte, daß die geliebte Person verstorben war, trauerten sie auch nicht, als der Nachtod-Kontakt stattfand. Aus diesem Grund hatten sie auch keinerlei Grund, ein solches Erlebnis zu halluzinieren.

17 Wenn das Unerwartete eintritt: Späte Nachtod-Kontakte

> Meine Mutter und Schwester müssen sehr glücklich sein, weil sie bei Gott sind. Ich bin sicher, daß ihre Liebe und ihre Gebete mich immer begleiten. Wenn ich zu Gott heimgehe, denn der Tod ist nichts anderes als ein Heimgehen zu Gott, dann wird das Band der Liebe für alle Ewigkeit bestehen.
>
> *Mutter Teresa*

Die meisten Nachtod-Kontakte werden innerhalb eines Jahres nach dem Tod eines geliebten Menschen erlebt. Viele andere finden mit abnehmender Häufigkeit vom zweiten bis zum fünften Jahr statt.

In diesem Kapitel finden sich nun Berichte von Nachtod-Kontakten, die fünf oder mehr Jahre nach dem Tod eines Familienmitglieds oder Freundes auftraten. Jede der zwölf NTK-Arten kann sich auch zehn, zwanzig, dreißig oder mehr Jahre nach einem Todesfall noch ereignen. Die übermittelten Botschaften dienen hier meist einem genauer bestimmbaren Zweck als bei früh stattfindenden Kontakten.

Offenbar empfinden Verstorbene auch Jahre nach ihrem Tod noch ein Gefühl der Verbundenheit mit uns, haben Einblick in unser Leben und wachen mit Liebe und Anteilnahme über uns. Sie versuchen aus den verschiedensten Gründen, mit uns Kontakt aufzunehmen – in erster Linie, um uns zu helfen und uns vor Schaden zu bewahren.

Donna ist Drogenberaterin in Maine. Der Kontakt mit ihrem Vater, der 42jährig durch Alkoholmißbrauch gestorben war, fand fünf Jahre nach dessen Tod statt:

Ich saß eines Nachts hellwach im Bett, und da stand mein Vater vor mir. Er war eine schimmernde Lichtgestalt von ungefähr 1,80 Meter Größe. Sein Körper war nicht ganz durchsichtig, und er kam mir gesund vor. Ich erkannte seine Gesichtszüge – die hohen Wangenknochen und die ziemlich große Nase mit dem Schnurrbart darunter. Er machte ein trauriges, beschämtes Gesicht. Ich hörte eine Stimme, die sagte: «Donna, es tut mir so leid. Es tut mir wirklich leid.» Er blieb noch kurz stehen, dann verschwand er.

Ich wußte, daß mein Vater mich für den Mißbrauch und den Inzest um Verzeihung bat, den er mir angetan hatte. Als er diese Worte aussprach, lösten sich meine Wut und mein Haß auf, und ein Gefühl von Freude überschwemmte mich. Ich war zum ersten Mal seit vielen Jahren innerlich ruhig – ich empfand vollkommenen Frieden.

Die Entschuldigung meines Vaters hat mein ganzes Leben verändert. Damals redete man noch nicht über Inzest, weil das ein Tabu war. Aber ich schwieg jetzt nicht mehr, und dadurch begann mein Heilungsprozeß. Man muß sprechen, um zu überleben.

Zwanzig Jahre sind seitdem vergangen, und ich bin ein völlig anderer Mensch geworden, als ich ohne dieses Erlebnis gewesen wäre. Heute bin ich in der Lage, meinen Vater mit Liebe, Mitleid und Verständnis zu betrachten. Ich habe den Inzest wirklich überwunden.

Verständlicherweise wird eine Frau, die zum Opfer sexuellen Mißbrauchs wurde, den Besuch desjenigen, der ihr soviel Schreckliches zugefügt hat, nicht gerade willkommen heißen. Doch in diesem Fall konnte Donna die Entschuldigung ihres Vaters annehmen, und ihr kurzes Zusammentreffen wurde zum Wendepunkt in ihrem Leben.

Hier läßt sich auch erkennen, daß ein Mensch, der auf der Erde anderen viel Leid zugefügt hat, sich spirituell nach seinem Tod anscheinend weiterentwickeln kann.

Jim besitzt in Florida einen Verlag. Er war 21, als er seinen Vater wiedersah, der sechs Jahre zuvor an einem Herzanfall gestorben war:

Meine Familie besaß in Michigan ein Blockhaus an einem See. Ich liebte dieses Fleckchen Erde und fuhr oft zum Fischen hin. Es war der schönste Ort meiner Kindheit. Kurz nach meiner Entlassung aus der Armee fuhr ich einmal Mitte Februar allein hin. Die Straße war geräumt, aber der Schnee lag einen Meter hoch auf Feldern und Wiesen. Das Haus liegt etwa eine Meile von der Straße entfernt. Um 1 Uhr morgens stieg ich aus dem Auto und stapfte querfeldein in Richtung Hütte. Ich sah sie im Mondlicht am Seeufer liegen. Ich ging immer drei, vier Schritte, dann brach ich durch die Schneedecke und sank bis über die Knie ein. Ich mußte mich anstrengen, um wieder hochzukommen und weiterzustapfen.

Da fühlte ich eine Gegenwart. Als ich wieder einmal hinfiel, hörte ich ganz deutlich eine Stimme: «Willkommen zu Hause!» Ich hatte den Eindruck, daß mein Vater da war, daß ich ihn erkannte, zwischen mir und der Hütte. Er sah glücklich aus, und das machte mich sehr, sehr froh. Plötzlich konnte ich über den Schnee laufen und brach nicht mehr ein. Ich erreichte die Hütte, zündete ein Feuer an und heizte den Ölofen an.

Es war eine schöne Nacht. Mein Vater war die ganze Zeit bei mir. Er war glücklich, mich bei sich zu haben. Ich begann zu weinen und kam meinem Vater sehr nahe, vielleicht näher, als ich ihm in seinem irdischen Leben je gewesen war.

Es war ein spirituelles Erlebnis, an das ich mich mein Leben lang erinnern werde.

Vielen Eltern und Kindern fällt es, solange sie leben, schwer, davon zu sprechen, daß sie einander lieben. Ein Nachtod-Kontakt bietet ihnen die Möglichkeit, eine tiefere Ebene der emotionalen und spirituellen Kommunikation zu erreichen.

Lenore, eine Reitlehrerin aus Arizona, erlebte einen aufregenden Nachtod-Kontakt mit ihrem Vater, der neun Jahre zuvor mit 47 Jahren an Krebs gestorben war:

Es war am Tag meiner Hochzeit. Ich ging am Arm meines Stiefvaters zum Altar. Auf einmal fiel mir rechts ein Licht-

strahl auf, und ich sah hin. Als ich näher kam, nahm das Licht die Form eines Mannes an. Ich wußte, es war mein Dad!
Als ich auf seiner Höhe angekommen war, wandte er sich um und sah mich an. Er war von einem sanften, dunstigen Lichtschimmer umgeben. Seine Augen leuchteten, und er lächelte. Dann blinzelte er und nickte zustimmend. Ich war überwältigt! Es fiel mir sehr schwer, die Tränen zurückzuhalten, denn ich wollte zu ihm laufen und ihn umarmen. Als ich dann wieder hinschaute, war er verschwunden.
Ich war so glücklich, Dad zu sehen! Es war, als wolle er die Hochzeit seiner Kleinen nicht verpassen. Ein schöneres Hochzeitsgeschenk hätte ich mir nicht wünschen können!

Immer wieder wird von Betroffenen beteuert, daß die Verstorbenen bei besonderen Augenblicken in unserem Leben anwesend sein können.

Roberta ist eine Hausfrau aus Kalifornien. Ihr damals 4jähriger Sohn Timothy wurde zehn Jahre vor dem folgenden Ereignis von einem Auto überfahren:

Ich saß in der Kirche in der vordersten Reihe, weil ich im Chor mitsang. Ich dachte nicht einmal an Timothy, ich hörte dem Pfarrer zu.
Plötzlich spürte ich eine warme, schützende Umarmung, die mich ganz und gar umgab. Es war eindeutig eine Umarmung – um mich und durch mich hindurch, innerlich wie äußerlich – ein sehr warmes Gefühl. Das war Timothy, ohne Zweifel! Ich wußte es intuitiv. Es war ein Gefühl, als wäre ich in ihm, als könne ich ihn als Person spüren. Es war nicht so, wie man sich das Zusammensein mit einem Vierjährigen vorstellt. Es war eine sehr reife Person, die ich spürte, aber dennoch mein Sohn.
Ich fühlte, daß er Zustimmung und Liebe ausdrücken wollte. Daß ich auf dieses Erlebnis eingestimmt war und er mich deshalb erreichen konnte. Seitdem fühle ich mich Timothy noch viel näher. Ich weiß, daß unsere Beziehung immer weiter besteht. Es war eine spirituelle Kommunikation ohne Worte.

> Das Gefühl ist nicht schwächer geworden – es ist mir geblieben. Ich fühle, daß mein Sohn und ich für ewig in Verbindung bleiben.

Obwohl Roberta ihren Sohn weder sah noch hörte, erkannte sie sein einzigartiges spirituelles Wesen auch noch zehn Jahre nach seinem Tod. Timothys Besuch gab seiner Mutter die Gewißheit, daß seine Liebe zu ihr sogar noch gewachsen war, während er sich spirituell weiterentwickelt hatte.

Dana ist Programmiererin in Maryland. Ihre Tochter Kristen starb mit 14 Jahren an einer Herzkrankheit. Ihre Schwiegermutter Joanna war zwölf Jahre zuvor gestorben:

> Etwa zwei Wochen nach Kristens Tod bildete sich bei mir die Gewißheit, daß sie im Himmel war. Aber ich machte mir Sorgen, wer sich um sie kümmern würde, weil aus meiner engeren Familie noch niemand gestorben war.
> Dann träumte ich von meiner verstorbenen Schwiegermutter. Ich sah ihr Gesicht, und es war, als könne ich die Hand ausstrecken und sie berühren. Joanna sagte zu mir – ich weiß aber nicht mehr, ob sich ihre Lippen bewegten: «Mach dir keine Sorgen, Dana. Ich kümmere mich um Kristen.» Dann verblaßte sie wieder.
> Ich habe wirklich vorher noch nie von meiner Schwiegermutter geträumt. Ich war erleichtert und froh, daß jemand für meine Tochter sorgen würde.

Unsere NTK-Sammlung läßt darauf schließen, daß die Familie in den himmlischen Welten eine hohe Wertschätzung erfährt. Dies betrifft nicht nur unsere biologische Familie von den Urgroßeltern bis zu den Urenkeln, sondern auch die angeheirateten Verwandten und nahen Freunde. Zweifellos ist die Macht der Liebe die Kraft, die uns aneinander bindet und einen wahren «Familienkreis» schafft – hier auf der Erde wie in der Ewigkeit.

Glendalee, eine 57jährige Hausfrau aus Georgia, erkannte, daß sich ihr Vater auch fünfzehn Jahre nach seinem Tod an Herzversagen noch um sie sorgte:

> Eines Tages fuhr ich in meinem Kombi den Highway entlang. Rechts der Straße verliefen Eisenbahnschienen, und links mündeten Seitenstraßen ein. Als ich den Stadtrand erreichte, hörte ich jemanden sagen: «Halt an!» Ich erschrak, aber ich hielt nicht.
> Kurz darauf sagte jemand wieder: «Glendalee, halt an.» Da wußte ich, daß es Daddy war, und ich bekam Angst. Es war, als säße er direkt neben mir. Dann nannte er mich so, wie er mich sein Leben lang genannt hatte – er sagte: «Baby, stop!» Und ich trat mit aller Kraft auf die Bremse.
> In diesem Moment kam aus der linken Seitenstraße ein Auto – es schoß genau vor mir über die Straße. Dann rutschte es bei den Schienen vom Asphalt und blieb liegen. Es war unheimlich!
> Das Auto war völlig außer Kontrolle geraten. Es verfehlte mich vielleicht um fünf Zentimeter. Hätte mir mein Vater nicht gesagt, daß ich anhalten sollte, wäre es in die Fahrerseite gerast und ich wäre tot gewesen!

Hier haben wir ein Beispiel für einen Nachtod-Kontakt mit Schutzfunktion. In solchen Fällen wird der oder die Betroffene vor einem Unfall, Verbrechen oder einer anderen Gefahr gewarnt, die sein oder ihr Leben bedroht.

Jacqueline, eine Sprechstundenhilfe aus Washington, erlebte ein Wiedersehen mit ihrem Vater, der achtzehn Jahre zuvor mit 71 Jahren an Krebs gestorben war:

> Mein Mann und ich bekamen zur Hochzeit eine Spieldose geschenkt. Unsere Nachbarin kaufte sie uns, weil sie ihr so gut gefiel. Der Mann im Geschäft hatte ihr gesagt, daß sie nicht funktionierte und er sie nur wieder zusammengeklebt hatte.
> An unserem ersten Hochzeitstag saßen wir am Eßtisch. Plötzlich begann die Spieldose das Thema aus dem Film *Doktor*

Schiwago zu spielen. Und dann sah ich meinen Vater! Er stand neben mir, als wäre er noch lebendig. Er wirkte jünger, hatte dunkle Haare, wie mit fünfunddreißig oder vierzig. Er lächelte über das ganze Gesicht. Er blieb nur einen Augenblick, dann war er fort, und ich schrie los.
Seit diesem Tag spielt die Spieldose, als sei sie nie kaputt gewesen.

Jenny besitzt in Florida eine Reinigungsfirma. Ihr Vater starb, als sie 12 war, und erst zwanzig Jahre später machte sie die folgende außerkörperliche Erfahrung:

Der Tod meines Vaters nahm mich völlig mit. Ich trauerte jahrelang, aber schließlich glaubte ich, daß ich darüber hinweg sei. Dann, über zwanzig Jahre später, ging ich eines Nachts wie üblich ins Bett. Plötzlich stand ich an einem anderen Ort. Ich weiß nicht, wo das war – ich fand mich einfach dort wieder. Mein Vater stand, von Nebel umgeben, an einer gut sichtbaren Stelle. Er war sehr lebendig und sah sehr gesund aus. Die Farben waren kräftig und klar.
Ich ging zu ihm, und plötzlich strömten alle möglichen Gefühle aus mir heraus. Ich war wütend! Ich war sauer! Ich haßte ihn und sagte: «Warum hast du mich verlassen?» Ich hämmerte gegen seine Brust. Er ließ mich ein paar Minuten lang wüten, dann nahm er mich in die Arme – ich spürte seine Arme um meinen Körper. Dann sprach er mit mir, ruhig, zärtlich und liebevoll. Er sagte: «Jetzt bin ich ja hier, und es ist Zeit, daß wir miteinander reden.»
Mein Vater erzählte mir, daß es für ihn Zeit gewesen sei zu gehen. Er sagte: «Als ich starb, ging es mir viel besser!» Er war an Lungenkrebs gestorben und war jahrelang dahingesiecht. Er war sehr glücklich, daß er damals gegangen war, und war es immer noch. Ich verstand, daß es die richtige Zeit für ihn gewesen war und daß es ihm leid tat, daß ich so verletzt und zornig war. Dann nahmen wir Abschied.
Ich wachte gleich danach auf und fühlte mich wunderbar – besser als seit langer Zeit. Ich fühlte mich frei, als sei eine riesige Last von meinen Schultern genommen. Ich glaube, das

war die Wut, die ich so tief in mir vergraben hatte, daß ich nicht einmal wußte, daß sie da war. Ich hatte endlich meinem Vater sagen können, daß ich ihn liebte, und mich von ihm verabschieden können.

Es scheint fast so, als könnten die Verstorbenen in unsere Herzen schauen und erkennen, wann wir bereit sind, die verdrängten Gefühle vieler Jahre herauszulassen. Dann und nur dann sind wir für heilende Begegnungen wirklich empfänglich.

Marla, 56, ist Managerin eines Apartment-Komplexes im Nordwesten der USA. Einundzwanzig Jahre nach dem Tod ihres Mannes Jack hörte sie von ihm endlich befreiende Worte:

> Vor seinem Tod lebten mein Mann und ich in Scheidung, weil er trank und uns ständig beschimpfte. Ich hoffte trotzdem, daß sich die Dinge ändern und wir wieder zusammenkommen würden, denn wir hatten schließlich vier Kinder. Ich fühlte mich auch schuldig, weil ich Jack sehr weh tat. Aber umgekehrt war es ja auch so. Ich hatte ihn immer geliebt, und als er starb, erinnerte ich mich an unsere guten Zeiten.
> Zwanzig Jahre später kam Jack im Traum zu mir. Es war sehr aufwühlend und deutlich und vor allem ganz wie in Wirklichkeit. Auf seinem Gesicht lag ein breites Lächeln, und er sagte: «Ich danke dir, daß du mich und unsere Kinder liebst. Es geht mir jetzt gut. Alles ist in Ordnung. Danke für deine Liebe. Ich liebe dich.»
> Ich wachte sofort auf und erinnerte mich an das Lächeln auf seinem lieben Gesicht. Ich war vollkommen von Frieden erfüllt und mußte selbst lächeln.
> Ich lief bestimmt drei Tage lang vor Glück wie in Trance herum. Ich fühlte mich großartig. Ich glaube, Jack hat in seinem neuen Leben Frieden gefunden.

Nachtod-Kontakte wie dieser demonstrieren, daß Zeit und Tod nicht bedeuten, daß gestörte Beziehungen nachträglich nicht zu klären sind.

Ted ist 41 und lebt als Elektriker in Florida. Er versöhnte sich mit seinem Vater dreißig Jahre nach dessen Tod durch Herzinfarkt:

Mein Vater starb kurz vor meinem zehnten Geburtstag. Ich hatte keine sehr enge Beziehung zu ihm. Er hat mir, glaube ich, nie gesagt, daß er mich liebt. Das hat mir mein Leben lang zu schaffen gemacht, auch wenn ich nicht begriff, wie sehr. Ich wuchs in der Annahme auf, daß ich nicht geliebt wurde – obwohl mir die Menschen meiner Umgebung versicherten, daß das nicht stimmte, besonders meine Frau und meine Kinder.

Ich suchte nicht danach, ich dachte nicht an ihn und war nicht darauf eingestellt. Aber vor einem Jahr kam im Traum der Geist meines Vaters zu mir. Er saß am Tisch, und sonst war niemand da. Er strahlte Frieden und Liebe aus.

Ich fühlte mich total akzeptiert, als seien wir in Wirklichkeit gute Freunde, die vor vielen Jahren getrennt worden waren. Mein Vater war nicht mehr der Mensch, den ich zu seinen Lebzeiten gekannt hatte – er war ganz anders als früher, sehr herzlich.

Wir unterhielten uns eine Weile – vielleicht Sekunden oder aber auch Stunden. Ich erinnere mich nicht an das Gespräch, außer daran, daß er mir sagte, er liebe mich. Als ich aufwachte, fühlte ich mich befreit – als sei mir eine schwere Last abgenommen worden. Ich weinte, aber nicht vor Schmerz, sondern aus unbändiger Freude!

Jetzt weiß ich, daß mein Vater mich in Wirklichkeit geliebt hat, auch wenn er das nicht zeigen konnte. Davor haßte ich ihn und war wütend auf ihn. Aber das ist vorbei – das hat sich alles aufgelöst. Und die Gewißheit, daß mein Vater mich liebt, ist mir geblieben.

Marian ist 71 und lebt als Grundstücksmaklerin in Florida. Ihr Vater warnte sie dreiunddreißig Jahre nach seinem Tod vor einer großen Gefahr:

Ich lag eines Abends im Bett und las. Plötzlich hörte ich die

Stimme meines Vaters. Er sagte aufgeregt: «Steh auf. Steh sofort auf!»
Ich sprang aus dem Bett und stand zitternd im Schlafzimmer. Dann ging ich ins Wohnzimmer und setzte mich. Ich wußte nicht, was los war.
Ich saß keine drei Minuten da, als ich ein fürchterliches Krachen hörte. Mein ganzes Haus erbebte, und das Geschirr klapperte in den Schränken und fiel von den Regalen. Ich ging nach draußen und sah, daß ein schwerer Ast vom Baum meines Nachbarn auf mein Dach gefallen war! Es herrschte kein Wind – es war eine schöne, klare Nacht. Dann ging ich ins Haus zurück und warf einen Blick ins Schlafzimmer. Ein enormes Loch prangte in der Decke, und ein großer Ast lag quer über meinem Bett! Das gesamte Bett war mit Holz, Verputz und Schutt bedeckt – genau da, wo ich gelegen hatte.

Es ist tröstlich zu erkennen, daß die Verstorbenen auch viele Jahre nach ihrem Tod noch über uns wachen und uns beschützen.

Die Betroffenen, von denen dieses Kapitel berichtet, waren zweifellos nicht in tiefer Trauer befangen, als die Nachtod-Kontakte stattfanden. Es ist deshalb höchst unwahrscheinlich, daß sie ihren Kontakt mit den Verstorbenen herbeiphantasiert haben. Offenbar handelte es sich also um authentische Mitteilungen von verstorbenen Angehörigen und Freunden.

18 Zutreffende Prognosen: Nachtod-Kontakte mit Beweiskraft

> Ich glaube, daß der Geist unsterblich ist und daß wir uns mit der Bitte um Unterweisung an die Geister unserer Vorfahren wenden müssen.
>
> *Susan L. Taylor*

Das folgende Kapitel enthält einige der faszinierendsten und farbigsten NTK-Erfahrungen aus unserer Sammlung. Sie zeigen unmißverständlich, daß die Verstorbenen auch weiterhin an unserem Leben interessiert sind und uns bereitwillig Informationen und Ratschläge zukommen lassen, wenn wir diese benötigen. Da wir mit einem freien Willen ausgestattet sind, können wir ihre Führung annehmen oder ablehnen.

Ein Nachtod-Kontakt hat Beweiskraft, wenn man durch ihn etwas erfährt, das man vorher nicht wußte und nicht in Erfahrung bringen konnte. So hörten wir beispielsweise von Hinterbliebenen, daß sie durch einen Verstorbenen erfuhren, wo sich ein bestimmter Gegenstand befand, der verlorengegangen war. Dies wiederum belegt die Vermutung, daß während des Nachtod-Kontakts tatsächlich eine Begegnung mit einem verstorbenen Angehörigen oder Freund stattfindet.

Verstorbene übermitteln, wie die folgenden Berichte zeigen, höchst unterschiedliche Informationen.

Im ersten Bericht hören wir von einem Wertgegenstand, von dessen Existenz die neuen Besitzer wußten, den sie aber nicht finden konnten.

Ruth, eine Hausfrau aus Florida, erhielt einen Hinweis von ihrer Mutter, die mit 64 Jahren an einem Herzanfall gestorben war:

Eines Tages, vielleicht eine Woche nach Mutters Tod, sagte mein Vater: «Deine Mutter hat doch irgendwo im Schlafzimmer Aktien im Wert von 5.000 Dollar versteckt.» Und ich antwortete: «Wir werden sie schon finden!»
Wir machten uns ans Werk, bestimmt zwei Stunden lang. Wir durchsuchten jede Schublade, jede Kiste, jeden Schrank. Wir hoben sogar die Matratzen hoch. Wir stellten das ganze Schlafzimmer auf den Kopf.
Schließlich ließ ich mich auf eine Seite des Doppelbetts fallen, und mein Vater setzte sich auf die andere. Ich sagte: «Dad, hier sind sie nicht. Sie müssen in einem anderen Zimmer sein.»
In diesem Augenblick – ich meine wirklich sofort – hörte ich Mama kichern. Und sie sagte: «Ihr Dummköpfe! Sie sind im doppelten Boden der Kleidertasche.» Das hörte ich zwar im Kopf, aber es war eindeutig ihre Stimme.
Ich stand sofort auf und ging zum Schrank. Ich sagte: «Mama hat mir gerade verraten, daß die Kleidertasche einen doppelten Boden hat.» Ich holte sie heraus, und tatsächlich – sie hatte einen doppelten Boden. Als ich ihn hochhob, lagen da die Aktien – im Wert von 5.000 Dollar! Dad sah mich an, während ich die Aktien herausnahm, und meinte: «Ruth, ich sage dir, deine Mutter ist hier!»

Die meisten Menschen nehmen an, daß ihnen ausreichend Zeit bleibt, um ihre Angelegenheiten zu regeln, bevor sie sterben. Tritt der Tod jedoch unerwartet ein, sind Angehörige möglicherweise nicht in der Lage, alle wertvollen Besitztümer aufzufinden. Wäre Ruth nicht von ihrer verstorbenen Mutter kontaktiert worden, hätten sie und ihr Vater vielleicht die Tasche weggegeben, ohne je zu erfahren, daß Aktien darin versteckt waren.

In den nächsten beiden Berichten waren die Betroffenen nach dem Nachtod-Kontakt imstande, etwas Wertvolles zu finden, von dessen Vorhandensein sie nichts geahnt hatten.

Bess ist 55 Jahre alt und lebt als Setzerin und Schriftstellerin in

Florida. Sie wurde von ihrem Vater besucht, der wenige Wochen zuvor an Krebs gestorben war:

> Ich habe immer für meine Familie sorgen können, aber damals hatte ich gerade meinen Job verloren und noch keinen neuen gefunden. Ich war geschieden, und die Kinder und ich hatten nichts zu essen.
> Ich lag auf dem Sofa, da kam mein Vater. Er war sehr besorgt um mich und die Kinder und machte ein ernstes Gesicht.
> Er sagte: «Bess, wenn du in mein Haus gehst und in den alten Koffer schaust, den ich schon so lange habe, findest du etwas Geld. Es ist nicht viel, aber du kannst wenigstens Essen für die Kinder kaufen.» Es war seine Stimme – ich hörte ihn sprechen. Dad sah ein bißchen jünger aus und schien gesund zu sein. Ich sprang auf, und er verschwand so schnell, wie er gekommen war.
> Ich ging gleich am Nachmittag in sein Haus und suchte den Koffer. Und tatsächlich fand ich in einem weißen Umschlag 101 Dollar! Da wußte ich, daß Dad sich wirklich um uns kümmerte.

Die hier aufgeführten Nachtod-Kontakte sind auf mehrfache Weise beweiskräftig. Bess hätte niemals an einem so obskuren Ort nach Geld gesucht. Nur ihr verstorbener Vater verfügte über das notwendige Wissen. Indem sie seinen Anweisungen folgte und das Geld fand, bewies Bess sich selbst, daß ihr Nachtod-Kontakt tatsächlich authentisch gewesen war. Dieser Vorgang bestätigte vor allem auch, daß ihr Vater weiterexistierte und sich immer noch um das Wohlergehen seiner Tochter und Enkelkinder sorgte.

Gretchen, einer 63jährigen Hausfrau aus Pennsylvania, wurde eine blitzartige Erkenntnis zuteil, nachdem ihre Mutter an einem Aneurysma gestorben war:

> Meine Mutter ließ, bevor sie starb, einen Koffer bei mir stehen. Nach ihrem Tod war sie sehr gegenwärtig, und es war, als würde sie mich zu dem Koffer dirigieren.

Ich fand ihren Sarong-Gürtel und fing an, ihn aufzurollen, um ihn in den Abfall zu werfen. Aber er war schwer und ließ sich nicht so leicht rollen.
Plötzlich sah ich in einer Art Vision – es war ein Bild vor meinem geistigen Auge –, wie meine Mutter in ihren Gürtel eine Tasche näht, um ihr Geld sicher zu verwahren. Und siehe da – meine Mutter hatte zwischen die Falten eine Tasche eingenäht! Sie war so in dem Muster versteckt, daß ich sie nie dort vermutet hätte! Ich rief meine Tochter, und wir setzten uns auf das Bett. Wir hörten Mamas glückliches Lachen, als wir einen Umschlag aus der Tasche zogen, in dem sechsunddreißig neue 100-Dollar-Scheine lagen – insgesamt 3.600 Dollar!

Aus Angst vor Überfällen und Einbrüchen fühlen sich heutzutage viele Menschen veranlaßt, ihre Wertsachen an ungewöhnlichen Stellen zu verstecken. Doch wir sollten uns lieber nicht darauf verlassen, daß uns ein Nachtod-Kontakt zu verborgenen Schätzen führt. Es ist sicherlich sinnvoller, die gewohnte Umgebung der Verstorbenen einer näheren Betrachtung zu unterziehen.

Im nächsten Fall erhielt die Betroffene eine Information, von der sie nichts wissen konnte.

Denise arbeitete früher bei einer Telefongesellschaft in Florida. Der Nachtod-Kontakt mit ihrem Mann Louis, der mit 53 gestorben war, fand während des Schlafes statt:

Louis war achtundzwanzig Jahre lang Berufssoldat gewesen. Er war gerade erst aus Vietnam zurückgekommen und starb unerwartet eine Woche später an einer Lungenentzündung. Ungefähr neun Monate nach seinem Tod merkte ich eines Nachts im Schlaf, daß Louis mit mir sprach. Er lachte ausgelassen – er war unglaublich glücklich. Er sagte: «He, Dee, du errätst nie, wer hier oben ist. Er hat sich kein bißchen verändert.» Also fragte ich: «Wer ist es?»
Louis sagte: «Ich kann's nicht glauben. Father Antonio ist hier! Als ich ihn gefragt habe, was er hier macht, hat er gesagt:

‹Glaubst du denn, daß du der einzige bist, der hier oben Zutritt hat?›» Das war genau Father Antonios Art von Humor. Er und Louis waren sehr gute Kameraden gewesen. Dann wachte ich auf.
Am nächsten Tag rief mich ein anderer Priester an, ein guter Freund. Er sagte: «Ich habe sehr traurige Nachrichten für Sie.» Ich erwiderte: «Oh, ich weiß schon Bescheid. Father Antonio ist gestorben.» Er fragte: «Woher wissen Sie das? Er ist erst letzte Nacht gestorben!» Ich sagte: «Louis hat es mir im Traum erzählt.»

Im Verlauf eines Nachtod-Kontaktes erfahren wir manchmal etwas, das wir noch nicht wußten und nicht sofort überprüfen können. Wenn sich die Nachricht später als korrekt herausstellt, gibt uns das die Gewißheit, daß unser Erlebnis tatsächlich stattgefunden hat.

In jedem der drei folgenden Berichte erhielt der oder die Betroffene eine Information, die vorrangig einer dritten Person zugute kam.

Lydia, 70 Jahre alt, war früher Krankenschwester und lebt seit ihrer Pensionierung in Florida. Ihr Schwager Graham, der an Herzversagen starb, ließ ihr eine präzise Nachricht zukommen:

Graham starb mit 89 Jahren. Ich glaube, sein Herz setzte einfach aus. Diese Geschichte erlebte ich mit ihm, bevor ich wußte, daß er tot war.
Ich spürte seine Gegenwart in meiner Küche. Er sprach mich an: «Sag Vera» – Vera ist meine Schwester –, «sie soll den Schreibtisch im Wohnzimmer genau durchsuchen. Sie soll die Schubladen herausziehen und dahinter nachsehen.»
Ich schrieb Vera einen Brief und erklärte ihr, was ich erlebt hatte. Später rief mich meine Nichte an. Sie sagte mir, sie hätten den Schreibtisch durchsucht und 3.000 Dollar in 50-Dollar-Scheinen gefunden, die er dort versteckt hatte. Offensichtlich wollte Graham, daß Vera das Geld fand, damit es nicht aus Versehen mit dem Schreibtisch weggeschenkt wurde. Sein Leben lang hatte er sich hauptsächlich für Geld

interessiert, aber jetzt hatte ich den Eindruck, daß er vor allem seine Frau gut versorgt wissen wollte.

Wie viele versteckte Wertsachen sind wohl schon weggeworfen worden, weil niemand von ihrem Vorhandensein wußte? Doch ein viel größeres Vermächtnis als die 3.000 Dollar war das Wissen, das Graham drei Menschen hinterließ – die Gewißheit, daß es ein ewiges Leben gibt und daß er auch nach seinem Tod noch an sie denkt.

Kitty, eine 65jährige Hausfrau aus Alabama, konnte Leland, einem Freund der Familie, der tödlich verunglückt war, einen Gefallen tun:

> Leland war unser Freund. Wir hatten unser Haus von ihm gekauft. Er war Paketbote und verunglückte eines Morgens mit seinem Lieferwagen.
> Am nächsten Morgen erschien er in meinem Schlafzimmer! Während er dastand, bat er mich, Frances, seiner Frau, zu sagen, daß er eine Lebensversicherung abgeschlossen habe, von der sie nichts wisse. Er sagte: «Sie liegt in unserem Schlafzimmer, in der obersten Kommodenschublade unter den Papieren. Sag Frances, wo sie ist.» Dann verschwand er.
> Cliff, mein Mann, kam ins Zimmer, und ich erzählte ihm, was passiert war. Er sagte: «Na gut, dann rufen wir Frances an und sagen es ihr.» Ich antwortete: «Sie wird denken, ich bin übergeschnappt.»
> Deshalb gingen mein Mann und ich zu Lelands Bruder Reed und baten ihn, in der obersten Kommodenschublade nachzusehen – er würde dort vielleicht eine Versicherungspolice finden. Aber woher wir das wußten, erklärte Cliff ihm nicht.
> Sie schauten nach, und da lag tatsächlich eine Versicherungspolice, genau wie Leland es mir anvertraut hatte. Reed rief an und dankte meinem Mann, aber wir erzählten ihnen nie, wie wir es erfahren hatten. Sie hätten es sicher nicht verstanden.

Kitty und ihr Mann bewiesen, daß es sich lohnt, eine NTK-Botschaft auszurichten, und sie fanden einen klugen Weg, das zu tun.

Becky, eine Justizangestellte aus Virginia, hatte sich mit Amira, einem 10jährigen afroamerikanischen Mädchen, angefreundet, das an unheilbarem Knochenkrebs litt:

> Zwei Monate nach Amiras Tod träumte ich, ich träfe sie in einem Park. Es war ein sehr schöner, sonniger Tag. Amira war in ein violett-weißes afrikanisches Festtagsgewand gekleidet, mit Turban und allem drumherum. Sie freute sich unbändig, mich zu sehen. Sie kicherte und zupfte an ihrem Kleid und sagte: «Schau mal, ich habe mein Bein wieder.» Ihr rechtes Bein war kurz vor ihrem Tod amputiert worden. Amira strahlte regelrecht. Sie wollte der Welt zeigen, daß sie wieder geheilt war. Amira bat mich, ihrer Mutter auszurichten, daß sie glücklich war und viele neue Dinge lernte. Sie sagte, sie würde mich eines Tages wiedersehen. Zum Abschied winkte sie, und dann war der Traum zu Ende.
> Ich rief ihre Mutter an und erzählte ihr von meinem Traum. Ich beschrieb ihr auch, was ihre Tochter angehabt hatte. Anscheinend besaß Amira ein Kleid, das genauso aussah – ich hatte es nur nie gesehen. Es war ein violett-weißes Festtagsgewand aus Afrika, das ihr jemand geschenkt hatte. Ihr Mutter sagte, Amira habe es besonders gerne gemocht.

Manche NTK-Botschaften lassen sich erst durch ein Gespräch mit anderen aufklären. Als Becky Amiras Mutter die Nachricht überbrachte, hörte sie, welche Bedeutung das hübsche Kleid für ihre junge Freundin gehabt hatte. Dies wiederum bewies ihr, daß das Erlebnis echt gewesen war. Und Amiras Mutter wußte durch die genaue Beschreibung des Gewandes, daß sie Beckys Nachtod-Kontakt trauen durfte.

Die restlichen Berichte enthalten Material, das auf komplexe Weise die Authentizität von Nachtod-Kontakten stützt.

Kelly ist Krankenschwester im Südwesten der USA. Sie erhielt detaillierte Informationen von ihrem 2jährigen Sohn Cody. Er hatte sich zwei Wochen zuvor beim Spielen mit der Pistole seines Vaters schwer verwundet und war an der Schußverletzung gestorben:

Cody erschien mir im Traum. Er war glücklich und gesund. Ich sah ihn als Kind, aber er kam mir älter vor. Er sprach mit mir, als sei er ein Erwachsener.

Er sagte, etwas sei mit seinem Grabstein nicht in Ordnung – er stünde auf dem Grab eines kleinen Mädchens, das zwei Wochen vor ihm gestorben sei. Und er sagte, sein Name sei falsch herum geschrieben.

Am nächsten Tag fuhr ich zum Friedhof und sah, daß auf Codys Grab kein Grabstein stand. Ich rief den Steinmetzbetrieb an und fragte, wann sie den Stein auf das Grab meines Sohnes stellen würden. Sie sagten, er sei schon vor zwei Wochen hingebracht worden. Da ging ich zum Friedhofswärter und fragte ihn, wo die neuesten Grabsteine stünden. Er brachte mich zu einem Grab, und dort war Codys Stein.

Ich fragte den Friedhofswärter, wer dort begraben sei. Er schaute auf seiner Liste nach und sagte, dort liege ein kleines Mädchen, das am 1. Oktober gestorben sei. Cody war am 14. Oktober gestorben.

Alle anderen Grabsteine zeigten in eine Richtung, nur Codys war umgedreht und zeigte in die andere. Für Cody muß das ausgesehen haben, als sei sein Name falsch herum geschrieben!

Ein paar Tage später kam der Steinmetz zum Friedhof und stellte den Stein auf Codys Grab.

Lucille arbeitet in Florida als Wirtschafterin in einem Hotel. Ein Nachtod-Kontakt veranlaßte sie dazu, ihren eigenen Wurzeln nachzuforschen:

Eines Nachts kam ein Mann an das Fußende meines Bettes. Ich hatte Angst, weil ich ihn nicht kannte. Er sagte: «Mary, deine Mutter liebt dich.» Ich bin adoptiert worden, und «Mary» war der Name, den ich bei meiner Geburt bekommen hatte. Meine Adoptiveltern hatten mich dann «Lucille» genannt.

Er sprach weiter: «Deine Mutter sucht dich. Suche selbst nach ihr. Finde deine Mutter. Ich liebe dich.» Ich weiß, daß ich ihn fragte, wer er sei, bevor ich ihn nicht mehr sehen konnte. Er sagte: «Das wirst du herausfinden.» Dann war er weg. Ich hatte immer noch Angst, aber mir kamen vor Glück die Tränen. Ich war froh, daß meine leibliche Mutter nach mir suchte.

Das gab mir den Impuls, nach meiner biologischen Mutter zu suchen. Ich hatte schon immer davon geträumt, sie zu finden, aber ich wollte meine Adoptiveltern nicht verletzen.

Dann ging ich zum Verein für Adoptivkinder und fand meine Mutter mit einem einzigen Anruf! Sie fragte: «Wie hast du mich gefunden?» Ich sagte ihr, ein älterer Mann sei an mein Bett gekommen. Ich beschrieb ihn ihr, und sie sagte: «Das ist dein Großvater!»

Ich erfuhr, daß Großvater, als er im Sterben lag, meine Mutter aufgefordert hatte: «Suche deine Tochter. Finde dein Kind.» Er wollte in Frieden ruhen und wissen, daß wir wieder zusammensein würden. Meine Mutter und ich verabredeten uns gleich für den nächsten Tag.

Als wir uns trafen, zeigte sie mir ein Bild von meinem Großvater, und es war der Mann, der an meinem Bett gestanden hatte. Großvater trug auf dem Foto denselben Anzug, den er bei mir getragen hatte. Da wußte ich, daß mein Erlebnis keine Einbildung war!

Es scheint, als könnten die Verstorbenen weit über die begrenzte irdische Perspektive hinaussehen und Möglichkeiten erkennen, die uns nicht ohne weiteres zugänglich sind. Wenn wir uns ihrer Führung anvertrauen, öffnen sich Türen und erscheinen Wege, die uns ohne sie vielleicht versperrt geblieben wären.

Ann Marie, 39, ist Sekretärin und Buchhalterin in Kalifornien. Sie erlitt einen großen Verlust, als ihre Tochter Brittany tot geboren wurde:

Ich hatte den Geburtstermin erreicht und eine Woche lang immer wieder Wehen. Als ich zum Arzt ging, konnte er keinen Herzschlag mehr hören. Und im Krankenhaus wurde Brittanys Tod festgestellt.

Sie war mein einziges Kind. Ich hatte zehn Jahre auf sie

gewartet, und es war sehr schwer, sie gehen zu lassen. Ich fragte mich auch, wer sich wohl um meine Tochter kümmerte und ob es ihr gutging und sie in Sicherheit war.

Drei Monate nach Brittanys Tod träumte ich von ihr. Das erste, woran ich mich erinnere, ist ein helles Licht. Es waren viele Leute da, und ich hörte Gesang. Plötzlich sah ich eine Dame, die meine Tochter hielt. Brittany sah aus, als sei sie mindestens sechs Monate alt. Sie streckte mir die Arme entgegen und rief: «Mami!»

Ich erkannte die Dame nicht, die sie hielt. Sie war schon älter, ziemlich kräftig gebaut und trug ihr Haar zu Zöpfen geflochten. Ich fragte sie, wer sie sei, und sie antwortete, sie sei meine Großmutter Robinson. Dann war das Erlebnis zu Ende.

Nachher erzählte ich meiner Mutter davon. Großmutter Robinson starb, als ich erst ein oder zwei Jahre alt war. Ich hatte sie nie gekannt und nie ein Bild von ihr gesehen.

Dann kam meine Tante zu Besuch und brachte Familienfotos mit. Ich erkannte Großmutter Robinson sofort wieder! Sie sah genauso aus wie ein paar Wochen vorher – dasselbe Kleid, dieselbe Größe, dasselbe Haar. Ich hatte dieses Bild noch nie gesehen!

Auf diese Weise hat Gott mir gezeigt, daß es meiner Tochter gutgeht. Ich habe das immer als Geschenk Gottes an mich betrachtet.

Dies war eine Auswahl aus vielen ähnlichen Nachtod-Kontakten mit Beweiskraft. Diejenigen, die am meisten von dieser Art von Nachtod-Kontakt profitieren, sind die direkt Betroffenen. Wenn sie etwas erfahren, das sie vorher nicht wußten und nicht wissen konnten, erlangen sie vollständige Gewißheit darüber, daß sie von einem Verstorbenen kontaktiert wurden. Doch auch andere Menschen finden in diesen Nachtod-Kontakten überzeugende Dokumente dafür, daß solche Kontakte tatsächlich von Verstorbenen ausgehen, wie unsere 2.000 Interviewpartner übereinstimmend angaben.

19 Schnelles Eingreifen: Nachtod-Kontakte als Schutz und Warnung

> Der Körper ist nur ein Gewand. Wie häufig hast du in deinem Leben die Kleidung gewechselt, und doch würdest du nicht sagen, daß du dich deshalb geändert hättest. So ist es auch, wenn du im Tod dieses Körpergewand aufgibst. Du bist immer noch derselbe, eine unsterbliche Seele, ein Kind Gottes.
>
> *Paramahansa Yogananda*

Fast alle Nachtod-Kontakte sind inspiriert von der anhaltenden Liebe und Fürsorge der verstorbenen Angehörigen und Freunde. Es verwundert deshalb nicht, daß sich Verstorbene von Zeit zu Zeit bewogen fühlen, Hinterbliebene zu beschützen, vor allem dann, wenn eine unmittelbare physische Gefahr droht.

Dieses Kapitel enthält Berichte von Menschen, die durch die Intervention eines Verstorbenen beschützt und vielleicht sogar vor dem Tod gerettet wurden. Sie erlebten einen Nachtod-Kontakt genau in dem Moment, in dem eine solche Hilfe notwendig war.

Sie erhielten Warnungen, die sie vor Verbrechen, Auto- und Arbeitsunfällen, vor Bränden und unerkannten Krankheiten schützten, oder sie wurden auf Gefahren aufmerksam gemacht, die Säuglinge und Kleinkinder betrafen.

Für die Echtheit eines Nachtod-Kontaktes gibt es wohl kaum ein größeres Indiz als die Tatsache, daß man ihm das eigene Leben verdankt.

Mit Ausnahme der beiden letzten Berichte sind alle übrigen Nachtod-Kontakte nach dem Zeitraum geordnet, der nach dem Tod des Angehörigen oder Freundes verstrichen war.

Wilma, 54, besitzt ein Ladengeschäft in Kansas. Sie kann von Glück sagen, daß ihr Vater einen Monat nach seinem Tod an Herzversagen bei ihr erschien:

Mein Mann hatte sich das Bein gebrochen. Wir lebten auf einer Farm, und so mußte ich alle seine Arbeiten übernehmen. Eines Abends fuhr ich nach dem Abendessen noch rasch in die Stadt zum Einkaufen. Ich war allein im Auto, und mir gingen tausend Dinge durch den Kopf.

Als ich gerade ziemlich schnell von einer Anhöhe hinunterfuhr, sagte mein Vater: «Schnell, Wilma! Bieg hier ab.» Es war, als säße er neben mir, und seine Stimme war glasklar zu hören.

Ich bog an der nächsten Ecke ab und fuhr fast zwei Kilometer nach Süden, dann zurück in Richtung Osten und wieder nach Norden, und die ganze Zeit über dachte ich: «Was tue ich denn bloß? Ich habe es eilig und mache trotzdem einen Umweg von vier Kilometern!» Es ging mir nicht in den Sinn, und ich kam mir ziemlich dumm vor. Später, auf dem Rückweg, traf ich eine meiner Nachbarinnen. Ich glaubte, sie hätte Probleme mit dem Wagen, und hielt an. Sie sagte: «Ich war so erleichtert, als ich sah, daß du abbiegst. Die Brücke ist eingestürzt!»

Es ist eine flache Holzbrücke mit zwei großen Pappeln, die darüberhängen, und dichtem Gebüsch. Sie war eingestürzt, ohne daß Bretter nach oben ragten. Ich weiß, ich hätte es auf keinen Fall rechtzeitig gesehen!

Ich war vielleicht vierhundert Meter von der Brücke entfernt, als mir mein Vater sagte, ich solle abbiegen. Ich wäre mit achtzig Stundenkilometern ins Leere gefahren! Hätte mich mein Vater nicht gewarnt, wäre ich jetzt wahrscheinlich tot.

Es ist interessant, daß Wilmas Vater seine Tochter auf einen so weiten Umweg schickte, ohne ihr den Grund dafür zu verraten. Diese subtile und indirekte Methode tritt manchmal bei Nachtod-Kontakten mit Schutzfunktion auf, wenn genügend Zeit bleibt, um die Betroffenen vor Schaden zu bewahren, ohne sie unnötig in Aufregung zu versetzen.

Pattie, 33 Jahre alt, ist Versicherungsvertreterin und lebt in Nebraska. Fünf Monate nach dem Tod ihres Vaters an der Parkinsonschen Krankheit hatte sie folgendes Erlebnis:

Ich fuhr mit 70 Stundenkilometern in dichtem Verkehr auf der Autobahn nach Hause, Stoßstange an Stoßstange. Ich hockte träge auf meinem Sitz, einen Finger in das Lenkrad gehakt, und hing meinen Gedanken nach.
Plötzlich hörte ich die Stimme meines Vaters in meinem Kopf. Er sagte streng: «Setz dich gerade hin! Faß das Lenkrad mit beiden Händen an! Leg den Sicherheitsgurt an, weil du gleich eine Reifenpanne haben wirst.» Ich hörte ihn klar und deutlich.
Ich schoß im Sitz hoch, schnallte mich schnell an und packte das Lenkrad mit beiden Händen. Nach einem knappen Kilometer machte es «Bummm», und der Reifen explodierte. Aber ich war darauf gefaßt und konnte das Auto an den Straßenrand lenken.
Ich will gar nicht daran denken, was passiert wäre, wenn ich darauf nicht vorbereitet gewesen wäre!

Patties Vater wählte eine direktere Methode, um sie vor einem bevorstehenden Notfall zu warnen. Sie werden in den folgenden Berichten immer wieder feststellen, auf wie unterschiedliche Arten die Verstorbenen Menschen in Gefahr warnen.

Alicia ist 39 und lebt als Krankenschwester in Kalifornien. Ihre Mutter ließ ihr neun Monate nach ihrem Tod in einem entscheidenden Augenblick Hilfe zukommen:

Ich wachte eines Nachts auf und sah meine Mutter im Türrahmen stehen. Sie machte ein angespanntes, besorgtes Gesicht und ließ erkennen, daß irgend etwas Schlimmes vor sich ging.
Sie betrat das Schlafzimmer meiner Tochter und kam wieder heraus. Dann winkte sie mich zu sich und verschwand einfach.
Ich stand auf und ging ins Zimmer meiner Tochter. Als ich an ihre Wiege trat, atmete sie nicht, und ihre Lippen waren blau. Tiffany war erst neun Monate alt und war mit einem Fläschchen eingeschlafen. Sie hatte das Ende des Saugers abgebissen und war schon fast daran erstickt. Glücklicherweise

schaffte ich es noch, das Gummistückchen aus ihrem Hals zu entfernen.

Wäre ich in diesem Augenblick nicht zu meiner Tochter gegangen, wäre sie vermutlich gestorben. Ich zweifle nicht im geringsten daran, daß meine Mutter mich warnen wollte.

Wie viele Tragödien könnten wohl verhindert werden, wenn mehr Menschen für Nachtod-Kontakte offen wären und ihnen Glauben schenken würden? Im Verlauf unserer Untersuchung sprachen wir mit mehreren Menschen, die es leider versäumt hatten, auf Hinweise zu achten, und dies später bitter bereuten.

Jeff ist 23, lebt in Florida und repariert Telefonanlagen. Der Nachtod-Kontakt mit seinem 19jährigen Freund Phil rettete ihm das Leben:

Phil starb am Tag nach Thanksgiving. Er schlief am Steuer seines Wagens ein und fuhr gegen einen Telefonmast. Ungefähr zwei Jahre danach war ich um halb ein Uhr nachts nach einem langen Arbeitstag auf dem Heimweg. Ich fuhr eine kurvige Straße entlang und schlief ein.

Plötzlich hörte ich einen Schrei: «Wach auf!» Ich riß die Augen auf und sah zum Beifahrersitz. Dort saß Phil und lächelte. Er war von Licht umgeben – es strahlte von seinem Körper aus –, und ich konnte durch ihn hindurchsehen. Ich war ziemlich erschrocken.

Dann sah ich nach vorne. Die Straße machte eine Kurve. Ich fuhr mit 60 Stundenkilometern genau auf ein Haus zu! Ich konnte das Lenkrad gerade noch rechtzeitig herumreißen und hielt an.

Das war eine unglaubliche Erfahrung für mich! Ich war überhaupt nicht darauf gefaßt – es ging mir nicht in den Kopf! Phil hat mich davor bewahrt, dasselbe zu erleben wie er. Er hat mir das Leben gerettet!

Eine Reihe von Menschen, die auf eine bestimmte Art gestorben sind, scheinen den Wunsch oder vielleicht den Auftrag zu haben, ihre Angehörigen vor einem ähnlichen Tod zu bewahren. Vielleicht ist ihr Einschreiten die Wiedergutmachung dafür, daß sie ihr Leben ein wenig zu leichtfertig aufs Spiel gesetzt haben.

Ella lebt als Musiklehrerin in Virginia. Sie wurde von ihrem Mann Rusty, der drei Jahre zuvor mit dem Fallschirm verunglückt war, aus einer brenzligen Situation gerettet:

> Ich wollte mit meinem Flugzeug nach Columbia in South Carolina. Mein Baby lag schlafend auf dem Rücksitz. Plötzlich fiel die Temperatur, ich geriet in Eisregen, und die Lage wurde gefährlich. Der Motor fing an zu stottern, und das hieß, ich mußte innerhalb von fünf Minuten landen. Aber ich fand keinen Flugplatz!
> Ich war nur noch 150 Meter über dem Boden und hielt mich gerade noch in der Luft. Plötzlich spürte ich, wie Rusty mich packte und sagte: «Schau aus dem Fenster über dem rechten Sitz. Rück rüber und schau aus dem Fenster!» Ich sagte: «Okay, okay, okay.» Ich krabbelte über den rechten Sitz und mußte aufpassen, daß die Tragflügel nicht wackelten.
> Ich sah aus dem Fenster und dachte: «Da draußen ist nichts.» Aber Rusty schrie mich noch mal an: «Hinter dir, dort hinter dir!» Ich sah unter dem Heck hindurch und erkannte gerade noch das Flugfeld. Ich war vorbeigeflogen!
> Die Landung ging völlig glatt. Nicht der kleinste Hopser. Ich brachte das Flugzeug zum Stehen, dann machte ich die Tür auf und fiel heraus – meine Knie waren wie Pudding. Und erst dann klappte ich zusammen.

Es kann sehr schwierig sein, einen kleinen Flugplatz zu finden, wenn man in schlechtem Wetter sehr niedrig fliegt. Ohne Rustys Hilfe hätte Ella vielleicht eine Bruchlandung riskieren müssen.

Noreen, eine Krankenschwester aus Wisconsin, vernahm von ihrer Mutter, die mit 83 Jahren an Altersschwäche gestorben war, eine ernste Mahnung:

> Ich stand am Herd und rührte Pudding an. Es war still im

Haus, weil die Kinder noch nicht da waren. Plötzlich merkte ich, daß ich mich mit meiner Mutter unterhielt, die drei Jahre zuvor gestorben war.

Sie stand in ihrem üblichen blau-weiß karierten Kleid neben mir. Sie forderte mich auf, Louise, meiner Schwester, zu sagen, sie solle unbedingt gleich zum Arzt gehen – es sei dringend notwendig. Mutter sagte: «Ich sage dir das, weil es dir gelingen wird, deine Schwester zu überreden.»

Ich rief sofort Louise bei der Arbeit an. Ich sagte: «Mutter hat mir gerade gesagt, du sollst unbedingt zum Arzt gehen. Bitte tu das! Es muß wichtig sein!» Meine Schwester sagte: «Es geht mir gut, ich habe nur einen kratzigen Hals.»

Louise ging zum Arzt, und der überwies sie gleich ins Krankenhaus zur Untersuchung. Sie fanden heraus, daß sie ein Geschwür in der Speiseröhre hatte, bei dem die Gefahr bestand, daß es hätte bösartig werden können.

Als der Arzt Louise fragte, warum sie gekommen sei, antwortete sie: «Meine Mutter hat es mir geraten.» Aber sie erzählte ihm nicht, daß Mutter schon seit drei Jahren tot war!

Manchmal ist ein verstorbener Angehöriger offenbar nicht in der Lage, mit der Person, die sich in Gefahr befindet, direkt Kontakt aufzunehmen. In solchen Fällen wendet er oder sie sich gelegentlich an einen anderen Verwandten oder Freund, der die dringende Botschaft dann auch möglichst gleich weitergeben sollte.

Bernice ist Schriftstellerin und lebt im Nordwesten der USA. Ihr Sohn Gene ließ ihr drei Jahre nach seinem Tod einen entscheidenden Hinweis zukommen. Gene hatte sich mit 32 Jahren das Leben genommen, weil er unheilbar an Lymphkrebs erkrankt war:

Der Kapitän der *Golden Odyssey* schickte uns im Frühjahr 1977 eine Einladung zu einer Mittelmeerkreuzfahrt. Mein Mann wollte fahren und bat mich, Plätze zu reservieren. Am nächsten Morgen zog ich mich an, um zum Reisebüro zu fahren. Auf dem Weg zum Auto hörte ich meinen Sohn Gene

sagen: «Mama, du darfst nicht in das Flugzeug nach Athen steigen.»
Die Stimme meines Sohnes war ganz ruhig, aber sie gab mir trotzdem das Gefühl, daß ich wirklich nicht mitfliegen durfte. Also kehrte ich um und ging ins Haus zurück. Am Abend erzählte ich meinem Mann, was passiert war. Er akzeptierte meine Entscheidung, und wir reservierten keine Plätze.
Am Abend, an dem wir das Flugzeug von Los Angeles nach Athen genommen hätten, saß ich im Wohnzimmer und war traurig, daß wir nicht doch mitgeflogen waren.
Am nächsten Tag startete dasselbe Flugzeug von Teneriffa und stieß mit einem Flugzeug der niederländischen KLM-Linie zusammen. Es war das größte Flugzeugunglück der Geschichte – 581 Menschen starben!

Dieser Bericht zeigt, daß Verstorbene manche irdischen Ereignisse anscheinend voraussehen können und uns, wenn es angebracht ist, vor lebensbedrohlichen Situationen warnen können. Vielleicht sagen sie uns damit indirekt, daß unsere Zeit noch nicht gekommen ist, was auch Menschen, die Sterbeerlebnisse hatten, häufig zu hören bekommen. Die Konsequenzen einer solchen Theorie sind weitreichend, weil sie den Glauben stützen, daß jeder von uns im Leben eine spirituelle Aufgabe hat und genügend Zeit, sie zu erfüllen.

Marsha ist 35 und besitzt in Missouri eine Druckerei. Sie verdankt ihr Leben der Warnung ihres Freundes Josh, der fünf Jahre zuvor in seinem Wagen von einem Zug überfahren wurde:

Ich fuhr eines Nachts spät von meinen Eltern nach Hause zurück und hatte es eilig. Als ich zum Bahnübergang kam, schlossen sich gerade die Schranken. Ich dachte: «Na toll, jetzt sitze ich hier zwanzig Minuten fest!»
Ich wartete gute drei Minuten, und immer noch kein Zug. Schließlich sagte ich mir, da käme sicher nur einer dieser lahmen, kleinen Wagen vom Wartungsdienst, bei denen manchmal die Schranken nur auf und zu und auf und zu gehen.

Ich schaute in die Richtung, aus der sie normalerweise kommen, und sah nichts. Das Radio war ziemlich laut gestellt, deshalb hörte ich auch nichts. Also kurvte ich langsam um die Schranke herum.
Ich war gerade hinter der ersten Schranke, als ich das Licht sah! Es kam ein Zug! Die Scheinwerfer schienen mir so groß wie mein Auto. Die Zeit blieb stehen – ich war wie gelähmt und konnte mich nicht bewegen. Ich saß einfach da und sah zu, wie der Zug näher kam.
Dann hörte ich Josh, der mich laut und deutlich anschrie: «Fahr weiter!» Ich wußte, daß er es war – ich erkannte seine Stimme. Sie klang, als käme sie vom Beifahrersitz. Aber ich reagierte nicht.
Da spürte ich, wie ein anderer Fuß meinen auf das Gaspedal drückte! Ich spürte wirklich das Gewicht auf meinem Fuß, und das Gaspedal wurde bis zum Anschlag durchgedrückt. Ich hörte die Reifen quietschen, und mein Auto machte einen Satz.
Im Rückspiegel beobachtete ich, wie der Zug vorbeirauschte. Dann sagte ich laut: «Danke, Josh.» Und dann fing ich an zu zittern und stellte mich ein paar Minuten an den Straßenrand. Am nächsten Tag hatte ich einen großen blauen Fleck auf dem rechten Fuß!

Ohne Joshs Hilfe wäre Marsha auf dieselbe Weise vom Zug überfahren worden wie er. Körperliche Spuren nach einem Nachtod-Kontakt sind zwar ungewöhnlich, aber kein Einzelfall. Eine Frau, die gestolpert war und fast gestürzt wäre, berichtete von blauen Flecken an ihren Armen, dort, wo ihr verstorbener Mann sie von hinten festgehalten hatte.

Jane arbeitet bei einem Kinderarzt in Arizona. Sie erhielt genaue Instruktionen von ihrem verstorbenen Mann Ronny, der 20jährig mit dem Auto verunglückt war:

Es passierte ungefähr acht Jahre nach dem Tod meines Mannes. Unser Sohn Wally wurde sehr krank. Er war in ärztlicher Behandlung, aber es ging ihm nicht besser. Da wachte ich mitten in der Nacht auf und spürte die Gegenwart meines Mannes vor meinem Bett. Er sagte mir telepathisch: «Bring Wally zu einem Zahnarzt, sonst wird er sterben.» Als er merkte, daß ich die Botschaft verstanden hatte, ging er wieder.

Am nächsten Tag rief ich einen Zahnarzt an, der Wally untersuchte. Er stellte eine Systemerkrankung fest, weil ein paar von Wallys Zähnen bei einem Unfall verletzt worden waren. Als mein Sohn die entsprechende Behandlung bekam, wurde er wieder gesund.

Es erstaunt immer wieder, wie akkurat die Botschaften, die durch Nachtod-Kontakte übermittelt werden, zutreffen. Wie viele Eltern kämen auf den Gedanken, ihr Kind zu einem Zahnarzt zu bringen, wenn ein Allgemeinarzt den Grund seiner Krankheit nicht erkennt?

Rosemarie, eine 42jährige Verwaltungsangestellte aus North Carolina, wurde von ihrer Großmutter, die elf Jahre zuvor an Krebs gestorben war, auf eine bedrohliche Situation aufmerksam gemacht:

Ich hatte gerade einen neuen Job angefangen. Als ich eines Morgens am Schreibtisch saß, hörte ich meine Großmutter sagen: «Geh nach Hause!» Ich sah auf die Uhr, und es war erst zehn. Ich dachte: «Ich kann noch nicht nach Hause, es ist noch nicht Mittagszeit. Ich kann jetzt nicht einfach verschwinden.» Eine Minute verging, dann sagte sie wieder: «Geh nach Hause!» Nur diesmal war es lauter. Sie wiederholte es ungefähr fünf Minuten lang. Großmutter ließ mich nicht zufrieden! Also packte ich meine Handtasche, rannte aus der Tür und fuhr so schnell wie möglich nach Hause.

Meine Tochter Michelle war zehn Jahre alt und allein im Haus, weil Sommerferien waren. Sie stand im Flur und sagte: «Mama, ich habe versucht, dich anzurufen. Sie sagten, du wärst weg. Ein Mann hat versucht, durch die Hintertür einzubrechen!»

Michelle war in ihr Schlafzimmer gelaufen und hatte sich

versteckt, bis sie mich an der Haustür hörte. Sie war zu Tode erschrocken und zitterte am ganzen Körper. Der Mann war anscheinend weggerannt, als er mich kommen hörte. Ich setzte mich sofort ins Auto und fuhr die Straße entlang. Ich sah den Mann, rief die Polizei und gab ihnen eine Beschreibung. Sie konnten ihn später aufgreifen und verhaften.

Manche Nachtod-Kontakte sind von einer solchen Dringlichkeit, daß sie unsere sofortige Aufmerksamkeit erfordern. Die Verstorbenen haben offensichtlich einen Überblick über unser Leben und können eine Notlage entdecken, von der wir nichts wissen. Es ist überaus wichtig, daß wir lernen, ihren Warnungen Beachtung zu schenken und uns entsprechend zu verhalten. Das kann Leben retten, möglicherweise unser eigenes.

Catherine, eine 48jährige Hausfrau aus New Brunswick, wurde von ihrer Urgroßmutter, die an einer Herzkrankheit gestorben war, vor einer großen Gefahr gewarnt:

Ungefähr um 2.30 Uhr nachts hörte ich, wie jemand meinen Namen rief: «Catherine!» Ich wachte auf und nahm einen leichten Rauchgeruch wahr. Ich setzte die Brille auf und sah zum Fenster. Der Vorhang schien sich orange zu färben, und ich dachte: «Es ist doch noch zu früh für den Sonnenaufgang.»
Ich stand auf und zog den Vorhang zurück. Die Scheune brannte! Und das Haus hatte an einem Ende auch schon Feuer gefangen. Ich blickte in ein Flammenmeer!
Ich schrie zu meinen Söhnen hinüber: «Das Haus brennt! Steht auf, schnell! Wir müssen hier raus!» Mein älterer Sohn packte einen Feuerlöscher und rannte in der Unterwäsche nach draußen, um den Brand zu löschen. Aber es war sinnlos. Uns blieben nur noch die Kleider, die wir auf dem Leib trugen. Nichts wurde gerettet.
Ein paar Tage später fiel mir ein, wer in jener Nacht meinen Namen gerufen hatte. Es war die Stimme meiner Urgroßmutter, die seit vierundzwanzig Jahren tot war!

Die meisten Nachtod-Kontakte, die zu unserem Schutz dienen, sind kurz und sachlich und geben nur die wichtigsten Informationen. Manchmal hören wir nur unseren Namen oder Spitznamen, und das genügt, um uns aufhorchen zu lassen.

Ed lebt in Arizona, er ist Werkzeugmacher im Ruhestand. Er war 44 Jahre alt, als ihm seine Mutter, die siebenundzwanzig Jahre zuvor an einer Lungenentzündung gestorben war, bei der Arbeit erschien:

> Ich war Vorarbeiter in einer Fabrik in Los Angeles, wo ich eine Maschine bediente, die Umschläge zuschnitt. An jenem Tag hatte ich den Schneidkopf auf einen Bogen Papier gesetzt und ihn zum Schneiden unter die Presse geschoben. Da sah ich, daß er zu nahe am Rand saß und abrutschen würde.
> Ich wollte gerade unter die Presse fassen, um den Schneidkopf neu einzustellen, da hörte ich jemanden sagen: «Edmund, nicht!» Meine Mutter war die einzige, die je «Edmund» zu mir sagte. Bei der Arbeit nannten mich alle «Ed».
> Ich schaute nach rechts, und da stand meine Mutter! Sie stand da und sah mich an. Sie hatte einen Körper, aber ich sah sie nur von der Taille aufwärts. Sie war von einer sehr hellen Aura umgeben.
> Mutter schien sich Sorgen zu machen und sah ängstlich aus. Da sah ich mir die Maschine genauer an und erschrak fürchterlich: Wenn ich getan hätte, was ich vorhatte, wären meine beiden Arme bis zu den Ellenbogen von 48.000 Pfund Gewicht zerquetscht worden.
> Ich schaute mich wieder nach meiner Mutter um, aber sie war verschwunden. Als ich begriff, was passiert wäre, wenn meine Mutter mich nicht gewarnt hätte, fing ich so heftig an zu zittern, daß ich eine längere Pause einlegen mußte, um mich wieder zu beruhigen.

Florence ist 61 und lebt als Hausfrau in Florida. Sie begegnete ihrem Vater einmal acht und einmal sechzehn Jahre nach dessen Tod:

Es passierte acht Jahre nach dem Tod meines Vaters. Ich hatte gerade mein Auto von der Inspektion geholt, und mein zehnjähriger Sohn und ich fuhren nach Hause. Normalerweise wäre ich mit gut 100 Stundenkilometern über die Stadtautobahn gebraust. Plötzlich fühlte ich jedoch, daß mein Vater auf dem Rücksitz saß. Ich spürte seine Gegenwart sehr stark.
Mein Vater sagte: «Bitte fahr über unbelebte Straßen nach Hause. Fahr nicht schneller als zwanzig. Fahr ganz langsam, damit ich mich an den Pflanzen erfreuen kann.» Mein Vater war ein großer Hobbygärtner gewesen. Es war ein schöner Tag, und die Frühlingsblumen blühten.
Als ich ungefähr drei, vier Straßen von unserem Haus entfernt war, hatte ich das Gefühl, daß ein Reifen Luft verlor. Ich stieg aus und sah nach, aber sie schienen alle okay zu sein. Also stieg ich wieder ein.
Gerade als ich losfahren wollte, kam ein alter Mann den Gehweg entlanggelaufen. Er war sehr aufgeregt und rief mir zu: «Nicht losfahren! Ihre Räder sind locker!»
Wir standen in der Nähe einer Tankstelle. Mein Sohn rannte hin, und sie kamen mit einem Abschleppwagen. Sie fanden heraus, daß die Räder runderneuert worden waren, aber als man sie montiert hatte, waren sie nicht richtig befestigt worden. Alle vier Räder saßen locker!
Später kam mir der Gedanke, daß bei einer Fahrt auf der Autobahn bestimmt mindestens eines der vier Räder abgesprungen wäre. Es hätte einen Unfall gegeben, in den wir und vielleicht noch viele andere Menschen verwickelt worden wären. Mein Vater hatte uns vor einer Katastrophe bewahrt!

An diesem Beispiel erkennen wir ein weiteres Mal, wie die Methode der «Ablenkung» benutzt wird, um die Betroffenen nicht zu ängstigen. Dieselbe Methode findet sich in Florence' nächstem Nachtod-Kontakt, der dieses Kapitel abschließt:

Sechzehn Jahre nach dem Tod meines Vaters war ich in New York City auf dem Weg zu einem Freund, der im Krankenhaus lag. Ich näherte mich einem Steinhaus, das gerade abgerissen wurde.

Mein Blick richtete sich wie von selbst auf einen Arbeiter, der auf dem Dach mit einem Vorschlaghammer hantierte. Aber ich achtete nicht darauf und ging weiter. Da spürte ich, daß mein Vater da war, und hörte ihn sagen: «Halt! Sieh dir diese Vordertreppe an.» Die Eingangsstufen sahen aus wie bei unserem Haus in Manhattan, in dem ich als Kind gewohnt hatte. Er sagte: «Weißt du noch, wie ich dich auf den Knien reiten ließ, als du klein warst? Bleib stehen!» Diesmal klang es wie ein Befehl. Und ich blieb stehen. Hinter mir kamen Leute, die mein plötzliches Stehenbleiben am Weitergehen hinderte.

Da landete auf einmal das schwere Metallteil des Vorschlaghammers genau vor mir und schlug ein Loch in den Betonboden! Zwei Kinder hinter mir schrien auf. Ich begriff mit Schrecken, daß mein Schädel ein riesiges Loch bekommen hätte, wenn ich weitergegangen wäre.

Ein älterer Mann hinter mir sagte: «Meine Güte, warum sind Sie stehengeblieben? Sie hatten doch keinen Grund dazu!» Ich sagte: «Ich hatte das Gefühl, daß mein verstorbener Vater bei mir ist und mir sagt, ich soll stehenbleiben.» Er antwortete: «Nun, dann hat Ihr Vater Ihnen und vielleicht auch den beiden kleinen Mädchen hinter Ihnen das Leben gerettet!»

Wieder lenkte Florence' Vater seine Tochter von der wahren Gefahr ab, wohl um sie nicht unnötig zu erschrecken. In beiden Fällen profitierten auch andere Personen von seinem Eingreifen.

Es ist ein großartiger Liebesbeweis, wenn ein Verstorbener einen Menschen vor Schmerz und Unglück bewahrt oder ihm gar das Leben rettet.

20 Ein Akt der Gnade: Nachtod-Kontakte verhindern Suizide

Selig sind, die da Leid tragen, denn sie sollen getröstet werden.

Jesus von Nazareth

Daß wir im Lauf unseres Lebens einmal schmerzliche Verlusterfahrungen machen, die mit Traurigkeit, Verzweiflung und Angst verbunden sind, ist ganz normal. Wenn diese Gefühle aber überhandnehmen, nur noch Hilflosigkeit und Resignation herrschen, mag sich der Gedanke, dem Leben ein Ende zu bereiten, schon einmal einstellen. In solchen Situationen kann es vorkommen, daß ein verstorbener Familienangehöriger oder Freund mit uns Kontakt aufnimmt, um uns von diesem unangemessenen und unannehmbaren Vorhaben abzubringen. Vielleicht ruft er uns ins Gedächtnis, daß auch schlechte Zeiten irgendwann wieder vorübergehen, und er überzeugt uns mit eindringlichen Worten, daß das Leben doch noch lebenswert ist.

In diesem Kapitel haben wir Nachtod-Kontakte zusammengefaßt, die suizidgefährdete Menschen davon abhielten, ihrem Leben ein Ende zu setzen. Von allen gesammelten NTK-Berichten berührten uns Begegnungen wie diese am tiefsten. Die bewegenden Schilderungen besitzen die Kraft, all jenen Menschen, die bereits mit ihrem Leben abgeschlossen haben, neuen Mut und neue Hoffnung zu spenden und ihre selbstzerstörerische Talfahrt zu beenden.

Die Betroffenen der ersten drei Berichte litten unter starken Depressionen, denen sie sich durch ihren Freitod entziehen wollten.

Die 16jährige Danielle, Schülerin an einer New Yorker High-School, berichtete von einer entscheidenden Begegnung mit ihrer Großmutter, die mehr als drei Jahre zuvor an Krebs gestorben war:

> Ich war in jenem Sommer 13 Jahre alt und litt unter starken Depressionen. Ich saß weinend auf meinem Bett und dachte daran, mich umzubringen. Ich rief meine Großmutter: «Ich brauche deine Hilfe! Ich brauche dich jetzt!»
> Großmutter erschien neben mir am Fußende des Bettes. Sie trug ein schönes weißes Gewand und sah aus wie ein Engel. Um sie herum sah ich Licht in verschiedenen Pastelltönen. Pastelltöne erinnern mich immer an den Himmel und an Gott. Sie sagte: «Es wird alles gut werden. Sprich ein Gebet, bevor du einschläfst. Ich liebe dich.» Das hat mir sehr geholfen. Von ihr aufgemuntert fühlte ich plötzlich Wärme in meinem ganzen Körper.
> Ich sagte ihr, wie sehr ich sie liebte, und bedankte mich bei ihr. Jetzt wußte auch ich: «Es wird alles gut werden!» Ich sprach noch ein Gebet und schlief einfach ein.
> Seit diesem Tag geht es mir wieder gut. Ich kann mit meinen Gedanken und Gefühlen besser umgehen, weil ich meiner Großmutter wiederbegegnet bin.

Bewußt haben wir mit dem Bericht eines Teenagers begonnen, denn die Suizide nehmen in unserer Gesellschaft gerade in dieser Altersgruppe immer erschreckendere Ausmaße an. Viele junge Menschen sehen darin einen Ausweg aus Verzweiflung und Hoffnungslosigkeit.

Marcie, heute 30 Jahre alt, ist Verkäuferin und lebt in Washington. Mit 18 Jahren wurde sie von ihrem Vater getröstet, der sich fünf Jahre zuvor das Leben genommen hatte:

> Ich machte eine schlimme Zeit durch. Ich war verzweifelt und völlig am Ende, so muß es auch meinem Vater gegangen sein, bevor er Selbstmord begangen hat. Ich fühlte mich allein und verlassen und wünschte mir nur noch, bei ihm zu sein.

Eines Tages saß ich auf dem Boden und weinte hemmungslos. Plötzlich hatte ich das Gefühl, jemand würde mich umarmen, aber es war niemand im Raum. Dann machte es «Pling» auf dem Holzfußboden. Ich sah nach und hob ein Pennystück auf, auf dem das Vaterunser stand.

Ich lächelte und sagte: «Danke, Dad.» Genau diesen Penny hatte ich nämlich meinem Vater vor seinem Tod geschenkt, als Zeichen dafür, daß ich ihn nie vergessen würde.

Ich glaube mit ganzem Herzen, daß mein Vater mir zeigen wollte, daß er immer noch für mich da war. Ich bin wirklich davon überzeugt, daß er den Penny dorthin gelegt hat, um mir zu zeigen, daß ich nicht allein war.

Marcie war damals noch ein Teenager, doch in ihrer tiefen Verzweiflung hätte es durchaus passieren können, daß sie dem Beispiel ihres Vaters gefolgt wäre. Wenn ein Mensch seinem Leiden durch den Tod ein Ende setzt, geschieht es leicht, daß diese Möglichkeit auch für andere Mitglieder der Familie, insbesondere für Kinder, als geeignete Lösung erscheint.

Holly, eine 34jährige Buchhalterin aus British Columbia, schöpfte neuen Lebensmut aus einer Reihe von Begegnungen mit ihrem Vater, der dreizehn Jahre zuvor an einem Herzanfall gestorben war:

Ich war damals 32 und hatte gerade ein großes Tief. Mein Entschluß stand fest – es hatte keinen Sinn mehr weiterzumachen. Ich war an einem Punkt angelangt, wo ich das alles nur noch so schnell und einfach wie möglich beenden wollte.

Jeden Abend vor dem Einschlafen lag ich im Bett und heulte wie ein Schloßhund. Eines Abends kam es mir so vor, als spürte ich eine Umarmung. Zunächst ignorierte ich dieses Gefühl, schüttelte die Berührung ab. Doch es kam wieder, drei oder vier Nächte lang. Irgendwann habe ich schon darauf gewartet, ich wollte wissen, ob ich es mir nur einbildete oder nicht.

Eines Nachts, als ich mit geschlossenen Augen im Bett lag, sah ich auf einmal das Gesicht meines Vaters vor mir! Er sah

genauso aus wie beim letztenmal, als ich ihn gesehen habe. Er sagte zu mir: «Tu das nicht! Dein Leben hat einen höheren Sinn. Du darfst diese Gedanken nicht zu Ende führen. Du bist auf dem falschen Weg, kehr um.»
Ich hatte keinerlei Erfahrung, wie man mit solchen Dingen umging. Ich stand regelrecht unter Schock! Ich fragte: «Bist du es? Bist du es, Dad? Was ist hier los?» Dann spürte ich, wie er meine Hand in seine nahm, und hörte ihn sagen: «Ich bin hier, um dir zu helfen.»
Wenn ich heute nicht mehr weiterweiß, schließe ich einfach meine Augen und höre auf meinen Vater, der mich mit den Worten aufmuntert: «Keine Angst, du schaffst es!»

Manchmal wird den Menschen erst kurz vor ihrem Tod bewußt, daß das Leben ein kostbares Geschenk ist, das sie im Begriff sind wegzuwerfen. Zunächst gaben das liebevolle Eingreifen des Vaters und seine überzeugende Botschaft Holly den Zuspruch, den sie zu jenem Zeitpunkt brauchte. Daß der Lebenswille stärker war als ihr Wunsch zu sterben, lag letztendlich aber an einer Veränderung ihrer Einstellung. Kann es ein schöneres Geschenk eines Verstorbenen geben als eine Botschaft, die uns über alle Schranken von Zeit und Raum hinweg daran erinnert, daß das Leben einen Sinn hat?

In den nächsten Berichten kommen Menschen zu Wort, die nach dem Scheitern einer Liebesbeziehung Suizidabsichten hegten.

Das Leben der 33jährigen Krankenschwester Sally änderte sich radikal, als sie ihrer Mutter wiederbegegnete, die fünfzehn Monate zuvor gestorben war:

Seit meinem 18. Lebensjahr war ich immer wieder wegen Depressionen in ärztlicher Behandlung. Der Hang zu krankhaften Depressionen und Alkoholismus liegt bei uns in der Familie, besonders die Frauen sind betroffen.
Meine Schwester Peggy war gegen Depressionen behandelt worden, seit sie 16 war. Sie war Alkoholikerin und starb mit 21 Jahren an einer Überdosis an Medikamenten, die der Arzt ihr verschrieben hatte. Meine Mutter, die auch Alkoholpro-

bleme hatte, litt ihr ganzes Leben lang unter starken Depressionen. Als sie 50 war, beging sie Selbstmord.

Als mein Freund mit mir Schluß machte, war ich völlig am Ende, ich konnte den Schmerz einfach nicht länger ertragen. Ich war völlig verzweifelt und beschloß zu sterben. Also trank ich eine Menge Alkohol, sagte meinen Katzen Lebewohl, schrieb noch einen Abschiedsbrief an meine Familie und schlief ein.

Kurz bevor ich am nächsten Morgen aufwachte, träumte ich, meine Mutter sei am Telefon. Ich erkannte sie an ihrer Stimme. Sie sagte: «Sally, tu es nicht! Tu es nicht!» Sie sagte es liebevoll, aber sehr eindringlich. Mehr sagte sie nicht, aber es hatte eine ungeheure Wirkung!

Seit dieser Erfahrung hat sich mein Leben völlig verändert. Ich stand sofort auf und meldete mich für ein ambulantes Alkoholentzugsprogramm an. Heute, ein Jahr später, habe ich eine positive Einstellung zum Leben und weiß, wie schön es sein kann.

Sallys Nachtod-Kontakt und ihr Mut zur Veränderung haben ihr ermöglicht, aus diesem tödlichen familiären Teufelskreis auszubrechen.

Michael, 30 Jahre alt, betreibt einen Spirituosenladen in Georgia. Sein Leben erhielt einen neuen Sinn, als er seiner Großmutter wiederbegegnete:

Als meine Freundin mich verließ, war ich drei Wochen lang völlig am Boden zerstört. Ich dachte daran, mir das Leben zu nehmen, denn ich war am Ende meiner Kräfte. Ich überlegte schon, wie ich es anstellen sollte. Ich hielt diese grenzenlose Verzweiflung einfach nicht mehr aus – ich konnte nicht mehr.

Eines Morgens hatte ich kurz vor dem Aufwachen einen seltsamen Traum: Ich befand mich ganz allein in einem völlig leeren Raum – in einer endlos großen Halle. Es gab darin weder Fenster noch Türen, es war die absolute Leere. Da trat meine Großmutter auf mich zu. Sie legte ihre Arme um mich und küßte mich auf die Wange. Sie sagte: «Dein Leben hat einen Sinn. Setz deinem Leben nicht wegen eines anderen Menschen ein Ende. Es gibt auch für dich etwas, wofür es sich zu leben lohnt, es gibt noch viel für dich zu tun. Geh hinaus und sei du selbst. Du wirst eines Tages auch wieder lieben, also lebe dein Leben und genieße es!»

Als ich aufwachte, fühlte ich mich so gut, wie ich mich in den ganzen vergangenen drei Wochen nicht gefühlt hatte. Diese Erfahrung hat mir unheimlich viel gebracht. Der Schmerz in meinem Inneren war verschwunden.

Ich habe meine Großmutter nie persönlich gekannt, ich hatte sie nur auf zwei Fotografien gesehen. Aber ich hatte viel über sie gehört und kannte auch die Umstände ihres Todes. Sie hatte sich ungefähr vierzig Jahre zuvor das Leben genommen! Ein Selbstmord war das Leid nicht wert, das ich mir und meinen Mitmenschen angetan hätte. Meine Großmutter kam zu mir, um mir diese Einsicht ins Bewußtsein zu rufen. Sie wußte, was sie mit ihrem Tod meinem Vater und meiner Mutter angetan hatte.

Ihre Botschaft lautete: «Tu nicht, was ich getan habe. Lebe dein Leben, denn es ist lebenswert. Nutze deine Chancen hier und heute. Hätte ich noch einmal die Wahl, ich würde mich nicht noch einmal für den Selbstmord entscheiden.»

Es ist besonders auffällig, daß so viele Menschen, die Suizid begangen haben, Kontakt mit Freunden oder Verwandten aufnehmen, um sie zu einer weiseren Entscheidung zu bewegen.

Der Verlust einer Liebesbeziehung rechtfertigt keinen Freitod, auch wenn wir im Augenblick noch so sehr leiden. Wenn wir uns für den Suizid entscheiden, leugnen wir unsere spirituelle Identität und den Zweck unseres Daseins. Wir verweigern uns unserer eigenen Zukunft, neuen Begegnungen mit Menschen und allen neuen Erfahrungen, die das Leben für uns noch bereithält.

Bei den nächsten beiden Berichten sind es massive Eheprobleme, die Menschen in ausweglose Situationen treiben.

Katharine, die als Goldschmiedin in Florida lebt und arbeitet, hatte eine Begegnung mit ihrer Großtante Mildred, die 19 Jahre zuvor in hohem Alter gestorben war:

> Ich war damals 24 und studierte in London, als ich erfuhr, daß mein Mann nach gerade zwei Ehejahren ein Verhältnis mit einer anderen Frau hatte. Das hat mich völlig aus der Bahn geworfen! Ich wollte das Studium hinwerfen, ich war völlig verzweifelt und am Ende. Ich ging zur U-Bahn und hatte das Gefühl, daß es sich nicht mehr lohne weiterzuleben. Es war verlockend, mich vor den Zug zu werfen und das Ganze schnell und einfach hinter mich zu bringen. Ich weiß noch, wie ich mich an den Bahnsteigrand vorschob, wie ich den Zug herannahen hörte und zum Sprung ansetzte.
> Plötzlich tippte jemand auf meine linke Schulter, und ich hörte deutlich die Worte: «Kind, denk an deine Mutter!» In der Stimme lag eine gewisse Strenge und Schärfe. Dann blitzte das Gesicht meiner Tante Mildred kurz vor mir auf, nur Kopf und Schultern. Sie hatte die Augenbrauen zusammengezogen und sah sehr vorwurfsvoll aus.
> In dieser Sekunde rumpelte ein alter, verbeulter U-Bahn-Waggon auf den Bahnsteig. Ich dachte: «Mein Gott, was für eine blöde Idee!» Ich rannte schnell wieder die Treppen hoch, nahm einen Bus und fuhr nach Hause.
> Ich dachte die ganze Zeit daran, wie dumm ich doch gewesen war. Meine Mutter hatte gerade eine große Operation hinter sich, und mein Tod hätte bestimmt einen schweren Rückschlag bei ihr ausgelöst. Ich schämte mich meiner Selbstmordabsichten. Nie wieder werde ich einen solchen Entschluß fassen, mag kommen, was will!

Wenn eine Ehe scheitert, fühlt sich nicht selten einer der Partner im Stich gelassen oder sehr einsam, und oft sind leichtfertige Suizidgedanken die Folge. Wenn man aber nur noch von Kummer und Schmerz umgeben ist, verliert man leicht den Blick dafür, wie sich eine solche Entscheidung auf andere liebende Mitmenschen auswirken könnte.

Tony, ein 46jähriger Parkwächter aus Florida, wurde mehrmals von seinem Vater kontaktiert, der an Herzversagen gestorben war:

> Ungefähr zwei Monate nach dem Tod meines Vaters lebte ich von meiner Frau getrennt, wir wollten uns scheiden lassen. Damals war ich sehr depressiv und immer stärker selbstmordgefährdet. Ich bin wohl erblich vorbelastet, denn in meiner Familie hat es einige Fälle von Depressionen gegeben. Mein Onkel hatte Selbstmord begangen. Auch mein Vater war tot, also dachte ich, ich könnte mich zu ihnen gesellen. Ich wollte mich mit meiner Schrotflinte erschießen.
> Im Verlauf von drei Monaten hörte ich dann mehrmals mitten in der Nacht die Stimme meines Vaters: «Tony! Tony!» Die Stimme hörte sich genauso an wie die meines Vaters, sie war es bestimmt.
> Jedesmal stach mir der Geruch seines Rasierwassers in die Nase, ich kannte die Marke genau, sie war quasi sein Markenzeichen. Ich wußte, daß er mit mir Kontakt aufgenommen hatte, aber ich bekam ihn nie zu Gesicht. Jedesmal, wenn er bei mir war, stellte sich bei mir ein Gefühl der Wärme und der Zufriedenheit ein. Es war, als ob er mir bedeuten wollte: «Ich bin immer noch für dich da, wenn du mich brauchst.»
> Diese Erfahrung veränderte etwas in mir, ich erkannte, was für ein Narr ich doch war. Mein Vater gab den Anstoß, und mehr brauchte ich auch nicht. Ich verkaufte mein Gewehr und begann, mein Leben konstruktiver in die Hand zu nehmen.
> Ich drückte wieder die Schulbank und nahm jeden Sonntag am Gottesdienst teil. Ich bin in meiner Kirchengemeinde engagiert und helfe mit, trauernde Menschen zu betreuen.

Wir haben alle großes Mitgefühl mit Kindern, die ihre Eltern durch den Tod verloren haben. Aber wir vergessen nur allzu leicht, daß auch Erwachsene sich als verlassene Kinder fühlen, wenn ein Elternteil stirbt. Natürlich kann man die Situation nicht in allem vergleichen, aber Erwachsene empfinden Trauer und Verlust oft nicht minder stark als Kinder.

Wie Tony müssen auch viele andere Menschen den gleichzeitigen Verlust mehrerer Menschen verkraften. In solchen Situationen sind sie empfänglicher für verzweifelte Gedanken, die ihnen den Freitod als Ausweg nahelegen. Das einzige Mittel gegen Suizid ist ein festes Bekenntnis zum Leben, bis es sich auf natürliche Weise vollendet hat.

Die nächsten beiden Berichte stammen von zwei verwitweten Frauen, die ein Wiedersehen mit ihren verstorbenen Ehemännern erleben durften.

Die 29jährige Bobbie ist Unteroffizier in der US Air Force in Virginia. Auch ihr Ehemann Scotty war Luftwaffenunteroffizier der US-Armee, bevor er einem Gehirntumor erlag:

> Ich trauerte unendlich über Scottys Tod und den Verlust all unserer gemeinsamen Träume. Ich hatte das Gefühl, wir seien beide betrogen worden. Wie zweigeteilt kam ich mir vor, es gab kein Medikament auf der ganzen Welt, um meinen Schmerz zu lindern. Es war so schlimm, daß ich ein paarmal ernsthaft an Selbstmord dachte.
>
> Manchmal, wenn ich gerade mal wieder einen meiner Weinkrämpfe hatte, kam Scotty und tröstete mich. Er sprach: «Wein dich aus. Es tut dir gut!» Er war so liebevoll und mitfühlend, und wenn ich mich wieder beruhigt hatte, konnte ich sogar seine Umarmung spüren. Wenn er mich aber bei Selbstmordgedanken ertappte, redete er mir eindringlich ins Gewissen: «Damit löst du deine Probleme auch nicht! Das ändert nichts an deinem Schmerz!» Und wenn es mir einmal ganz miserabel ging, sagte Scotty: «Reiß dich zusammen und hör auf, immer nur tatenlos dazusitzen und dich in Selbstmitleid zu ergehen. Tu lieber was!»
>
> Wir stritten uns. Ich sagte: «Du hast gut reden, du bist tot!» Er konterte: «Bin ich das? Na und? Du lebst! Warum benimmst du dich nicht endlich wie jemand, der noch am Leben ist, anstatt wie jemand, der tot ist?»
>
> Scotty war der Auffassung, man müsse das Leben leben. Durch die Begegnungen mit ihm weiß ich, daß er für mich da ist, wenn ich ihn brauche. Jetzt, wo meine Wunde langsam heilt und ich mich wieder dem Leben zuwende, kann ich ihn loslassen.

Tiefe Trauer um einen geliebten Menschen ist normal und auch heilsam. Wenn sich aber selbstzerstörerische Gedanken in uns breitmachen, müssen wir uns vergegenwärtigen, daß der freiwillige Tod weder Probleme löst noch den Schmerz von uns nimmt. Statt dessen sollten wir uns einer Trauergruppe anschließen oder entsprechende therapeutische Beratungsstellen aufsuchen.

Leigh aus Mississippi wurde Witwe, als ihr Mann Ralph mit 50 an einem Herzinfarkt starb:

> Ungefähr ein Jahr nach Ralphs Tod lag ich schluchzend auf dem Sofa. Wir hatten uns in dem Jahr, in dem er starb, mehrmals getrennt, und nun quälten mich starke Schuldgefühle. Ich glaubte, an Ralphs Tod schuld zu sein, weil ich ihn verlassen hatte.
>
> Ich hatte mir schon einen Plan zurechtgelegt – ich wußte, wie ich es anstellen würde. Nachdem Ralph gestorben war, nahm ich auf Anraten meines Arztes Beruhigungsmittel und Schlaftabletten. Deshalb hatte ich zu Hause einen ganzen Schrank voll davon. Aber bevor ich meinen Plan in die Tat umsetzte, arrangierte ich noch meine Beerdigung bis ins Detail. Ich legte sogar fest, wer meinen Sarg tragen und was man mir anziehen sollte.
>
> Dann schrieb ich Abschiedsbriefe an Bekannte und an meine Stieftochter, in denen ich sie um Verzeihung bat, weil ich mir das Leben genommen hatte. In einem Brief regelte ich sogar, was mit meinem Hund und der Katze geschehen sollte, die ich damals hatte. Die Briefe lagen fertig neben mir auf dem Tisch.
>
> Ich versuchte, mich mit Bier zu betrinken. Ich weinte und schluchzte hemmungslos, als ich deutlich Ralphs Stimme vernahm, die so etwas sagte wie: «Das ist keine Lösung. Tu es nicht! Hör auf damit! Es wird alles gut werden.» Dann sagte er noch, wie sehr er mich liebe.
>
> Vielleicht glaubt mir das keiner, aber ich bin mir hundertprozentig sicher, daß das Ralph Taylors Stimme gewesen ist, so wahr mir Gott helfe. Es war so real, ich konnte fast den Hauch seines Atems an meinem Ohr spüren! Ich sprang auf, machte

Licht und durchsuchte jedes Zimmer im Haus. Sofort verwarf ich meine Selbstmordpläne und zerriß die Abschiedsbriefe. Obwohl mich der Gedanke an Selbstmord ungefähr noch ein Jahr lang immer wieder lockte, unternahm ich nichts.

Leigh hat es geschafft: Noch elf Jahre nach ihrem Nachtod-Kontakt geht sie glücklich und erfolgreich ihrem Beruf als Krankenschwester nach.

Die nächsten beiden Berichte stammen von Müttern, die keinen Sinn mehr in ihrem Leben sahen, nachdem sie ihr Kind verloren hatten.

Sandra lebt und arbeitet als Krankenschwester in der kanadischen Provinz Saskatchewan. Sie sah ihren Sohn Greg, der mit 16 Jahren bei einem Autounfall verunglückt war, noch einmal wieder:

Es war auf den Tag genau drei Monate nach Gregs Unfall. Ich hielt es nicht mehr aus – ich wollte zu ihm gehen. Ich wollte meinem Leben ein Ende setzen. Ich legte mich ins Bett und betete zu Gott, er möge mir helfen, zu Greg zu gelangen.
Nach einer Weile wachte ich auf, als ich auf meiner rechten Wange eine Wärme spürte, es war wie ein Kuß. Dann duftete es ganz intensiv nach Gregs Eau de Cologne. Damit wollte er mir mitteilen: «Mama, mir geht es gut. Reiß dich zusammen!»
Ich lag noch eine Weile so da und konnte es kaum fassen! Immer noch sog ich den Duft von Gregs Parfüm ein. Er war noch ungefähr zwei Minuten lang in der Luft, dann ließ er allmählich nach.
Am nächsten Morgen berichtete ich mein Erlebnis sofort meinem Beichtvater. Er sagte, Gott habe Greg zu mir geschickt, um mir zu sagen, daß ich hier auf der Erde gebraucht werde und er in Sicherheit sei.
Von da an dachte ich nicht mehr an Selbstmord. Diese Begegnung markierte eine Wende in meinem Heilungsprozeß, auch wenn es nur langsam aufwärts ging. Jetzt weiß ich, daß es meinem Sohn gutgeht.

Der Tod eines Kindes wird oft als die größte Tragödie im Leben von Eltern bezeichnet. Der unmittelbare Schmerz über den Verlust ist für die Eltern oft so groß, daß sie spontan Suizidabsichten hegen, um mit ihren geliebten Kindern wiedervereint zu sein.

Im letzten Bericht dieses Kapitels erzählt Kate, eine Hausfrau aus New York, wie sich ihr 19jähriger Sohn Darryl nach seinem Tod indirekt mit ihr in Verbindung setzte:

> Als Darryl bei den Marines war, bekam er Leukämie. Elf Monate lang wurde er von einem Krankenhaus ins andere verlegt, bevor er schließlich starb. Nach seinem Tod war ich völlig verzweifelt. Ich hortete Schlaftabletten, weil ich so nicht mehr weitermachen wollte. Am Ende hatte ich so viele zusammen, daß ich einen Elefanten hätte umbringen können!
> Ich war zu der Zeit überhaupt nicht gläubig, aber ich wünschte mir oft ein Zeichen. Ich brauchte die Gewißheit, daß mein Sohn noch existierte.
> Eines Nachmittags legte sich mein Mann zum Mittagsschlaf hin. Als er wieder aufwachte, sagte er: «Ich habe von Darryl geträumt.» Ich hakte nach: «Und, was hast du geträumt?» Da erzählte er: «Eigentlich nichts Besonderes. Wir haben uns umarmt.» Ich ließ nicht locker: «Hat er irgend etwas gesagt?» Mein Mann antwortete: «Ja. Darryl sagte: ‹Das Leben ist lebenswert!›»
> Ich war so erleichtert und glücklich, daß Darryl zu uns gesprochen hat! Das war mein Zeichen, es ging ihm also gut. Zu guter Letzt konnte auch ich hoffen, daß das Leben noch eine andere Dimension hatte. Durch diese Hoffnung gestärkt, nahm ich alle Tabletten und spülte sie die Toilette hinunter!
> Die Erfahrung meines Mannes hatte mir, obwohl ich immer noch litt, wieder Zuversicht und neuen Lebensmut gegeben. Ich glaube, Gott hat sich meiner erbarmt und mich aus dieser Misere befreit, damit ich mich wieder dem Leben zuwenden konnte.

Es ist schon verblüffend, wie wir durch NTK-Botschaften – sogar wenn sie uns indirekt erreichen – manchmal im richtigen Augenblick Heilung erfahren. Immer wieder machen sie uns deutlich, daß unser Universum von mehr Anteilnahme und Liebe erfüllt ist, als wir uns je vorgestellt haben.

Daß Nachtod-Kontakte Suizide verhindern können, zeigt, was für eine weitreichende Bedeutung sie haben. Alle Betroffenen in diesem Kapitel und Tausende anderer Menschen sind heute noch am Leben, weil ein geliebter Mensch nach seinem Tod Kontakt mit ihnen aufgenommen hat und sie bereit waren, sich seine rettende Botschaft zu Herzen zu nehmen. Doch wie groß ist wohl die Zahl derer, die im Begriff waren, ihrem Leben ein Ende zu setzen, als sie von einem Verstorbenen eindringlich davor gewarnt wurden – und ihr Vorhaben aus verschiedenen Gründen dennoch zu Ende führten?

Verstorbene Angehörige oder Freunde betonen immer wieder, daß das Leben auf Erden ein großes Geschenk sei, eine Chance, mehr über unser spirituelles Leben und die grenzenlose Liebe zu erfahren. Sie weisen nachdrücklich darauf hin, daß uns all jene Erfahrungen, vor denen wir uns in unserem irdischen Leben scheuen, auch nach unserem Tod nicht erspart bleiben, ja, daß wir sie vielleicht unter größeren Schwierigkeiten meistern müssen.

21 Unwiderlegbar: Nachtod-Kontakte mit Zeugen

> Meines Erachtens ist der Tod ein großartiges Abenteuer – ein Tor zu einem neuen Leben, in dem sich uns zusätzliche Fähigkeiten, tiefere Freuden und wundervolle Horizonte eröffnen.
>
> *Leslie D. Weatherhead*

Fast immer betrifft ein Nachtod-Kontakt nur eine Person, auch wenn sich gleichzeitig noch weitere am selben Ort befinden. Bei manchen Gelegenheiten kommt es jedoch vor, daß zwei oder mehr Personen, die sich zur selben Zeit am selben Ort aufhalten, einen Verstorbenen gleichzeitig wahrnehmen. In solchen Fällen sprechen wir von einem Nachtod-Kontakt mit Zeugen. Die Schilderungen der einzelnen Zeugen sind oft nahezu identisch, sie können aber auch voneinander abweichen, wenn die Betroffenen das Geschehen verschieden wahrnehmen. Wenn ein Zeuge einen Nachtod-Kontakt miterlebt, ist das insofern vorteilhaft, als man sofort die Bestätigung dafür bekommt, daß die eigene Erfahrung authentisch ist. Diese Bestätigung ist besonders wichtig, wenn man seinen Sinnen nicht traut und glaubt, man bilde sich das Ganze nur ein.

Die Berichte gleichzeitig erlebter Nachtod-Kontakte liefern glaubwürdige Erkenntnisse darüber, daß es sich um wirkliche Erfahrungen mit Verstorbenen und nicht etwa um Einbildungen handelt. Sie belegen überzeugend, daß Nachtod-Kontakte objektive, reale Ereignisse sind, die zwei oder mehrere Personen unabhängig voneinander und ganz individuell erleben.

Bei den ersten drei Beispielen hatten der direkt Betroffene und die als Zeuge beteiligte Person identische Wahrnehmungen, die sie einander sofort mitteilten.

Christina betreut Gäste in einem Restaurant in Michigan. Ihre beiden Kinder, der 10jährige Jon und die 7jährige Kelsey, wurden von ihrem Vater getötet, der sich nach der Tat das Leben nahm:

> Ungefähr drei Monate nach dem Tod von Jon und Kelsey flog ich mit meiner Mutter von Detroit nach Florida. Ich hatte den Fensterplatz neben meiner Mutter und mußte dauernd an die Kinder denken und weinen. Als wir über den Wolken waren, schien die Sonne. Es war, als wären wir im Himmel. Ich hatte plötzlich das Gefühl, ich sei ganz nah bei meinen Kindern. Auf einmal sagte meine Mutter: «Christina, schau mal da, über deinem Kopf!» Als ich hochschaute, sah ich ganz deutlich einen kleinen, bunten Regenbogen. Es war im Prinzip ein ganz normaler Regenbogen, wie man ihn draußen sieht. Er schwebte ungefähr zehn bis zwanzig Zentimeter über meinem Kopf und ging von einem Ohr zum anderen. Er war so wunderschön! Er war ungefähr fünf Minuten zu sehen. Wir weinten beide, meine Mutter und ich, denn es war ein deutliches Zeichen! Wir waren davon überzeugt, daß der Regenbogen eine symbolische Botschaft meiner Kinder war, denn Kelsey, meine kleine Tochter, hatte immer so gerne Regenbögen gemalt. Wir hatten beide das Gefühl, daß Jon und Kelsey uns damit sagen wollten, daß es ihnen gutging.

In diesem Fall war Christinas Mutter die Zeugin, die den Mini-Regenbogen zuerst sah und ihre Tochter darauf aufmerksam machte.

Lloyd ist pensionierter Chemiker und lebt in Vermont. Er und seine Adoptivtochter Shirley bekamen von Anne, ihrer Mutter, die im Alter von 80 Jahren an Herzversagen gestorben war, ein besonderes Geschenk:

> Annes Tochter Shirley, unsere Freundin May und ich kamen gerade von Annes Beerdigung nach Hause. Als wir zur Küchentür eintraten, sagte Shirley: «Irgendwie komisch – ich habe das Gefühl, als wäre Mutter genau hier bei uns!» Plötz-

lich war die ganze Küche von einem intensiven Blütenduft erfüllt, es kam mir vor, als würden Millionen von Rosen gleichzeitig blühen! Wir blieben alle drei wie angewurzelt stehen. Die Zeit stand still, und ich überließ mich ganz dem Augenblick. Es war phantastisch! Das Gefühl war einfach so groß, so überwältigend.

Nun gibt es in Vermont im September aber keine Rosen. Und weil ich nun einmal ein rational denkender Mensch bin, fing ich gleich an, in allen Ecken nach der Duftquelle zu suchen. Aber ich entdeckte nichts, was einen solch wunderbaren, durchdringenden Duft hätte hervorbringen können. Nach einigen Minuten ließ der Duft allmählich nach.

Wir sprachen anschließend über unsere Eindrücke und stellten fest, daß wir alle zur selben Zeit diesen Rosenduft wahrgenommen hatten.

Shirley sagte: «Gerade als wir die Küche betraten, dachte ich noch: ‹Hoffentlich haben wir alles so gemacht, wie Mutter es haben wollte.›» Keine Frage – wir hatten Annes Antwort soeben bekommen. Es war, als ob sie sagen wollte: «Ja, Shirley, und mit diesem Geschenk hier möchte ich mich bei euch allen bedanken.»

Soweit meine Geschichte. Ich bin Naturwissenschaftler und suche für alles eine Erklärung. Aber hier habe ich keine andere passende Erklärung gefunden, und deshalb hat sie mich schließlich verstandesmäßig überzeugt. Danach konnte ich auch mit Herz und Seele sagen: «Ja, es ist tatsächlich so gewesen!»

Von den zwölf Typen der Nachtod-Kontakte werden NTK mit Gegenwartsempfinden und NTK mit Geruchswahrnehmung am häufigsten von mehreren Personen gleichzeitig erlebt.

Emma ist Therapeutin und lebt in Alaska. Sie und ihr Mann Gerald verloren ihren Sohn Stan mit 19 Jahren durch einen Autounfall:

In den ersten Tagen nach der Beerdigung hatten mein Mann und ich seltsame Empfindungen, aber wir sprachen nicht darüber, weil wir beide nicht so recht wußten, was es eigentlich war.

Ungefähr am dritten Tag sagte Gerald: «Ich habe das Gefühl, als würde ich mit Gewalt von hier weggezogen, als müßte ich jetzt sofort zum Friedhof fahren.» Und damit sprach er genau das aus, was auch ich empfand. Ich fürchtete mich davor, zum Friedhof zu fahren, denn dort würde mir wieder bewußt werden, daß alles wirklich geschehen war.

Gerald und ich sahen uns an, stiegen sofort ins Auto und fuhren zum Friedhof, der etwa vierzig Kilometer von unserem Haus entfernt liegt.

Wir gingen zu Stans Grab, und als wir näher kamen, hatte ich das Gefühl, Stans Arme um meine Schultern zu spüren. Und plötzlich fühlte ich Stans Liebe in meinem Inneren. Ich schaute Gerald an, und er sagte: «Stan ist hier! Ich spüre, daß er da ist, ich fühle seine Liebe!» Es war genau dasselbe, was auch ich in diesem Augenblick fühlte.

Mein Mann und ich nahmen uns in die Arme, und es war ein Gefühl, als würde Stan uns beide umarmen. Wir spürten seine Liebe so intensiv, sie ging uns durch und durch. Wir waren so dankbar, daß wir das empfinden durften. Wir wußten tief im Herzen, daß unser Sohn uns umarmte und auf diese Weise Abschied von uns nahm. Ich glaube, Stan kam zurück, um uns mitzuteilen, daß er uns genauso sehr liebt wie wir ihn.

Ich weiß, daß unser Sohn nicht ganz fortgegangen ist – ich weiß, daß er immer noch lebt. Diese Erfahrung hat mir tief in meinem Inneren die Gewißheit gegeben.

Dieser Bericht veranschaulicht, wie wertvoll es ist, wenn ein anderer Mensch unmittelbar über seine Wahrnehmungen spricht. Weil Gerald den Mut hatte zu bekennen, daß er die Anwesenheit seines Sohnes spürte, erhielt Emma die Bestätigung ihrer eigenen Wahrnehmung.

Bei den folgenden Berichten gab es jeweils zwei Personen, die unabhängig voneinander an einem Nachtod-Kontakt teilnahmen, es aber erst hinterher im Gespräch erfuhren.

Lauren, Verhaltenstherapeutin in Florida, hatte einen Bruder, der sich mit 53 Jahren das Leben nahm:

> Donald hatte eine Verletzung im Lendenwirbelbereich und hinkte stark, er konnte sich nur mühsam bewegen. Er hatte schon zwei Operationen hinter sich und mußte in den letzten drei Jahren vor seinem Tod schier unerträgliche Schmerzen aushalten.
> Während der Trauerfeier schaute ich zufällig aus dem Fenster und sah, wie Donald auf die Kirche zukam. Sein Körper war nicht klar umrissen, ich sah durch ihn hindurch die Bäume dahinter. Er sah jünger aus und kam mir ganz gesund vor, er hinkte kein bißchen! Er trug eines seiner Karohemden und eine Hose. Er sah sehr zufrieden und glücklich aus, als sei er gerade auf einem Spaziergang. Er näherte sich dem Fenster, als wolle er mir ein Zeichen geben, ihm zu folgen. Dann war er plötzlich wieder verschwunden.
> Nach der Messe kam meine Schwägerin Joyce auf mich zu und fragte mich: «Hast du Donald gesehen?» Ich war überrascht und antwortete: «Ja!» – «Ich auch!» erklärte sie.
> Vielleicht war das Donalds Art, von uns Abschied zu nehmen. Für mich war das eine sehr wichtige Erfahrung, die mir auf ganz natürliche Art über meinen Kummer hinweggeholfen hat.

Woher sollen wir wissen, daß es auch andere Menschen gibt, mit denen ein Verstorbener in Kontakt getreten ist, wenn wir nicht selbst den Mut aufbringen, über unsere Erfahrungen zu sprechen? Glücklicherweise waren sowohl Lauren als auch Joyce mutig genug zu bekennen, daß sie Donald gesehen hatten. Vielleicht wurde er sogar noch von anderen Anwesenden in der Kirche wahrgenommen, die aber nicht darüber zu sprechen wagten.

Blair leitet ein Unternehmen in Florida. Die 45jährige Unternehmerin erfuhr unerwartet, daß sie nicht die einzige war, die ihren Vater gesehen hatte, nachdem er an den Folgen mehrerer Schlaganfälle gestorben war:

Ich tat mir selbst schrecklich leid und fühlte mich so allein auf der Welt. Ich weiß noch, wie ich am Abend vor der Beerdigung meines Vaters im Hotelzimmer auf einem Stuhl saß und für ihn betete. Außer mir waren mein fünfjähriger Sohn und eine Freundin im Zimmer, die sich um mich kümmerte.

Während ich so dasaß und betete, hatte ich den Eindruck, als würde das Licht im Raum immer schwächer, und plötzlich war mein Vater da! Er schien sehr, sehr real. Als er starb, war er achtzig, aber jetzt sah er eher wie ein Mann um die sechzig aus.

Farbiges Licht ging von ihm aus und hüllte ihn ganz und gar ein, es war eine Mischung aus blau, weiß, rosa und gold. Er stand da und sagte zu mir: «Sei stark und paß auf deine Mutter auf. Und denk daran, ich liebe dich. Leb wohl.» Vater bekam einen ganz weichen Gesichtsausdruck, als er sagte: «Denk daran, ich liebe dich.» Das Ganze dauerte nur ein paar Sekunden, dann war er wieder verschwunden.

Dann stand mein kleiner Sohn, der schon im Bett gelegen hatte, auf. Ich hatte angenommen, er schlafe schon tief und fest. Er kam zu mir gerannt und rief: «Großvater! Großvater!» Ich beschwichtigte ihn: «Großvater ist nicht mehr da.» Aber er ließ sich nicht beirren: «Doch! Gerade eben war er noch hier!» Er hatte ihn also auch gesehen!

Unsere Untersuchungen lassen den Schluß zu, daß kleine Kinder Nachtod-Kontakten gegenüber sehr viel aufgeschlossener sind als Erwachsene. Erzählt also ein Kind, es habe einen verstorbenen Angehörigen oder Freund gesehen, gehört oder sich mit ihm unterhalten, sollte man nicht widersprechen und das Vertrauen des Kindes in seine intuitiven Wahrnehmungen nicht beeinträchtigen.

Leslie ist 39 Jahre alt, lebt in Virginia und hat in ihrer Gemeinde ehrenamtliche Aufgaben übernommen. Sie freute sich, ihren Vater wiederzusehen, der vier Monate zuvor an Krebs gestorben war:

Ich war gerade zu Bett gegangen und hatte das Licht ausgemacht, als ich meinen Vater in der Tür stehen sah! Alle Lichter im Haus waren ausgeschaltet, aber ich konnte ihn deutlich sehen, weil er von einem schwachen Lichtschein umgeben war. Ich mußte immer wieder denken: «Das ist wirklich Dad! Er ist es wirklich!» Ich war so aufgeregt, daß ich mich im Bett aufsetzte und «Dad!» rief. Ich wollte hingehen und ihn anfassen und stand auf.

Er lächelte und sagte: «Nein, du kannst mich jetzt nicht anfassen.» Da fing ich an zu weinen und bat ihn mehrmals: «Laß mich doch zu dir kommen.» Er antwortete: «Nein, das geht nicht. Aber du sollst wissen, daß es mir gutgeht. Es ist alles in Ordnung. Ich bin immer bei dir.»

Und nach einer kurzen Pause sagte er noch: «Jetzt muß ich noch nach deiner Mutter und Curtis sehen.» Curtis ist mein Sohn, der sich mit meiner Mutter in einem anderen Zimmer aufhielt. Ich stand auf und folgte meinem Vater zum Flur. Aber er verschwand – er löste sich einfach in Luft auf. Also ging ich zurück in mein Bett und sagte mir: «Das kommt nur von deiner Trauer. Dad war in Wirklichkeit gar nicht hier.» Ich wälzte mich noch eine Weile im Bett hin und her und schlief schließlich ein.

Als ich am nächsten Morgen aufgestanden war, kam Curtis mit seinen knapp vier Jahren im Flur auf mich zu und rief: «Mami, ich habe Großvater letzte Nacht gesehen!» Mir fiel vor Erstaunen der Unterkiefer herunter, dann fragte ich: «Bist du sicher?» Er antwortete: «Ja! Er kam in mein Zimmer. Er stand neben meinem Bett.»

Konnte ein Vierjähriger sich eine solche Geschichte ausdenken? Ich hakte nach: «Hast du es vielleicht nur geträumt?» Aber er sagte: «Nein, Mami. Ich hatte meine Augen auf. Ich war wach. Ich habe ihn gesehen!»

Da wußte ich, daß mein Vater wirklich bei ihm gewesen sein mußte. Nun gab es keinen Zweifel mehr. Für mich war diese Erfahrung etwas ganz Wunderbares, denn ich lernte auf diese Weise, daß die Liebe niemals endet.

Wieder war es ein kleines Kind, das die Wahrnehmung seiner Mutter bekräftigte und sie davon überzeugte, daß alles wirklich geschehen war. Die Schilderung unterscheidet sich aber von anderen typischen NTK-Berichten mit Zeugen, weil der Vater zuerst seine Tochter und anschließend seinen Enkel in einem anderen Raum kontaktierte.

Auch wenn zwei oder mehrere Personen gemeinsam einen Nachtod-Kontakt erleben, sind ihre Erfahrungen nicht unbedingt identisch. Das kann mit ihren intuitiven Fähigkeiten zusammenhängen, aber auch mit ihrer inneren Bereitschaft und individuellen Wahrnehmung. Die folgenden vier Beispiele stammen von Personen, die zwar gemeinsam mit einem Verstorbenen in Verbindung waren, deren persönliche Erfahrungen sich aber voneinander unterscheiden.

Ginny ist zahnmedizinische Assistentin und lebt in Georgia. Sie hatte eine Zeugin für ihre Begegnung mit ihren Söhnen Mike, der mit 17 Jahren ertrank, und Philip, der dreizehn Jahre zuvor bei der Geburt gestorben war:

> Drei Wochen nach Mikes Tod nahm ich an einer kirchlichen Taufe teil. Plötzlich fühlte ich eine Hand von rechts nach links über meine Schulter streichen und hörte die Stimme meines Sohnes, der sagte: «Ich bin hier, Mama.» Ich wußte, daß es Mike war, und ich dachte noch, nun bist du völlig übergeschnappt!
> Fast gleichzeitig spürte ich den festen Druck einer Hand auf meiner linken Schulter. Dann hörte ich eine Stimme, die mir völlig fremd war, aber deutlich reifer klang als Mikes Stimme. «Wir sind beide hier, Mama.» Und ich dachte: «O Gott, jetzt höre ich schon Gespenster, ich glaube, ich bin reif für die Klapsmühle!»
> Ich schaute meine vierzehnjährige Tochter Mandy an, die neben mir saß, und sie schaute mich an. Tränen liefen ihr über das Gesicht. Mandy fragte: «Mama, spürst du Mike?» Sie sagte, sie könne ihn weder hören noch sehen, aber sie fühle, daß er da sei.
> Da hatte ich die Gewißheit, daß ich mir das alles nicht eingebildet hatte. Meine beiden Söhne waren wirklich dagewesen und hatten mich berührt und mit mir gesprochen. Das glaube ich mit der ganzen Kraft meines Herzens!

Gerade als Ginny ihre Erfahrung als Hirngespinst abtun wollte, konnte ihre Tochter bestätigen, daß sie wirklich stattgefunden hatte. Aber noch wichtiger ist, daß die trauernde Mutter erkannte, daß ihre beiden Söhne sich nun auf einer spirituellen Ebene begegnet waren, auch wenn sie sich im realen Leben nie gekannt hatten.

Die 35jährige Deanna ist Therapeutin und lebt in Florida. Wenige Stunden nachdem ihr Bruder Charley mit 32 Jahren bei einem Motorradunfall ums Leben kam, erlebte sie zusammen mit ihrer Mutter das folgende:

> Am nächsten Tag saßen meine Mutter und ich ungefähr gegen sechs Uhr morgens in der Küche und redeten über meinen Bruder. Da sah mich meine Mutter an und sagte: «Ich weiß, daß Charley hier ist. Er berührt meine Wange, ich fühle es!» Danach legte sie ihre Hand auf die Wange, so, als hätte jemand ihr gerade einen Kuß gegeben.
> Dann sah ich Charley vor mir stehen, er lächelte mich an! Er war etwas durchsichtig, aber ich konnte erkennen, daß er ein gestreiftes Poloshirt, eine kurze Hose und seine Sandalen anhatte. Er hatte die Hände in den Hosentaschen und schaute mich mit seinem treuherzigen Blick an.
> Ich hörte ihn sagen: «Bitte sag allen, wie sehr ich euch liebe. Und sag vor allem Mama, daß ich sie liebe.»
> Dann bat er uns, für seine Kinder zu sorgen, die damals drei und fünf Jahre alt waren. Er sagte: «Die Kinder lieben euch sehr, und euch kann ich sie ja getrost anvertrauen. Kümmert euch an meiner Stelle um sie. Sie werden euch alle brauchen.»
> Ich weiß noch, wie mir das Herz aufging und eine Woge von Gefühlen auf mich überschwappte. Dann war Charley verschwunden.

Dieses Beispiel zeigt sehr deutlich, wie unterschiedlich zwei Menschen das gemeinsame Erlebnis eines Nachtod-Kontaktes wahrnehmen. Während Charleys Mutter die Hand ihres Sohnes auf ihrer Wange spürte, konnte dessen Schwester Deanna ihn sehen und durch Telepathie seine Botschaft empfangen.

Lois, eine Hausfrau aus Nebraska, war Zeugin eines sehr besonderen Ereignisses, das sich kurz nach dem Tod ihres Mannes Ray abspielte, der mit 33 Jahren einen tödlichen Schlaganfall erlitten hatte:

> Als mein Mann Ray starb, waren unsere vier Söhne zwischen acht und dreizehn Jahre alt. Die drei älteren Jungen wußten, daß ihr Vater krank gewesen war, und verstanden, was passiert war. Aber unser Jüngster, der achtjährige Jesse, hatte Angst und war verstört.
>
> Ray hatte immer ein enges Verhältnis zu seinen Söhnen gehabt und alles mit ihnen besprochen. Er hatte oft mit ihnen gezeltet und immer ein offenes Ohr für ihre Probleme gehabt. Er hatte sich wirklich viel mit seinen Söhnen abgegeben.
>
> Am zweiten Tag nach Rays Tod ging ich vormittags unseren Hausflur entlang. Als ich am Schlafzimmer vorbeikam, sah ich Jesse mit seinem Vater auf dem Bettrand sitzen! Ray hatte den Arm um seine Schulter gelegt und sprach tröstend auf ihn ein. Er sah aus wie immer. Er wirkte ruhig. Ray merkte, daß ich in der Nähe war. Er schaute her, lächelte mich an und bedeutete mir dann mit einem Winken, daß ich mich wieder zurückziehen solle. Also ging ich außer Sichtweite und wartete ungefähr eine Viertelstunde. Schließlich kam Jesse aus dem Schlafzimmer. Offensichtlich hatte Ray ihm erklärt, was passiert war. Jetzt schien es ihm viel besser zu gehen. Jesse sagte: «Dad hat gesagt, daß er nun für immer fortgegangen sei, aber ich solle mir keine Sorgen um ihn machen. Alles wird gut werden.» Jesse war die Erleichterung deutlich anzusehen.
>
> Ich war eigentlich nicht besonders überrascht über das, was geschehen war. Hinterher konnte unser Junge akzeptieren, daß sein Vater tot war und daß sein Leben trotzdem weitergeht.

Weil Lois das vertrauliche Gespräch ihres Sohnes mit seinem verstorbenen Vater mit eigenen Augen gesehen hatte, konnte sie Jesse unterstützen, als er sich ihr anvertraute. Leider ist es in unserer Gesellschaft viel häufiger der Fall, daß Kinder nicht ernst genommen werden, wenn sie mit Erwachsenen über einen Nachtod-Kontakt zu sprechen wagen.

In ihrer Trauer getröstet wurden auch Andrea und ihr Exmann Oliver aus Florida, deren 25jähriger Sohn Douglas bei einem Motorradunfall tödlich verunglückt war:

> Douglas war unser einziges Kind. Sein Vater Oliver und ich ließen uns scheiden, als Douglas zwölf war. Nach der Trauerfeier bekam ich einen schlimmen Nervenzusammenbruch. Als wir beide im Leichenwagen saßen und zum Friedhof fuhren, hielt Oliver meine Hand, und wir weinten beide. Plötzlich überkam mich eine solche Ruhe, daß ich aufhörte zu weinen. Es war Douglas! Er kniete vor uns, seine rechte Hand lag auf meinem Knie, seine linke auf dem seines Vaters. Ich konnte den Druck und die Wärme seiner Hand deutlich spüren. Ich hätte meine Hand ausstrecken und ihn berühren können, aber ich tat es nicht. Er trug ein hellblaues Hemd und naturfarbene Hosen, die Kleider, die ich für seine Beerdigung herausgesucht hatte.
>
> Er strahlte einen solchen Frieden aus, und plötzlich war auch ich erfüllt von diesem Frieden, diesem Trost. Ich bemerkte ein Licht um seine Gestalt – einen sanften, weißen Schimmer. Er lächelte und sah sehr zufrieden und friedlich aus.
>
> Ich sagte zu seinem Vater: «Douglas ist hier! Ich sehe ihn!» Ich schaute Oliver an, und er schaute mich an, und dann sah ich die Tränen in seinen Augen. Oliver warf seinen Kopf zurück und sagte: «Ich weiß, Andrea. Ich fühle ihn auch. Douglas ist hier!»
>
> Dann sah unser Sohn uns beide an und sagte: «Es geht mir gut. Ich liebe dich, Mama. Ich liebe dich, Dad.» Es war Telepathie, aber ganz deutlich. Dann verschwand er allmählich wieder.
>
> Es war ein wunderbares Gefühl, und ich empfand einen unbeschreiblichen Frieden, während ich die Bestattung auf dem Friedhof hinter mich brachte. Ich wußte, daß es Douglas gutging. Und deshalb mußte ich auch nicht mehr weinen.
>
> Dieses Erlebnis wird für immer in meiner Erinnerung bleiben.

Sogar mit geschlossenen Augen kann ich jede Einzelheit dieser Szene noch deutlich vor mir sehen. Jetzt weiß ich, daß es ein Leben nach dem Tod gibt – mein Sohn hat es mir bewiesen!

Douglas ist seinen Eltern genau in dem Augenblick erschienen, als sie ihn am meisten brauchten. Obwohl Oliver im Gegensatz zu Andrea Douglas weder sah noch hörte und auch dessen Berührung nicht spürte, fühlte er sich von der Gegenwart seines Sohnes getröstet.

Wieviel besser könnten wir doch mit unserer Trauer umgehen, wenn wir alle so kurz nach dem Tod eines geliebten Menschen eine ähnlich kraftspendende Erfahrung machen dürften!

Viele Tiere haben eine viel schärfere Sinneswahrnehmung als wir Menschen. Deshalb scheint es ganz natürlich, daß Tiere Verstorbene, die mit uns Kontakt aufnehmen, oft besser wahrnehmen als wir. Wie Haustiere zu Zeugen von Nachtod-Kontakten werden, ist in den folgenden beiden Berichten nachzulesen.

Tina ist Lehrerin an einer Berufsschule in Washington. Ein Jahr nachdem ihr Bruder Rudy bei einem Arbeitsunfall tödlich verunglückt war, trat er mit ihr in Verbindung:

Ich war gerade in der Küche am Werkeln. Plötzlich kam unsere Katze aus dem Wohnzimmer in die Küche geschossen. Ihr standen die Haare zu Berge, und sie fauchte. Weil sie so schnell lief, rutschten ihre Pfoten über das glatte Linoleum, sie kam sozusagen angeschlittert.

Gleichzeitig verdrückte sich unser kleiner Hund bellend und ebenfalls mit gesträubtem Fell rückwärts aus dem Wohnzimmer. Ich ging nachsehen, was los war, und da saß mein Bruder Rudy im Schaukelstuhl! Er lächelte mich an. Ich war so froh, ihn zu sehen! Er saß da in seinen Bluejeans und einem rotkarierten Hemd, wie er oft dagesessen hatte, als er noch lebte. Ich war ganz ruhig, ich wußte, daß es Rudy gutging. Dann löste er sich vor meinen Augen wieder in Luft auf.

Ich war früher eine eingefleischte Skeptikerin, bis ich dieses Erlebnis hatte. Nie hätte ich gedacht, daß so etwas wirklich passieren kann. Wenn die Tiere nicht so reagiert hätten, hätte ich wohl angenommen, meine Phantasie wäre mit mir durchgegangen.

Auch in unserem nächsten Bericht reagierten Tiere mit Furcht, weil sie die Gegenwart eines verstorbenen Menschen spürten oder ihn sahen.

Jackie, 47, lebt in Tennessee. Die Systemanalytikerin erlebte zusammen mit ihrem Mann Dwight und den beiden Haustieren eine Begegnung mit ihrem Onkel Leonard, der vier Tage zuvor an Krebs gestorben war:

Mein Mann und ich waren in der Küche und sahen fern. Plötzlich rannte unsere Katze aus dem Zimmer, und unser Schäferhund verzog sich in eine Ecke und begann zu zittern. Dwight sah mich an und sagte: «Wir haben Gesellschaft!»
Wir spürten beide, daß mein Onkel im Zimmer war. Es war, als stünden wir unter einer Hochspannungsleitung – es knisterte fast vor Spannung. Dwight und ich wußten, daß er da war, und wir sprachen ihn an. Wir sagten zu ihm, es sei alles in Ordnung, er könne ruhig wieder gehen. Wir wußten, daß Onkel Leonard gekommen war, um nach dem Rechten zu sehen. Er wollte uns nicht nur sagen, daß es ihm gutgehe, er wollte vor allem nachsehen, wie es uns ging. Er blieb ungefähr zwanzig Minuten da, dann stellten wir fest, daß die Spannung im Zimmer merklich nachließ. Sofort kam auch der Hund wieder aus seiner Ecke hervor und die Katze wieder zurück in die Küche.

Haustiere nehmen die Gegenwart eines Verstorbenen oft früher wahr als ihre Besitzer, so daß sie als verläßliche, objektive Zeugen angesehen werden können.

Wir werden oft gefragt, ob es auch vorkomme, daß Haustiere nach ihrem Tod Kontakt zu ihren ehemaligen Besitzern aufnähmen. Das scheint in der Tat der Fall zu sein! Uns liegen mehrere

Berichte von Nachtod-Kontakten mit einem geliebten Haustier vor, darunter Hunde, Katzen, ein Hase, einmal sogar ein Pferd. Wir werden diesem Thema in unserem nächsten Buch ein gesondertes Kapitel widmen, sofern sich eine ausreichende Zahl gesicherter Berichte finden läßt.

Zu dem letzten Nachtod-Kontakt in diesem Kapitel konnten wir beide Zeugen, die ihn erlebten, befragen:

Benjamin arbeitet in einem Verlag in Iowa. Der 21jährige und seine um ein Jahr jüngere Frau Mollie hatten fast identische Nachtod-Erfahrungen mit Benjamins Mutter, die wenige Tage zuvor an Krebs gestorben war.

Mollies Bericht lautet folgendermaßen:

> Am Abend nach der Beerdigung seiner Mutter gingen Ben und ich zu ihr nach Hause, um Verwandte zu besuchen. Wir blieben ziemlich lange.
>
> Als wir später wieder ins Auto stiegen, schaute ich zur Haustür. Da sah ich, wie seine Mutter dort stand und uns zum Abschied zuwinkte! Sie sah aus wie immer – es gab keinen Zweifel, sie war es! Sie sah etwas jünger, sehr zufrieden und sehr gesund aus. Als wir sie noch zu Lebzeiten besucht hatten, hatte sie auch immer dort an der Tür gestanden und uns zugewinkt. Sie tat nichts anderes als das, was sie früher schon immer getan hatte.
>
> Ich schaute zu Ben hinüber und fragte: «Hast du ...?», und da fing er an, heftig zu weinen. Wir hatten also beide seine Mutter gesehen! Ben hatte einen Kloß im Hals und brachte kein Wort heraus. Als ich wieder hinschaute, war seine Mutter verschwunden.
>
> Ich glaube, ich sah seine Mutter deswegen, weil ich bezeugen sollte, daß sie tatsächlich dagewesen war und nicht nur in Bens Phantasie existiert hatte.

Aus Benjamins Perspektive hatte es sich so abgespielt:

> Am Tag der Beerdigung meiner Mutter fuhren meine Frau Mollie und ich zu Mutters Haus, um meine Cousine und ihren

Mann zu besuchen. Wir blieben bis spät abends und waren eben wieder ins Auto eingestiegen. Ich steckte den Schlüssel ins Zündschloß und sah dabei hoch.

Und da, keine drei Meter von mir entfernt, stand meine Mutter unter der Haustür hinter der äußeren Glastür. Sie hatte immer so dort gestanden, denn sie wollte sichergehen, daß wir wohlbehalten zum Auto gelangten. Es war ihr zur Gewohnheit geworden – ich hatte es schon tausendmal gesehen.

Die innere Haustür war offen, das Licht vom Haus fiel von hinten auf Mutter, die Lampe der vorderen Veranda warf ihr Licht von vorne auf sie. Sie schien kerngesund zu sein und war sehr real. Sie stand da und winkte uns zum Abschied. Sie schien mir erleichtert – weniger müde und abgespannt. Ich hatte wirklich den Eindruck, als wolle sie mir sagen: «Mach dir keine Sorgen.»

Plötzlich wurde ich von einem gewaltigen Gefühl übermannt, es kam mir vor, als ziehe mich etwas mit Gewalt zu Boden. Es war wie eine Welle, die meinen Körper vom Scheitel bis zur Sohle durchlief. Ich kann nicht sagen, ob das Ganze eine Ewigkeit oder nur den Bruchteil einer Sekunde gedauert hat. Ich wollte etwas sagen, aber ich brachte kein Wort heraus.

In diesem Augenblick sagte Mollie: «Ben, ich habe gerade deine Mutter unter der Haustür gesehen!» Ich senkte den Kopf und antwortete: «Ich auch!», und dann mußte ich weinen. Es waren die ersten Tränen, die ich über den Tod meiner Mutter vergossen habe. In meinem ganzen Leben habe ich noch nie so sehr geweint. Und ich fühlte mich so erleichtert, als wäre das alles nur ein Abschied auf Zeit.

Benjamins Nachtod-Kontakt löste seinen Schmerz und ermöglichte ihm, seinen aufgestauten Tränen freien Lauf zu lassen. Wäre er damals allein gewesen, hätte er diesen besonderen Augenblick wohl als Überreaktion abgetan, durch den emotionalen Streß der vergangenen Tage bedingt.

Die Schilderungen in diesem Kapitel zeigen deutlich, daß Nachtod-Kontakte mit Zeugen keine subjektiven, sondern objektive

Erfahrungen sind. Der verstorbene Angehörige oder Freund besaß eine objektive Realität, die von zwei oder mehreren Personen wahrgenommen wurde, die sich zur selben Zeit am selben Ort befanden. Ihre unabhängig voneinander bezeugte Erfahrung ist bis heute der überzeugendste Beweis dafür, daß Nachtod-Kontakte zwischen Verstorbenen und Lebenden tatsächlich stattfinden. Das ist auch die Überzeugung der zweitausend Frauen, Männer und Kinder, die an unserer Befragung teilgenommen haben.

22 Das Beste zum Schluß: Nachtod-Kontakte, die uns besonders beeindruckten

> Der Tod ist ein Übergang... Helen Keller wird wieder sehen und hören. Das Kind, das an Krebs gestorben ist, wird rosige Wangen und einen gesunden Körper haben. Der Mann, der durch Arthritis verkrüppelt war, wird aufrecht stehen.
>
> *Billy Graham*

Zum Schluß wollen wir Ihnen noch die NTK-Berichte präsentieren, die uns besonders stark beeindruckten.

Für alle Menschen, die von verstorbenen Angehörigen oder Freunden kontaktiert worden sind, war diese Erfahrung eine Quelle der Kraft, die ihnen oft auch ihr eigenes emotionales und spirituelles Gleichgewicht wiedergegeben hat. Die folgenden Berichte stehen für sich, sie bedürfen keines erläuternden Kommentars.

Die Schilderungen unserer Gesprächspartner haben uns oft tief bewegt. Im Verlauf der sieben Jahre, die wir mit der Sammlung und Bearbeitung der Interviews verbrachten, lernten wir, unsere Arbeit als eine Art «himmlisches Werk» zu betrachten. Es ist für uns ein ganz besonderer Vertrauensbeweis, daß so viele Menschen uns an ihren ganz privaten, ja heiligen Erfahrungen teilnehmen ließen.

Vielleicht ist es besser, die Berichte in diesem Kapitel nicht alle hintereinander durchzulesen, sondern jeden einzelnen auf sich wirken zu lassen. Jeder von ihnen strahlt eine heilende Kraft aus, die nicht in dem geschriebenen Wort begründet ist. Nehmen Sie die spirituellen Botschaften auf und lassen Sie sich von ihnen stärken, denn jede enthält eine Perle der Weisheit, die vielleicht auch Sie in Ihrem tiefsten Inneren anspricht.

Laura arbeitet an einem College in Washington. Sie war völlig verzweifelt, als ihr sechs Wochen alter Sohn Anthony am plötzlichen Kindstod starb:

> Es war ein traumatisches Jahr für mich. Meine Mutter war im März gestorben, und ich hatte ihren Verlust noch kaum verkraftet. Es war ein harter Winter. Ich wohnte damals in Montana, mein Mann und ich waren während der sechs Wochen, die Anthony lebte, getrennt.
>
> Ich wußte nicht einmal, daß es so etwas wie den plötzlichen Kindstod gab. Nicht einmal nach Anthonys Tod wurde ich genau darüber aufgeklärt. Ich fiel in ein tiefes, finsteres Loch – es war wie ein Alptraum.
>
> Ich litt unter anderem darunter, daß Anthony noch nicht getauft war, als er starb. Irgendwoher hatte ich die fixe Idee, daß alle Babys, die ungetauft sterben, für immer Höllenqualen erleiden müssen. Das machte mich fertig, es war furchtbar. Ich war am Ende und litt unter schrecklichen Schuldgefühlen.
>
> Am Abend nach Anthonys Beerdigung ging ich in mein Schlafzimmer und knipste das Licht aus. Eine ganze Weile saß ich auf dem Bett und versuchte, meinen Kopf von allen Gedanken zu befreien. Ich kam an einen stillen Ort. Es war, als ließe ich mich in einem Boot auf einem ruhigen Gewässer treiben, das sich plötzlich in einen Spiegel verwandelte. Ich war von Frieden erfüllt. Dann sah ich helle Lichtstrahlen am Himmel, und eine Treppe kam zum Vorschein. Plötzlich tauchte Christus auf. Er war groß und ehrfurchtgebietend. Ich war mein ganzes Leben eine gläubige Christin und bin immer zur Kirche gegangen, deshalb wußte ich, daß Er es war. Er war so leibhaftig und wirklich – es war großartig. Er hatte lange Haare und trug ein langes, weißes Gewand. Christus stieg langsam die Treppe herunter. Unten angekommen, streckte er die Arme aus, auf denen er Anthony wiegte. Anthony war wieder gesund! Es fehlte ihm nichts! Mein kleines Baby war da!
>
> Die Botschaft, die Er mir vermittelte, lautete: «Anthony geht es gut. Er ist zu Hause und in Sicherheit.» Nun wußte ich, daß mein Baby bei Christus war. Dann verblaßte das Bild und löste sich in nichts auf.

Ich hatte eine Antwort auf die Frage bekommen, die mich am meisten gequält hatte. Ich brauchte mir keine Vorwürfe mehr zu machen, weil Anthony nicht getauft war. Seither habe ich mir um ihn auch keine Sorgen mehr gemacht – ich weiß jetzt, daß er einen besonderen Platz bei Jesus Christus hat.

Stewart ist Konstrukteur und lebt im Südosten der USA. Er wollte es nicht wahrhaben, als sein 2jähriger Sohn Danny starb:

Danny saß mit einer nassen Windel auf einem metallenen Belüftungsgitter im Wohnzimmerboden. Er kam mit der Hand an eine Lampe, die einen Kurzschluß hatte, schloß den Stromkreis und bekam einen tödlichen Stromschlag.
Ich war bei der Arbeit, als der Anruf kam, und fuhr sofort in die Klinik. Auf der Intensivstation wiesen sie mir ein kleines Zimmer zu, in dem ich warten sollte. Sie hatten seit der Einlieferung fieberhaft um das Leben meines kleinen Sohnes gekämpft – umsonst.
Eine Krankenschwester kam herein, ich sah sofort ihren besorgten Gesichtsausdruck. Sie hatte die Aufgabe, mich von Dannys Tod zu unterrichten. Als sie wieder ging, weinte ich so hemmungslos, wie ich in meinem ganzen Leben noch nie geweint habe. Es brach einfach aus mir heraus. Als ich mich etwas beruhigt hatte, fragte mich die Krankenschwester, ob ich meinen Sohn noch einmal sehen wolle. Sie waren alle sehr nett zu mir. Ich ging also in sein Zimmer auf der Intensivstation und blieb allein mit dem toten Körper meines kleinen Jungen. Außer einer kleinen Wunde auf seiner Stirn sah man nichts. Das Gefühl der Endgültigkeit war niederschmetternd. Ich mußte etwas unternehmen, irgend etwas tun! Ich wollte ihn wiederhaben! Ich sagte mir: Das muß noch lange nicht endgültig sein. Wie oft hat man schon Menschen wiederbelebt – das ist doch alles bekannt. Es darf einfach nicht wahr sein! Ich kann mich dagegen wehren. Ich rufe Danny jetzt einfach zurück!
Genau in diesem Augenblick hatte ich das Gefühl, von Danny eine Botschaft zu bekommen, ungefähr so: «Dad, tu das nicht. Es geht mir gut. Es ist alles in Ordnung.» Deutlicher hätte er

es mit Worten nicht sagen können. Er kam mir dabei reifer vor als ein Zweijähriger.

Ich rührte mich nicht. Ich verstand nicht, warum alles «in Ordnung» sein sollte, denn für mich war es alles andere als in Ordnung. Trotzdem war ich davon überzeugt, daß er mit mir Kontakt aufgenommen hatte, und ich akzeptierte es. Ich sagte mir: Danny muß es ja wissen. Es ist schließlich sein Körper. Wenn er sagt, es sei alles in Ordnung, dann ist es auch so. Danach war alle Spannung von mir gewichen.

Ich bin überzeugt, daß mein Schmerz noch schlimmer gewesen wäre, wenn dieser Kontakt nicht stattgefunden hätte. Heute bin ich über den Berg, und das verdanke ich ihm. Ich bekam den Frieden, den ich zum damaligen Zeitpunkt gebraucht hatte.

Randall ist Dozent an einer Universität in Kalifornien. Seine Lebenseinstellung änderte sich grundlegend, als er seinem 4jährigen Sohn Timothy wiederbegegnete, der zwei Wochen zuvor auf tragische Weise bei einem Autounfall ums Leben gekommen war.

Jeden Tag wurde ich aufs neue von einer tiefen Depression geplagt. Ich kämpfte mit mir selbst, denn ich wollte den Tod meines Sohnes nicht wahrhaben und hatte Angst davor, den Tatsachen ins Auge zu sehen. Ich konnte die Vorstellung nicht ertragen, daß er nun für immer fortgegangen war.

Nach Timothys Beisetzung ging ich so bald wie möglich wieder arbeiten. Jeden Abend beim Nachhausekommen wurde mir schon übel bei dem Gedanken, daß er nicht da war und daß ich mich endlich der Realität stellen mußte.

Eines Abends nach Feierabend saß ich auf dem Sessel am Kamin und schaute zur Haustür. Ich bin mir sicher, daß ich hellwach war. In diesem Augenblick kam Timothy zur Tür herein. Er öffnete sie nicht, er kam durch sie hindurch! Er war zum Anfassen real und sah noch genauso aus wie vor dem Unfall. Aber er war ganz weiß angezogen und hatte eine helle Aura um sich herum. Er sah sehr fröhlich und extrem glücklich aus. Er war in eine Wolke aus Licht gehüllt, die alles um

ihn herum zu durchdringen schien. Nicht wie bei einem Heiligenschein, es war eher so, als strahle er reines Licht und Helligkeit aus.
Timothy blieb vor mir stehen und sagte: «Ich werde nicht mehr zurückkommen. Ich bin fortgegangen und möchte, daß du das weißt.»
Er sagte es mit großem Nachdruck. Seine Stimme, sein Tonfall – es war alles so real.
Ich lehnte mich nach vorne, und da sagte Timothy: «Es geht mir gut, und alles ist in Ordnung.» Und dann verschwand er – er war einfach nicht mehr da.
Von da an gab es kein Leugnen mehr. Ich wußte, mein Sohn war fort und würde nie wieder zurückkommen. Auch wenn ich Timothy nicht mehr sehen konnte, war ich nun bereit, diese Tatsache zu akzeptieren, denn er hat mir gezeigt, daß er wirklich lebte.
Ich fühlte zwar immer noch Trauer und Schmerz, aber auch Freude und Hoffnung. Und das war der Beginn meines Heilungsprozesses.

Beatrice lebt in Oregon und hat sich in ihrer Gemeinde sozial engagiert. Wie viele andere Menschen stand auch sie vor vielen unbeantworteten Fragen, als ihre Mutter im Alter von 67 Jahren unerwartet an Krebs starb:

Als ich noch ein Kind war, erlebte ich meine Mutter immer als eine sehr willensstarke Frau. Sie liebte mich aber nicht annähernd so sehr, wie sie meine Schwester liebte, und ich fragte mich immer nach dem Grund dafür. Wir stritten uns oft, manchmal saß ich nur noch da und heulte. Als sie dann so plötzlich starb, litt ich sehr darunter, ich dachte: «O nein! Nun kannst du nie wieder mit Mutter reden!»
Ungefähr einen Monat später wurde ich eines Nachts plötzlich wach und setzte mich auf. Da stand meine Mutter am Fußende des Bettes! Sie war so leibhaftig und wirklich! Sie war wieder gesund und sah aus, wie sie mit dreißig ausgesehen hatte. Wunderschön war sie und jung, und sie hatte ein ausgesprochen hübsches Gesicht.

Sie strahlte vollkommene Glückseligkeit aus! Und man sah ihr ihre Freude an, wie sie so dastand – die Arme seitlich von sich gestreckt. Sie lächelte mich liebevoll an und sagte: «Ich habe dich wirklich sehr geliebt, ich wollte, du hättest es mehr gespürt.» Alles war nur noch Liebe, Liebe, Liebe! Es war eine große Versöhnung!

Neil lebt in Mississippi und hat vor seiner Pensionierung als Briefträger gearbeitet. Sein 19jähriger Sohn Ken starb eines Nachts unerwartet an Herzrhythmusstörungen:

Ungefähr eineinhalb Jahre lang wollte ich nicht wahrhaben, daß Ken tot war. Ich wollte ihn einfach nicht loslassen. Ich glaubte wohl, wenn ich ihn nur festhielt, könne ich ihn irgendwie wieder zurückholen.
Ich pflanzte schöne Blumen auf Kens Grab und goß sie regelmäßig. Eines Tages war ich an seinem Grab und jätete Unkraut. Ich kniete am Boden, als ich unvermittelt Kens Stimme vernahm. Er klang glücklich und fröhlich. Ich hörte seine Stimme so laut und klar, als stünde er neben mir. Ich konnte auch fühlen, daß er ganz in der Nähe war. Ich richtete mich auf und sah mich suchend um, aber außer mir war niemand auf dem Friedhof.
Ken sagte: «Dad, ich bin's! Laß mich doch bitte los, damit ich es hier genießen kann. Mutter und du, ihr habt doch immer gesagt, wie wichtig es ist, Gott nahe zu sein. Und nun hinderst du mich daran, Ihm nahe zu sein und mich bei Ihm im Himmel wohl zu fühlen. Ich kann die Erfüllung, die Gott mir schenken will, nicht annehmen, weil du mich zurückhältst. Laß mich doch bitte los, laß mich den Himmel genießen.» Er sagte noch, er sei vollkommen vor Gottes Angesicht. Und er beschrieb mir, wie schön und friedvoll es im Himmel sei.
Ich brach in Tränen aus, weil ich es nicht glauben konnte. Aber dann fragte ich mich: «Wer bin ich eigentlich, daß ich ihn daran hindere, das zu tun, was Gott von ihm verlangt?» Und ich antwortete: «Also gut, Ken. Schluß damit. Mein Sohn, ich gebe dich frei und laß dich gehen.» Es fiel mir alles andere als leicht, aber ich wußte, daß ich das Richtige tat.

Vor diesem Tag hatte ich Gott beinahe gehaßt. Und nun saß ich weinend da und bat Gott um Vergebung. Und als ich das getan hatte, spürte ich, wie die ganze Last von meinem Herzen abfiel – eine zentnerschwere Last wurde mir abgenommen. Mein Schmerz war verschwunden, und ich fühlte einen großen Frieden in meinem Herzen. Mein Glaube an Gott bekam neuen Auftrieb, und seit jenem Tag stehe ich Gott näher als je zuvor.
Kens Worte haben alles verändert. Er hat alles ins rechte Licht gerückt. Seit jenem Tag ist alles einfacher für mich. Natürlich tut es immer noch weh, aber nicht mehr so sehr. Heute kann ich ein Foto von Ken anschauen und sagen: «Ich liebe dich, mein Sohn», und dann wende ich mich wieder meiner alltäglichen Beschäftigung zu.

Valerie arbeitet als Geschäftsstellenleiterin in Massachusetts. John, ihr einziger Sohn, der im Alter von 18 Jahren an Mukoviszidose gestorben war, forderte sie auf, einem anderen Menschen beizustehen:

Ich ging immer wieder zum Friedhof, obwohl ich das Gefühl hatte, daß John gar nicht mehr dort war. Es war für mich eher ein Ort, wo ich mal abschalten und in Ruhe nachdenken konnte. Ich habe nie mit anderen Menschen auf dem Friedhof Kontakt gehabt – ich ging hin, um Blumen auf das Grab zu legen. Meistens war ich ganz in Gedanken versunken. Aber dieses eine Mal merkte ich, daß John mir etwas sagen wollte. Ich fühlte ihn plötzlich ganz in meiner Nähe und hörte ihn sagen: «Mama, jemand braucht dich.» Ich fühlte es auch ganz stark – irgend etwas zog mich magisch von Johns Grab weg.
Es war John, der immer wieder sagte: «Mama, hier kannst du nichts mehr tun. Ein anderer Mensch braucht dich.» Es ging alles ganz schnell und telepathisch, und ich merkte, wie ich von seinem Grab in eine Richtung gezogen wurde.
Ich wandte mich also von Johns Grab ab und ließ mich von John zu einem Grab führen, vor dem ein Mann kniete. Ich sprach ihn an: «Entschuldigen Sie, ich nehme an, Ihre Blumen

hier sind für einen Menschen, der Ihnen besonders viel bedeutet hat.»
Der Mann drehte sich zu mir um, stand auf und antwortete: «Ja, für meinen Sohn.» Er sah mich an, als wolle er fragen: «Wer sind Sie?», und ich sagte: «Verzeihung, ich wollte Sie nicht belästigen, ich sah nur die schönen Blumen und wollte Ihnen guten Tag sagen, entschuldigen Sie bitte.»
Immer noch fühlte ich die Gegenwart meines Sohnes. Ich spürte, daß noch eine andere Seele bei ihm war, aber ich wußte erst, wer sie war, als der Mann von seinem Sohn zu erzählen begann.
Er sagte: «Troy, mein Sohn, wurde ermordet. Er hatte Muskelschwund und mußte an Krücken gehen. Er war sehr klug und intelligent.»
Der Vater erzählte mir, wie wütend und verletzt er sei und wie ihn der Tod seines Sohnes schmerze. Er sprach immer wieder von den Männern, die seinen Jungen getötet hatten. Er machte sich solche Vorwürfe, daß er nicht dabeigewesen war, als sein Sohn starb. Schließlich legte er die Arme um mich und begann zu weinen.
Dann hörte ich John sagen: «Deshalb bist du hier, Mama! Sag ihm, daß Troy in dem Augenblick, als die Männer ihn erdrosselten, als sie ihn töteten, seinen Körper verließ. Er mußte nicht leiden. Er fühlte keine Schmerzen mehr. Mama, die eigentlich Leidenden sind die Menschen dort unten, die noch leben. Troy ist jetzt bei uns, und es geht ihm gut. Er empfindet Mitleid für die Männer, die ihn getötet haben.»
Ich gab alles, was John sagte, an den Mann weiter. Er sah mich nur an und fragte dann: «Woher wissen Sie das alles?» Ich antwortete: «Weil mein verstorbener Sohn es mir gerade gesagt hat.» Und ich erzählte ihm von anderen Begegnungen mit John, bei denen er mir gezeigt hat, daß es ein Leben nach dem Tod gibt. Troys Vater war so beglückt, daß er mir um den Hals fiel und mir einen Kuß gab.
John hatte recht! Jemand brauchte mich – jemand brauchte uns beide. Ich bin so froh, daß wir diesem unglücklichen Vater helfen konnten.

Scott, 18, besucht die letzte Klasse einer High-School in Ohio. Sein Freund Marty starb mit 17 Jahren an einem angeborenen Herzfehler:

Vor ein paar Jahren war ich richtig schlecht drauf. Ich nahm Drogen, ließ mich völlig gehen und kümmerte mich einen Dreck um andere Menschen. Nach einem Selbstmordversuch ging ich ins Krankenhaus, um mir den Kopf wieder zurechtrücken zu lassen.

Als ich aus dem Krankenhaus entlassen wurde, war Marty für mich da. Er war bei mir und sorgte dafür, daß es mir gutging und ich nicht wieder ins alte Fahrwasser geriet. Aber als er dann starb, trauerte ich sehr um ihn und begann wieder abzudriften.

Ungefähr drei Monate später lag ich eines Nachts im dunklen Wohnzimmer auf dem Sofa. Ich schaute zur Uhr und sah, daß es fünf Minuten nach zwei Uhr war. Plötzlich stand Marty da, ungefähr drei Meter von mir entfernt. Ich sah ihn so deutlich wie am hellichten Tag! Er hatte ein weißes T-Shirt und Bluejeans an. Ich lag da wie gelähmt, als er mich anschaute und mir zulächelte. Ich konnte es nicht glauben! Irgendwie war mir das Ganze unheimlich, aber ich freute mich so, ihn wiederzusehen, daß ich aufstand.

Marty trat auf mich zu. Überall um uns herum war Licht, aber ich weiß nicht, woher es kam. Er sagte: «Mach dir keine Sorgen, okay? Ich bin glücklich. Dein Leben geht weiter! Laß dich von mir nicht davon abhalten. Es ist nett von dir, an mich zu denken, aber du mußt dein Leben weiterleben.»

Als Marty noch lebte, lachte er nicht oft, aber diesmal lachte er. Ich hatte den Eindruck, daß er jetzt zufriedener und glücklicher war. Ich umarmte ihn, und dabei nahm ich seinen Körpergeruch wahr und fühlte die Wärme seines Körpers – es war Marty! Ich konnte sogar seinen Atem spüren, wenn er sprach – es war ganz eigenartig. Dann setzte ich mich wieder und schloß die Augen. Ich weiß nur noch, daß ich dann eingeschlafen bin.

Diese Erfahrung hat mich wieder aufgerichtet. Sie hat mich total verändert. Ich wußte, er war okay und er war glücklich.

Jetzt war ich wieder mit mir selbst im reinen. Marty mag tot sein, aber er ist immer bei mir – ich weiß es ganz sicher. Er hat mir versprochen: «Ich bin hier. Ich werde immer für dich da sein.»

Zur Zeit habe ich einen Freund, der in der gleichen Situation ist wie ich, als Marty noch lebte. Ich tue für ihn, was Marty für mich getan hat, und er ist inzwischen clean. Vielleicht wird auch er eines Tages dasselbe für jemand anderen tun.

Arlene ist Hausfrau und lebt in Illinois. Fast zwei Jahre nachdem ihr 27jähriger Sohn Russ ermordet worden war, traf sie ihn auf spiritueller Ebene wieder:

Mein Mann und ich engagierten uns sehr in der Selbsthilfegruppe *Parents of Murdered Children*. Wir hatten viel Kontakt zu anderen betroffenen Eltern. Bei unseren Zusammenkünften sagte ich oft: «Wenn ich Gott einmal gegenüberstehe, werde ich ihn als erstes fragen: ‹Warum? Warum mußten alle diese unschuldigen Kinder ermordet werden? Warum läßt du das zu?›» Auch viele andere betroffene Eltern fragen sich immer wieder «Warum?» Eines Nachts träumte ich, ich wäre im Himmel. Der Herr war dort. Er war allumfassend – Er war alles! Meine erste Frage an ihn war: «Warum? Warum hast du zugelassen, daß Russ getötet wurde?»

Der Herr sagte: «Arlene, dort ist dein Sohn. Geh zu ihm und laß ihn dich willkommen heißen.» Ich blickte mich um und sah meinen Sohn!

Russ stand da und lächelte, und er hatte seine Arme nach mir ausgestreckt. Er trug ein blendend weißes Gewand, es glitzerte wie frisch gefallener Schnee. Sein Gesicht drückte eine Glückseligkeit aus, wie ich sie noch nie bei ihm gesehen hatte. Es strahlte, es leuchtete!

Ich rannte zu ihm hin, und wir umarmten uns innig. Ich wollte ihn nur noch halten und an mich drücken. Mein Sohn sagte: «Sei willkommen, Mama.» Ich legte meinen Arm um seine Taille, er tat dasselbe bei mir, und so gingen wir zusammen an einen herrlichen Ort mit grünen Bäumen unter blauem Himmel. Wir sprachen beide kein Wort, und ich hatte auch völlig

vergessen, «Warum?» zu fragen. Allein das Zusammensein mit ihm war für mich die reine Freude!
Wir stiegen einen kleinen Hügel hinauf, und da ahnte ich in meinem Innersten, daß ich auf der anderen Seite etwas Wunderbares sehen würde. Aber ich kam nicht mehr dazu, es zu sehen, denn ich wachte auf.
Seit dieser Erfahrung habe ich aufgehört, mich mit der Frage nach dem Warum herumzuquälen. Ich glaube, der Herr wollte mir zeigen, daß es nicht wichtig ist, wie wir sterben, und daß wir uns nicht nach dem Grund fragen sollen. Viel wichtiger ist, daß wir uns bemühen, mit den Gaben, die der Herr uns geschenkt hat, das Beste aus unserem Leben zu machen.

Rob ist Monteur und lebt im Mittleren Westen. Er war am Boden zerstört, als seine 25jährige Tochter Bonnie einem Gewaltverbrechen zum Opfer fiel:

Bonny war ermordet worden, und ich war voller Selbstmitleid und Haßgefühle. Ich glaubte weder an Gott noch an Gerechtigkeit. Und ich war wie besessen von dem Gedanken, diesen Kerl umzulegen, diesen Mann, der meine Tochter auf dem Gewissen hatte.
Dann kam der Tag ihrer Beisetzung. Als wir vom Friedhof nach Hause kamen, wimmelte es da nur so von Menschen. Ich hielt es drinnen nicht aus und ging in den Hof hinterm Haus.
Plötzlich spürte ich deutlich, daß Bonnie ganz in der Nähe war. Ich dachte, jetzt brauchst du dich nur umzudrehen, und sie steht vor dir. Da spürte ich plötzlich, wie sich im hintersten Winkel meines Gehirns ein Gedanke kristallisierte. Fast konnte ich Bonnies Stimme hören. Sie flehte mich an: «Dad, bitte! Du mußt für ihn beten!» Ich sagte: «Du weißt nicht, was du da von mir verlangst! Das kann ich nicht! Es wäre fast so, als würde ich ihm vergeben. Das bringe ich nicht übers Herz!»
Da sagte Bonnie: «Du tust es nicht für ihn, Dad, sondern für dich!» Sie bat mich inständig, es für mein eigenes Seelenheil, für meine eigene Gesundheit zu tun. Ich glaube, sie bat mich

darum, weil sie ahnte, daß ich sonst jemanden umbringen oder verrückt werden würde. Dann war sie wieder verschwunden.

Ich stand da und versuchte, mir einen Reim auf das Ganze zu machen. Ich zweifelte keinen Augenblick daran, daß ich gerade mit meiner Tochter kommuniziert hatte. Dann ging ich wieder ins Haus. Meine Frau stand gerade mit einer unserer Bekannten im Schlafzimmer. Ich faßte beide an den Händen und sagte: «Bonnie hat gerade zu mir gesprochen und gesagt, ich solle beten, für ihn beten.» Und da sprachen wir ein Gebet.

Etwa sechs bis acht Monate später war ich reif fürs Irrenhaus, denn ich schmiedete noch immer Mordpläne gegen diesen Kerl. Eines Abends machte ich mich schließlich völlig verzweifelt auf zu Bonnies Grab. Ich stand davor und versuchte, einen klaren Gedanken zu fassen. Da tauchte wieder ein Gedanke in meinem Hinterkopf auf und floß durch mich durch.

Ich hörte, wie Bonnie zu mir sprach: «Ich bin nicht hier, Dad. Ich bin nicht hier unter der Erde. Dad, bitte, sei unbesorgt. Es geht mir gut.» Sie klang sehr bestimmt, sehr ruhig und sehr liebevoll – fast wie eine weise Großmutter, die mit ihrem Enkel spricht.

Dann sagte sie zu mir: «Geh jetzt nach Hause und hilf Mama. Raff dich auf und tu etwas! Und nicht vergessen: Bete für ihn!» Bonnie wollte mich vor dem Zusammenbruch bewahren. Dann verschwand sie wieder.

Nun erhielt ich Hilfe von einigen Freunden, die am 12-Schritte-Programm der Anonymen Alkoholiker teilnahmen. Auch meine Frau half mir sehr. Und von diesem Zeitpunkt nahm mein Leben wieder Gestalt an.

Irgendwann verschwanden meine Rachegelüste, und heute bin ich endgültig frei davon.

Diana lebt in Pennsylvania, wo sie als Reitlehrerin für behinderte Erwachsene und Kinder tätig ist. Sie trauerte um ihre 4jährige Tochter Lisa, die aus unbekannten Gründen verstarb:

Ein paar Tage nach Lisas Beerdigung lag ich eines frühen Morgens wach im Bett und fragte mich, wie ich diesen Tag bloß überstehen sollte. Da bemerkte ich an der linken Wand in der Ecke eine Dunstwolke, die aussah wie dicker, goldener Nebel. Aus der Wolke kam nach und nach die Gestalt eines Mannes zum Vorschein, der auf einem Hocker saß. Das Bild füllte die ganze Zimmerhöhe aus. Der Mann war so groß wie ein normaler Mensch und trug ein weißes Gewand mit einem braunen Hanfgürtel und Sandalen. Ich wußte plötzlich, das war Jesus! Er hatte langes, schwarzgraues Haar und eine ganz natürliche Hautfarbe. Farbiges Licht ging von ihm aus.
Er hatte irgendwie orientalische Züge an sich, gleichzeitig sah er aber auch leicht skandinavisch und afrikanisch aus. Er war sehr universal. Er war nicht durchsichtig, aber auch nicht dreidimensional. Meine Tochter saß seitwärts auf seinem Schoß. Lisa trug ein langes, weißes Kleid und schaute mit einem glückseligen Lächeln zu Ihm auf. Ihre Augen, ja ihr ganzes Gesicht strömte Licht und Freude aus, und es bestand ein Energiefluß zwischen den beiden.
Jesus schaute mich an und fragte: «Würdest du sie zurückhaben wollen, wenn du könntest?» Das Bild vor mir war so schön und so wunderbar, daß ich es auf keinen Fall zerstören wollte. Ich dachte: «Wie kann ich sie jetzt zurückverlangen, wo sie doch offensichtlich so glücklich ist?»
Plötzlich wurde die Schlafzimmertür aufgerissen, und meine zwei kleinen Söhne kamen hereingestürmt. Die Szene von Jesus und Lisa verschwand – das schöne Bild war nicht mehr da.
Nach Lisas Tod war ich wie gelähmt gewesen. Diese Erfahrung hat mir wieder die Kraft gegeben, mich den Anforderungen meines Lebens zu stellen.
Ich bin so dankbar, daß ich einen Blick auf einen anderen Ort in unserem Universum werfen durfte, denn ich erkannte, daß es außer unserer Welt noch andere Welten gibt. Ich fürchte mich nicht mehr vor dem Tod und mache mir auch keine Sorgen mehr, denn ich weiß, daß Lisas Seele weiterlebt.

Samuel aus Alabama ist Beamter im Ruhestand und war sehr betroffen, als sein Enkel Dennis mit 19 Jahren starb:

> Dennis und ich standen uns sehr, sehr nahe. Ich sehe ihn noch, wie er als Baby überall herumkrabbelte und ich ihn auf den Armen herumtrug. Er folgte mir auf Schritt und Tritt. Manchmal denke ich, daß ich mich zu sehr um ihn gekümmert habe. Ich hatte auch meine anderen Enkelkinder lieb, aber Dennis war mein ein und alles.
> Er war ein sehr lieber Junge, und er hatte ein durch und durch gutes Wesen. Das war einfach seine Art. Er war immer ruhig und besonnen, nie kam ein Fluch über seine Lippen. Er versuchte sogar, mich vom Trinken und Rauchen abzubringen.
> Dann kam Dennis mit dem Gesetz in Konflikt, sie nahmen ihn wegen einer Bagatelle fest – er hatte irgendwelche Bücher bei sich, die ihm nicht gehörten. Man sagte uns, sie hätten ihn ins Gefängnis gebracht, und er habe versucht, sich in der Zelle zu erhängen, was ihm aber nicht gelang. Gegen 2 Uhr morgens fanden sie ihn und brachten ihn ins Krankenhaus. Ungefähr zwei Stunden später, gegen 4 Uhr morgens, hatte er einen Herzinfarkt und starb. Es tat mir so weh.
> Es war ungefähr zwei oder drei Monate danach. Ich träumte, Dennis sei da und würde geradewegs auf mich zukommen, es kam mir alles sehr real vor. Ich nahm ihn in die Arme und drückte ihn an mich, und er umarmte mich. Und wissen Sie, was er da zu mir sagte? Er sagte: «Großvater, du brauchst dir keine Sorgen um mich zu machen und Mama auch nicht, keiner braucht sich zu sorgen, denn es geht mir gut.» Ich hörte Dennis' Stimme – sie hörte sich jedenfalls wie seine an.
> Ich hielt noch seine Hand fest, da wachte ich plötzlich auf. Ich war zutiefst bewegt – es war alles so klar und deutlich! Bis zu jenem Traum wollte ich lieber tot sein als lebendig. Nun fühle ich mich irgendwie erleichtert, und ich habe wieder ein wenig mehr Lebensmut. Ich weiß nun, daß es wieder besser wird und daß ich weiterleben kann. Es muß ein Leben nach dem Tod geben, das ist mir klar gezeigt worden.

Carlita, eine Grundschullehrerin aus New Mexico, erlebte eine außerkörperliche Wiederbegegnung mit ihrer Tochter Serena, die sie im fünften Monat ihrer Schwangerschaft verloren hatte, und mit ihrem Sohn Carlos, der vierzehn Monate später tot zur Welt gekommen war:

> Ungefähr sechs Monate nachdem ich meinen Sohn verloren hatte, war meine Trauer kaum noch zu ertragen. Ich fragte andauernd: Warum – warum gerade ich? Es ging mir nur noch schlecht, und ich dachte oft daran, mit allem Schluß zu machen.
>
> Eines Nachts befand ich mich im Traum an einem Ort, der meiner Vorstellung vom Himmel glich. Ich stand auf einer wunderschönen Wiese, die über und über mit blühenden Blumen übersät war. Ein Engel kam auf mich zu und sagte, er wolle mir etwas ganz Besonderes zeigen. Er trug einen sechs Monate alten Jungen auf seinem rechten Arm, an der linken Hand hielt er ein kleines Mädchen, das mit tapsigen Schritten neben ihm hertrottete. Sie war noch klein, aber sie konnte schon reden.
>
> Sie sagte: «Mama, ich bin Serena, und das ist mein kleiner Bruder Carlos. Es geht uns beiden gut. Wir sind sehr glücklich. Wir haben dich sehr lieb, du brauchst nicht mehr traurig zu sein. Eines Tages werden wir alle wieder beisammen sein.»
>
> Beide hatten weiße Gewänder an. Serena trug kleine Sandalen an ihren Füßen, Carlos war barfuß. Sie waren umgeben von einem wunderschönen Lichtschein, einem strahlend hellen Licht, das aus ihrem Herzen kam. Ich fragte den Engel: «Darf ich näher kommen?» Er nickte: «Ja.» Der Engel hatte wohl die Funktion eines Babysitters. Ich weiß noch, daß ich im Gras saß und gerade Carlos auf den Schoß nahm, als Serena zu mir kam. Ich weinte vor lauter Liebe und Glück. Ich wollte den Kindern irgendwie zeigen, daß ich sie liebte und daß auch ihr Vater sie liebte.
>
> Ich wollte bei ihnen sein und sie anschauen, solange es ging. Dann konnte ich sie noch einmal umarmen und küssen, bevor sie wieder mit dem Engel fortgingen. Als ich aufwachte, war

ich von einem großen Frieden erfüllt. Ganz besonders schön war es zu entdecken, daß die Kinder sowohl meinem Mann als auch mir ähnlich sahen. Serena ist ihrem Vater fast aus dem Gesicht geschnitten, Carlos dagegen schlägt eher in meine Richtung.

Der 42jährige Dave aus Ohio fühlte sich auf seinem Weg bestärkt, als er seine Großmutter wiedersah, die mit 83 Jahren an einem Herzschlag gestorben war:

Baba, meine Großmutter, war sehr religiös und streng katholisch erzogen. Sie ging jeden Tag zur Kirche, beschäftigte sich viel mit spirituellen Dingen und betete täglich fünf Rosenkränze.
Mit vierzehn Jahren trat ich in ein Priesterseminar ein. Meine Großmutter unterstützte mich sehr in meiner Entscheidung. Sie war so stolz und glücklich, daß ich Priester werden wollte.
Doch nach neun Jahren verließ ich das Seminar. Babas Traum ging also nicht in Erfüllung. Aber obwohl sie enttäuscht war, blieb sie für mich eine liebende und fürsorgliche Großmutter, bis sie im Jahr darauf starb.
Zwei Jahre später, ich war inzwischen sechsundzwanzig, fühlte ich mich erneut zum Priestertum berufen und beschloß, mein Studium wieder aufzunehmen. Zwei oder drei Tage bevor ich wieder ins Seminar ging, hatte ich einen Traum, der so intensiv und lebendig war, wie ich es noch nie erlebt hatte.
Ich wurde in das Haus meiner Großmutter gebracht, und da sah ich sie in einer Ecke des Zimmers stehen. Sie sah genauso aus, wie ich sie in Erinnerung hatte. Sie hatte die Haare zum Knoten festgesteckt und trug ein Seidenkleid und die Schürze, die sie immer angehabt hatte. Als sie auf mich zutrat, veränderte sich ihre äußere Erscheinung, ihre Haut wurde fast durchsichtig, und ihr Körper strahlte ein helles Licht aus. Da stand ein wunderschönes, junges, von Lebensenergie und Licht erfülltes Wesen vor mir.
Baba umarmte mich. Nie werde ich diese Umarmung verges-

sen, denn mir wurde ganz warm dabei. Sie flüsterte mir ins Ohr: «David, ich habe gebetet, daß du Priester wirst. Und ich werde nie aufhören, für dich zu beten und dir zu helfen. Du wirst ein guter Priester sein.» Dann küßte sie mich auf die linke Wange, wandte sich ab und war verschwunden. Als ich aufwachte, wußte ich in meinem tiefsten Inneren, daß ich eine Begegnung mit meiner Großmutter erlebt hatte! Sie hatte die Schranken von Zeit und Raum überwunden, um mir zu sagen, daß sie meinetwegen glücklich sei. Ich war überwältigt von einem Gefühl tiefen Friedens. Alle Sorgen und Zweifel wegen meiner Rückkehr ins Priesterseminar waren wie weggeblasen.

1981, also vier Jahre später, wurde ich zum Priester geweiht, und mein Leben als Priester war stets sehr positiv. Ich weiß, daß meine Großmutter all die Jahre über bei mir war und für mich gebetet hat.

Kathryn, eine 60jährige Lehrerin und Hausfrau aus Virginia, schöpfte neue Hoffnung aus einer Begegnung mit ihrem Schwiegervater, der zwölf Jahre zuvor an Krebs gestorben war:

Dieses Erlebnis hatte ich ungefähr einen Monat nach der Krebsoperation meiner Tochter. Sie hatte Eierstockkrebs, wir erfuhren es zwei Monate nach ihrem Universitätsabschluß.

Es war ein Schock für uns alle! Der Krebs war schon im fortgeschrittenen Stadium und hatte auch in einigen anderen Körperteilen Metastasen gebildet. Die Ärzte gaben ihr nicht mehr lange zu leben, und wir alle machten eine schreckliche Zeit durch.

Krista hatte vorgehabt, im Mai zu heiraten. Als wir im April von ihrer Krankheit erfuhren, sagten wir die Hochzeit ab. Auch unser Neffe heiratete im Mai. Mein Mann und ich gingen hin, wir blieben aber nur zwanzig Minuten beim Empfang und machten uns gleich wieder auf den Heimweg.

Auf der Fahrt nach Hause waren wir sehr schweigsam. Ich lehnte mich mit geschlossenen Augen in den Sitz, überließ mich meinen Gedanken. Wie dramatisch hatte sich unser

Leben doch in nur einem einzigen Monat verändert! Krista war sterbenskrank, und nichts war mehr, wie es gewesen war. Ich dachte: «Das kann doch eigentlich nicht sein. So etwas passiert doch sonst immer nur anderen Leuten, aber doch nicht dir.»

Plötzlich war ich buchstäblich überwältigt von der Gegenwart meines Schwiegervaters! Er war einfach da. Ich mußte nach Luft schnappen, so sehr nahm mich seine Nähe ein. Sie war stark und tröstlich, ich war mir sicher, daß nur er es sein konnte. Vor lauter Freude stiegen mir die Tränen in die Augen. Seine Liebe war sehr groß, und ich spürte seine Anteilnahme. Mir blieb fast die Luft weg! Ich hatte gar nicht gewußt, daß es so etwas gab.

Irgendwie schaffte er es, daß ich ihn sofort erkannte. Und dann drangen die folgenden Worte in mein Bewußtsein: «Katy, Liebling, du brauchst dir jetzt keine Sorgen mehr zu machen. Krista wird wieder gesund werden. Das Schlimmste ist vorbei! Wir konnten hier eine ganze Menge für sie tun.» Ich hörte seine Stimme nicht. Es war, als schicke mir mein Schwiegervater ein Gedanken-Telegramm.

Meine Tochter machte wirklich Fortschritte – es ging so schnell, daß wir es kaum glauben konnten! Sie bekam Chemotherapie und Bestrahlungen, aber sie überstand alles ohne die schrecklichen Nebenwirkungen, die die meisten Krebspatienten erleiden müssen. Ihre Genesung verlief sehr sanft.

Als alles überstanden war, war Krista fast wie neugeboren. Sie wollte ihr ganzes Leben verändern. Und sie heiratete doch noch, aber einen anderen Mann. Bei der Nachuntersuchung nach zehn Jahren verkündete der Arzt, sie sei durch ein Wunder wieder gesund geworden!

Paulette ist Krankenschwester und lebt in Alaska. Ihr Schmerz war groß, als ihr Sohn Nicholas mit 14 Jahren starb:

Kinder glauben, sie würden ewig leben – sie denken nicht daran, daß es so etwas Endgültiges wie den Tod gibt. Mein Sohn Nicholas hatte Angst davor, in eine große High-School zu wechseln. Er gestand einem Freund, er werde ein paar

Tabletten nehmen, gerade so viele, daß ihm schlecht davon würde und er nicht in diese Schule gehen müsse. Aber er nahm zu viele und starb.

Als ich am Abend nach seinem Tod zu Bett ging, hörte ich in seinem Zimmer ein Rumoren. Ich empfand den Drang nachzusehen, also stand ich auf, ging in sein Zimmer und setzte mich auf sein Bett. Ich sagte: «Okay, hier bin ich also. Was willst du von mir?» Ich hatte solch eine Wut auf ihn!

Es kam mir vor, als sei das ganze Zimmer von Nicholas' Seele, von seiner Gegenwart erfüllt. Er sagte: «Mama, was ich getan habe, tut mir leid. Ich wollte es nicht. Ich habe solche Angst!»

Ich antwortete: «Nicholas, geh und such Großvater. Er wird auf dich aufpassen. Es wird alles gut. Such Großvater.» Mein Vater war vor vierzehn Jahren gestorben, an einem ersten Mai, genau wie Nicholas.

Hinterher konnte ich gar nicht begreifen, was da eben geschehen war. Ich bekam Panik und lief hoch in mein Zimmer. Zitternd lag ich im Bett.

Als ich am nächsten Morgen aufstand, fragte ich mich: «Was habe ich bloß getan? Nicholas hat meinen Vater ja gar nicht gekannt!» Ich fürchtete, etwas Falsches gesagt zu haben, und war deswegen wütend auf mich selbst. Den ganzen Tag sagte ich immer wieder: «Nicholas, du mußt mir ein Zeichen geben, daß es dir gutgeht. Ich brauche es dringend! Wie soll ich weiterleben ohne die Gewißheit, daß bei dir alles in Ordnung ist?» Ich ging in die Kirche und bat Gott, mir zu zeigen, daß Nicholas meinen Vater gefunden hatte.

Am nächsten Abend kam meine Freundin zu mir herüber und rief: «Paulette, warst du schon draußen? Das mußt du dir unbedingt ansehen – das ist etwas Einmaliges.»

Ich ging also nach draußen und sah einen doppelten Regenbogen in den wunderschönsten Farben! Da wußte ich, das war mein Zeichen, daß es Nicholas gutging und daß er meinen Vater gefunden hatte.

Ich hatte bekommen, was ich gewollt hatte, und mußte während der Beerdigung meines Sohnes keine Träne vergießen. Warum hätte ich auch weinen sollen, wo ich doch das größte

Geschenk bekommen hatte, das ich mir wünschen konnte: die Gewißheit, daß mein Sohn Frieden gefunden hatte.

Der 42jährige Vietnamveteran Lewis aus dem Mittleren Westen der USA hatte eine entscheidende Begegnung mit seinem Vater, kurz nachdem dieser an einem Schlaganfall gestorben war:

Ich diente als Stabsunteroffizier der Force Recon auf einem Marinestützpunkt in Vietnam. Wir trafen gerade Vorbereitungen für eine neue Mission.
An jenem Abend ging ich nach draußen, um ein bißchen frische Luft zu schnappen und zu beten. Da entdeckte ich keine zehn Meter vor mir eine Nebelschwade, die die Umrisse einer menschlichen Gestalt annahm und beim Näherkommen immer größer wurde. Ich blieb sofort stehen und warf mich auf den Boden, das Gewehr im Anschlag. Da erkannte ich die Stimme meines Vaters: «Lewis, ich bin sehr stolz auf dich. Aber bei dieser neuen Mission wirst du deine ganze Willenskraft brauchen, um wieder heil zurückzukommen. Du darfst nie aufhören, an dich zu glauben.» Mein Vater klang wirklich sehr besorgt. Dann sagte er: «Ich weiß, daß du diese Willenskraft aufbringen kannst, wenn sie aber nicht ausreicht, sehen wir uns bald hier.» Dann löste er sich in Luft auf.
Gegen 3 Uhr 30 brachen wir auf. Am zweiten Tag gerieten wir in einen Hinterhalt. Zwölf von uns waren losgegangen, nur drei kamen zurück. Ich hatte eine Schußverletzung in der Brust, der zweite eine kleinere Armverletzung, dem dritten hatten sie ins Bein geschossen. Sie trugen mich fast dreizehn Kilometer bis zum nächsten Arzt, wo ich ein Betäubungsmittel bekam.
Als ich einmal für ein paar Minuten zu mir kam, hörte ich, wie ein Arzt sagte: «Er hat keine Chance durchzukommen.» Dann wandte er sich wieder anderen Patienten zu. Mir wurde schwarz vor Augen, und es kam mir so vor, als bewegte ich mich zwischen hier und dort. Da hörte ich eine Männerstimme, die mir zurief: «Noch nicht aufgeben!» Ich glaubte, es war die Stimme meines Vaters, aber ich war mir nicht sicher.

Viele Wochen später wurde ich in ein Krankenhaus in Kalifornien verlegt. Noch heute habe ich sieben Granatsplitter in der Brust. Ich weiß, daß meine Stunde damals einfach noch nicht geschlagen hatte.

Diese Erfahrung hat mir gezeigt, daß mein Vater an meinem Leben immer noch Anteil nimmt. Er hat mich immer sehr geliebt, und er tut es auch nach seinem Tod. Es beweist mir, daß man auch nach dem Tod an die Menschen zurückdenkt, die man zu Lebzeiten geliebt hat.

Es gibt außer mir noch andere Männer, die dort draußen auf dem Schlachtfeld ähnliche Erfahrungen gemacht haben. Auch sie hatten etwas erlebt, was sie nicht für möglich gehalten hatten. Sie schrecken aber davor zurück, sich öffentlich dazu zu bekennen, denn man würde nur über sie lachen und sie für verrückt erklären.

Daniel, ein Sozialarbeiter aus Minnesota, hatte in den Nächten nach dem Tod seiner Frau Kathy, die an Krebs gestorben war, vier wichtige Begegnungen:

Als ich am Todestag meiner Frau abends zu Bett ging, fühlte ich mich völlig müde und ausgelaugt. Ich versuchte, mich zu entspannen, aber mir gingen unablässig Gedanken durch den Kopf. Unvermittelt sah ich bei geschlossenen Augen ein klares Bild von Kathy. Es war auch noch da, als ich die Augen wieder öffnete. Ein wohliger Frieden und ihre spürbare Gegenwart erfüllten mich.

Kathy war wunderschön, ihre Gesichtszüge rein, und sie trug ein leuchtend weißes, schwingendes Kleid. Sie strahlte mehr denn je! Ihr Haar war wieder so schön lang und braun, wie es vor der Chemotherapie und den Bestrahlungen gewesen war. Ich war völlig eingenommen von ihrer auffälligen Schönheit! Wir kommunizierten auf telepathische Weise miteinander, und Kathy sagte, sie sei sehr, sehr glücklich. Sie sei ihren Großeltern und anderen Verwandten begegnet. Ich versicherte ihr, wie sehr ich sie liebte und wie froh ich sei, daß sie nun weiterlebe und nicht mehr leiden müsse. Wir blieben noch eine ganze Weile beisammen, dann dankte ich ihr, daß

sie für mich da war. Als ihr Bild verblaßte, erinnerte ich mich an Kathys Versprechen, bei mir zu sein, wenn ich sie brauchen würde.
In der zweiten Nacht, nach der Totenwache, fühlte ich mich wie benommen, als ich zu Bett ging. Andauernd mußte ich an Kathy denken, ich grübelte darüber nach, ob wir auch alles richtig gemacht hatten. Wieder stellte sich das unmittelbare Empfinden ihrer Gegenwart ein, und sie erschien vor meinen Augen in einem noch helleren, noch leichteren, wallenden Gewand. Ein strahlendes Licht umgab sie von allen Seiten und ging von ihr aus.
Sie erzählte, sie habe noch mehr Freunde und Verwandte getroffen, sie habe viel zu tun. Ich fragte sie, ob sie nicht den heiligen Franziskus aufsuchen wolle, denn er hatte ihr sehr viel bedeutet. Sie versprach, es zu tun. Wir redeten über die Kinder, wobei Kathy mir versicherte, sie sei in unserer Nähe, wir sollten uns keine Sorgen machen. Sie dankte mir dafür, daß ich ihr beigestanden hatte, und ich bedankte mich bei ihr für ihren Beistand. Dann schlief ich einfach ein.
Am nächsten Tag war Kathys Beerdigung. Ich konnte überhaupt nicht fassen, was geschehen war. Als ich mich an jenem Abend schlafen legte, kehrte jene wunderbare Vision von Kathy wieder. Sie war immer heller, immer strahlender, so als bestünde ihr ganzer Körper nur noch aus Licht. Ich fragte sie, wie es im Himmel sei, und sie antwortete: «Ich bin so glücklich hier. Es gibt keine Schranken zwischen uns. Wir spüren mit deutlicher Klarheit unsere eigene Güte und die Güte, die wir für andere empfinden. Und diese Erfahrung vollkommener Güte in jedem einzelnen von uns läßt uns wachsen. Wir können viel besser erkennen, worin sich Güte zeigt, und wir erkennen noch größere Güte in anderen, denen wir begegnen. Ich kann es kaum erwarten, bis auch du diese Liebe und Freiheit kennenlernst!» Wir tauschten noch eine Weile unsere Gedanken aus, bevor ihr Bild wieder verblaßte.
In der vierten Nacht kam sie wieder, gerade als ich ins Bett ging. Egal, ob ich die Augen geöffnet oder geschlossen hatte – das Bild war da wie in den vorigen Nächten, nur daß Kathy immer undeutlicher und das Licht immer heller wurde.

Sie sagte: «Komm mit. Ich möchte dir etwas zeigen.» Ich tat einen Schritt und gelangte irgendwie zu ihr. Wir gingen auf einem schmalen Weg abwärts in ein breites Tal, das rechts und links von zwei hohen, zerklüfteten Gebirgszügen gesäumt war, die auf einen fernen Gipfel zustrebten.
«Das ist das Leben», erklärte sie mir. «Es gibt viele Wege durch das Tal, viele Menschen, denen man begegnet. Jeder hat seine eigene Vorstellung davon, was gut und böse, was richtig und was falsch ist, also nimm die Menschen so, wie sie sind. Manche sind sehr schnell am Ziel, andere mühen sich ein Leben lang damit ab, den Gipfel zu erklimmen.»
Kathys Umrisse verschmolzen ganz langsam mit einem hellen, weißen Licht am Ende des Tals. Sie war ganz von dieser Lichtwolke umschlossen, die dann mit einem anderen, ähnlichen Licht oben am Berggipfel eins wurde.
Ich hatte nicht das Gefühl, von Kathy verlassen worden zu sein – es kam mir eher so vor, als sei sie im Licht, als sei sie das Licht, ein grenzenloses Licht. Es strahlte von ihr zu mir, und ich werde dieses Licht immer in mir spüren, denn es ist nun ein Teil von mir geworden.
Auch als ich keine Visionen mehr hatte, hatte ich nicht das Gefühl, etwas verloren zu haben. Es war alles viel zu lebendig, real und aufbauend gewesen, als daß ich auch nur eine Minute daran zweifeln könnte. All diese Erfahrungen waren in sich vollkommen und ließen keine Fragen offen.

Die 39jährige Rosalyn lebt und arbeitet als Drogenberaterin in Washington. Wie heilsam Beten und Verzeihen sein können, wurde ihr durch folgendes Erlebnis auf dramatische Weise bewußt:

Onkel Mickey kam nach der Scheidung meiner Eltern zu uns, ich war damals sieben Jahre alt. Er war Alkoholiker, und meine Mutter wollte ihm helfen. Aber während der zwei Jahre, in denen er bei uns wohnte, wurde ich von ihm sexuell mißbraucht. Das war für mich eine sehr traumatische Zeit.
Mit siebzehn war ich selbst Alkoholikerin. Und mit achtzehn nahm ich schon harte Drogen. Jahrelang gehörten Alkohol

und Drogen zu meinem Alltag, bis ich irgendwann damit aufhörte.

Um trocken und clean zu bleiben, mußte ich meine Vergangenheit aufarbeiten – alle Menschen, Orte und Dinge, die mich verletzt hatten, noch einmal unter die Lupe nehmen. Und ich mußte mich so ehrlich wie möglich fragen, inwieweit diese Menschen oder Geschehnisse mein Leben beeinflußt hatten. Mir war es auch wichtig, mit meinem Onkel Frieden zu schließen, denn ich glaube, er hätte mich nicht mißbraucht, wenn er nicht Alkoholiker gewesen wäre. Also schickte ich Onkel Mickey einen Brief, in dem ich ihm meine Gefühle ihm gegenüber beschrieb und ihm versicherte, daß ich keinen Groll mehr gegen ihn hegte. Ob er ihn je bekommen hat, weiß ich bis heute nicht. All die Jahre betete ich immer wieder zum Herrn, er möge die Sünde meines Onkels mit meiner Liebe aufwiegen.

Im vergangenen Frühling wachte ich eines Nachts plötzlich auf. Ich drehte mich um und sah Jesus und Onkel Mickey direkt neben meinem Bett stehen! Ich sah nur ihre Oberkörper, und dahinter war helles Licht. Ein überwältigendes Gefühl der Liebe überkam mich, doch ich nahm auch den Ernst der Situation wahr. Der Herr stellte eine Frage, die ich in meinem Inneren vernahm. In Seiner Stimme lagen Autorität und Macht, aber auch Freundlichkeit.

Jesus fragte: «Willst du diesem Mann irgend etwas zur Last legen?» Ich antwortete: «Nein.» Dann sah Jesus meinen Onkel an und sprach zu ihm: «Auch ich lege ihm nichts zur Last.» Da wußte ich, daß Onkel Mickey seinen Frieden beim Herrn gefunden hatte – und daß er frei war.

Wenige Tage später schrieb mir meine Mutter, daß Onkel Mickey gestorben war.

Glen lebt im Südwesten und arbeitet als Briefträger. Er erlebte ein spirituell bereicherndes Wiedersehen mit seinem Sohn Ron, der mit 21 Jahren einem Mörder zum Opfer fiel, und mit Helen, Rons Mutter, die sechzehn Jahre zuvor an Krebs gestorben war:

Mein Sohn Ron wurde Montag nacht ermordet, aber ich

erfuhr es erst am Dienstag vormittag. Am Tag darauf mußte ich, weil es ein Mordfall und ich der nächste Angehörige war, seine Leiche identifizieren.
Das ist wohl mit Abstand das Schwerste, was ich in meinem ganzen Leben tun mußte. Sobald ich an meinen Sohn dachte, tauchte dieses Bild vor mir auf, wie er da auf dem Tisch im Leichenschauhaus lag. Es verdrängte alle anderen Bilder, die ich von ihm hatte – ich sah immer nur seine häßliche, verstümmelte Leiche.
Am Donnerstag wachte ich gegen vier Uhr morgens auf. Ich setzte mich auf und sah auf die Uhr. Plötzlich stand Ron vor mir! Er schien von einer Art Flutlicht angestrahlt zu werden, aber ich konnte ihn sehr deutlich sehen. Er trug Jeans und ein T-Shirt. Er war greifbar und wirklich! Als er mich anlachte, wußte ich, daß er ganz gesund war. Seine Zähne waren nicht mehr gelblich und abgebrochen wie vor seinem Tod, sondern strahlten weiß und makellos.
Dann holte er Helen, seine Mutter, zu mir ans Bett. Als ich sie sechzehn Jahre vorher zu Grabe getragen hatte, hatte ich sie auch aus meinem Gedächtnis verbannt. Ich glaubte damals weder an Gott noch an den Himmel oder ein Leben nach dem Tod. Ich glaubte nur an dieses eine Leben. Ron und Helen hielten sich an den Händen. Helen sah ebenfalls ganz gesund aus, sie hatte auch alle Haare wieder, die sie durch die Chemotherapie und die Bestrahlungen verloren hatte. Jetzt sah sie aus wie bei unserer Hochzeit. Sie trug ein weit schwingendes Kleid und sah sehr hübsch darin aus.
Ich sagte: «Helen, es tut mir leid. Ich habe ...» Da unterbrach sie mich: «Ich verstehe schon, Glen.» Sie verstand, daß ich sie vergessen hatte. Dann war sie wieder weg, und ich hörte mich schluchzen. Ron lächelte mir wieder zu, und mir wurde klar, daß mein Sohn im Himmel war oder im Begriff war, in den Himmel zu kommen. Eine innere Glut erfüllte mich, ich hatte so etwas noch nie zuvor erlebt. Ich glaubte, ich würde gleich platzen – vor Wonne!
Und plötzlich glaubte ich! Ich wußte, daß es Gott Vater, Jesus und den Heiligen Geist, die Heiligen und alles, was ich in der Schule gelernt hatte, in Wahrheit gab! Ich wußte es einfach!

Da sagte Ron: «Kein Haß, keine Wut, Dad.» Und noch einmal: «Kein Haß, keine Wut.» Er schien mir damit zu versichern, daß er für niemanden Haß empfand und auf niemanden wütend war. Und er wollte auch nicht, daß ich Wut oder Haßgefühle gegen irgend jemanden hegte.
Dann sagte er noch: «Mach dir meinetwegen keine Sorgen. Ich bin glücklich.» Das tat mir gut, und ich fragte ihn, ob er da sein würde, wenn ich einmal sterbe. Da antwortete er: «Hey, Dad, woher soll ich denn das wissen? Ich bin doch auch ganz neu hier!»
Da wachte meine jetzige Frau Linda, die neben mir schlief, auf und berührte mich am Arm. Das beendete meinen Kontakt mit Ron. Und obwohl ich meinen Sohn weder sehen noch mit ihm in Verbindung treten konnte, war ich immer noch ganz berauscht von dem, was ich erlebt hatte. Und gleichzeitig empfand ich einen tiefen inneren Frieden.
Ungefähr einen Monat später kam mir plötzlich der Gedanke: «Und wenn das alles nur ein Werk des Teufels gewesen ist?» Doch dann mußte ich mich selbst zurechtweisen: «Du Dummkopf, warum sollte der Teufel etwas tun, das dich veranlaßt, dich von ihm abzuwenden?» Der Satan hatte mich nahezu vierzig Jahre lang in seiner Gewalt gehabt. Jetzt weiß ich, daß Gott sehr viel stärker ist als der Teufel. Nachdem Ron ermordet worden war, wollte ich den Mann, der ihn auf dem Gewissen hatte, umbringen. Ich wollte nicht eher ruhen, als bis dieser Mann seinen letzten Atemzug getan hatte. Heute stehe ich dazu völlig anders. Ich habe Mitleid mit ihm, denn nun muß er jeden Tag damit leben, daß er meinen Sohn umgebracht hat.
Sie können sich gar nicht vorstellen, wie glücklich ich bin, seit ich weiß, daß mein Sohn bei seiner Mutter im Himmel ist! Diese Erfahrung hat mein Leben verändert. Sie hat mir die Augen geöffnet. Sie hat mir gezeigt, daß es einen Gott gibt, daß es den Himmel gibt und daß Gott der Schöpfer aller Menschen ist.

23 Die Liebe währt ewig: Abschließende Überlegungen zum Phänomen Nachtod-Kontakte

> Der Tod ist nur ein Übergang von diesem Leben in eine andere Existenz, in der es keinen Schmerz und keine Angst mehr gibt. Alle Bitterkeit und Zwietracht wird sich auflösen, und das einzige, was ewig bleiben wird, ist die Liebe.
>
> *Elisabeth Kübler-Ross*

Wir kennen zwei Aspekte der Trauer, wenn eine geliebte Person stirbt. Der eine betrifft die Frage nach der weiteren Existenz des verstorbenen Angehörigen oder Freundes, der andere unser persönliches Verlustgefühl und unseren Schmerz. Trauernde stellen sich viele Fragen in bezug auf die verstorbene Person: «Gibt es ein Leben nach dem Tod? Existiert die Person noch? Geht es ihr gut? Ist sie glücklich? Weiß sie, daß ich sie vermisse? Werde ich sie jemals wiedersehen?»

Die sehr persönlichen Berichte in diesem Buch geben Antworten auf all diese Fragen. Immer wieder bestätigen Nachtod-Kontakte, daß es ein Leben nach dem Tod gibt und daß Verstorbene weiterexistieren. Diejenigen, die sich in himmlischen Regionen befinden, sind heil, gesund und glücklich in ihrem neuen Leben. Sie lieben uns auch weiterhin und sorgen sich um unser Wohlergehen. Sie wachen mit Verständnis und Mitgefühl über uns. Wir können zuversichtlich sein, daß die Trennung nur eine vorübergehende ist, da wir letztlich mit ihnen wiedervereint sein werden, wenn wir selbst sterben.

Doch vielleicht fragen Sie sich: «Was ist mit all den Menschen, die nie einen Nachtod-Kontakt erlebt haben?» Diese Frage wurde in unseren Seminaren besonders oft von Eltern gestellt, die ein Kind verloren hatten. Bedeutet es, daß ein verstorbenes Kind, ein verstorbener Ehepartner oder Elternteil sich für das Leid der Familie nicht ausreichend interessiert, um Kontakt aufzunehmen? Sind Trauernde, die keinen Nachtod-Kontakt hatten, eines solchen Kontakts weniger würdig als Menschen, die Nachtod-Kontakt erlebten? Wurden sie im Stich gelassen, als sie Trost und Hilfe am nötigsten brauchten?

Es gibt Erwachsene, die für Nachtod-Kontakte offener und empfänglicher zu sein scheinen als andere. Vielleicht hatten sie schon als Kind ein derartiges Erlebnis und wurden darin von ihren Eltern bestärkt, oder vielleicht wurden solche Erfahrungen in der Familie, in der sie aufwuchsen, frei und ohne Scheu diskutiert. In jedem Fall lernten sie es, ihrer Intuition zu trauen, weil dieser Teil ihrer Wahrnehmung verstärkt und nicht belächelt wurde. Vermutlich machen solche Menschen auch in ihrem Erwachsenenleben leichter spirituelle Erfahrungen; unsere Untersuchungen haben ergeben, daß es tatsächlich so ist.

Wir haben zudem herausgefunden, daß eine sehr lange, tiefe Trauer und starke Emotionen wie Bitterkeit, Wut und Angst Nachtod-Kontakte eher verhindern. Doch ist dies nicht immer der Fall, wie einige Berichte zeigen. Es ist auch nicht notwendig, an die Möglichkeit von Nachtod-Kontakten zu glauben, um solche Erfahrungen zu machen, denn unter den Betroffenen befanden sich viele erklärte Skeptiker. Warum also haben nicht alle Menschen Nachtod-Kontakte?

Wir vermuten, daß Verstorbene in den Monaten und Jahren nach ihrem Tod wiederholt versuchen, mit uns Kontakt aufzunehmen. Es ist, als würden sie «an unsere Tür klopfen». Aber wenn wir ihre Signale nicht hören, können wir nicht antworten und sie in unser Leben einlassen. Früher oder später werden sie weitergehen und das Wiedersehen mit uns abwarten, wenn wir selbst den Gang ins Licht antreten.

Gibt es etwas, das wir tun können, um die Wahrscheinlichkeit eines Nachtod-Kontaktes zu erhöhen? Sie haben gerade den ersten Schritt getan, indem Sie dieses Buch gelesen und erfahren haben, daß Millionen Menschen schon eine Begegnung mit einem Verstorbenen hatten. Wenn Sie zu dem Schluß gelangt sind, daß ihre Erlebnisse authentisch waren und ein Nachtod-Kontakt ein normaler Bestandteil des Lebens ist, haben Sie Ihr Herz und Ihren Verstand auf die Möglichkeit eingestimmt, daß auch Sie in Zukunft eine solche Erfahrung machen könnten.

Der leichteste Weg zu einem Nachtod-Kontakt scheint die Bitte oder das Gebet um ein Zeichen zu sein. Beispiele dafür haben wir in Kapitel 14 zum Thema symbolische Nachtod-Kontakte gesammelt. Wenn Sie um ein Zeichen bitten, ist es wichtig, aufmerksam und geduldig zu bleiben, weil es eine Weile dauern kann, bis Sie eines erhalten. Manche NTK-Zeichen sind eindeutig und leicht zu verstehen, andere sehr subtil. Lernen Sie vor allem, Ihrer Intuition zu trauen, denn nur dann können Sie Ihr Zeichen interpretieren und eine persönliche Bedeutung darin entdecken.

Eine andere Methode besteht darin, um eine Begegnung während des Schlafes zu bitten, denn dann sind Sie am entspanntesten und offensten. Sie können sich vor dem Einschlafen das Gesicht des Verstorbenen vorstellen, während Sie ihm oder ihr liebevolle Gedanken schicken. Aber lassen Sie sich nicht entmutigen, wenn diese Technik nicht gleich funktioniert. Wiederholen Sie sie, wenn nötig, in einer positiven Erwartungshaltung über mehrere Wochen oder Monate hinweg.

Am wirksamsten ist es, wenn Sie sich in Meditation üben. Sie können in jeder Buchhandlung einfache, leicht verständliche Bücher oder Kassetten erwerben. Schnellere Resultate erhalten Sie, wenn Sie einen Kurs besuchen, der von einem kompetenten Lehrer gehalten wird. Informieren Sie sich im voraus über diesen Lehrer, ganz so, wie Sie es bei einem Arzt oder Rechtsanwalt halten würden.

Meditation fördert Ihr Wohlbefinden auf verschiedene Weise. Wenn Sie um einen Menschen trauern, hilft sie Ihnen, ruhiger zu schlafen, mit mehr Appetit zu essen, und lindert ein wenig Ihre Niedergeschlagenheit und Ihren Kummer. Darüber hinaus mildert sie Gefühle wie Zorn, Haß oder Verzweiflung. Meditation hilft Ihnen auch bei Ihrem eigenen Heilungsprozeß, besonders dann, wenn Sie sich regelmäßig ein- oder zweimal täglich zwanzig Minuten Zeit dafür nehmen. Meditation ist eine sinnvolle Art, sich selbst etwas Gutes zu tun. Wenn Sie mit den Übungen zur Tiefenentspannung vertrauter sind, werden Sie sich allmählich von der äußeren, materiellen Welt abwenden und auf die spirituelle Dimension konzentrieren. Ihre intuitive Wahrnehmung wird geschärft werden. Dieser Prozeß wird vermutlich Ihre Fähigkeit, einen Nachtod-Kontakt zu erleben, fördern – sei es nun im Wachzustand oder im Schlaf. Vielleicht erleben Sie auch eine Begegnung, während Sie sich in einem ausgeglichenen Entspannungszustand befinden. Da Nachtod-Kontakte nicht willentlich oder durch Zwang herbeigeführt werden können, muß man sich innerlich vorbereiten, indem man übt, sensibler und intuitiver zu leben. Für diejenigen, die eine starke religiöse Bindung haben, bieten Gebet und Kontemplation ähnliche Möglichkeiten, sich spirituell weiterzuentwikkeln.

Wenn Sie die Anwesenheit eines Verstorbenen spüren, während Sie wach sind, denken Sie daran, daß er oder sie vielleicht versucht, verbal mit Ihnen zu kommunizieren. Setzen Sie sich hin, schließen Sie die Augen, entspannen Sie sich körperlich, atmen Sie ein paarmal tief durch, bitten Sie telepathisch um eine Botschaft und öffnen Sie sich geistig. Denken Sie daran: Es ist auf diese Weise möglich, ganze Gespräche zu führen. Dieselbe Kommunikationstechnik kann auch bei anderen Nachtod-Kontakten im Wachzustand angewandt werden, von Gehörwahrnehmungen bis zu symbolischen Nachtod-Kontakten. Verlassen Sie sich jedoch auf Ihren gesunden Menschenverstand, wenn Sie Informationen oder Ratschläge empfangen, die Ihnen Unbehagen verursachen. Nur weil jemand gestorben ist, bedeutet das nicht, daß er oder sie ein vollständig erleuchtetes und allwissendes Wesen geworden ist.

Durch Meditation merken viele Menschen – gewöhnlich zum ersten Mal –, daß sie eine Identität oder Existenz besitzen, die von ihrem materiellen Körper unabhängig ist. Durch immer tiefere Meditationen entdecken sie häufig, daß sie mehr sind als ihr Körper, mehr als ihre Gefühle und mehr als ihre Gedanken. Nach und nach begreifen sie, daß sie ein zeitloses spirituelles Wesen oder Bewußtsein sind, das sich ihrem bisherigen begrenzten Konzept von der Sterblichkeit des Menschen nicht unterordnet. Ihre neue Wahrnehmung transformiert ihr Leben; statt Mangel und Konkurrenz erleben sie nun Zusammenhang und Fülle.

Seit Menschengedenken fragen sich Männer, Frauen und Kinder: «Wer bin ich? Warum bin ich hier? Und wohin gehe ich?» Zahllose Religionen und Philosophien haben Antworten auf diese Sinnfragen gesucht.

Die meisten Religionen lehren, daß ein rätselhafter, undefinierbarer Teil von uns, gewöhnlich «Geist» oder «Seele» genannt, im Tod unseren Körper verläßt und in einer anderen Dimension weiterexistiert. Nachtod-Kontakte und andere, ähnliche Phänomene legen Zeugnis davon ab, daß jeder Mensch ein spirituelles Wesen ist, das zeitweise einen materiellen Körper «trägt» oder bewohnt. Jeder von uns ist ein Geistwesen oder eine Seele, die einen Körper besitzt, während wir auf der Erde wohnen, um in dieser irdischen Dimension der Wirklichkeit funktionieren zu können. Was wir «Tod» nennen, ist lediglich das endgültige Zurücklassen unseres irdischen Körpers. Das bedeutet: Ich bin nicht ein Körper, der eine Seele hat. Ich bin eine Seele, die einen Körper hat. Menschen sterben demnach nicht, nur der materielle Körper stirbt.

Betrachten wir unseren Körper als «irdischen Anzug». Ohne ihn könnten wir dieses Buch nicht halten, kein Telefongespräch führen und mit der gesamten Welt der physischen Erscheinungen nicht interagieren. Wir würden durch Wände und feste Gegenstände gleiten und wahrscheinlich von niemandem gehört oder gesehen werden. Wir befänden uns, kurz gesagt, in derselben Situation wie ein Verstorbener, der in jeder Hinsicht vollständig ist, nur eben keinen materiellen Körper mehr besitzt.

Unser irdischer Anzug ist für das Leben auf diesem Planeten ebenso notwendig wie ein Raumanzug für Astronauten, die außerhalb ihres Raumschiffs hoch über der Erde Arbeiten verrichten müssen. Unglücklicherweise glauben viele, die ihren Körper ein ganzes Leben lang getragen haben, am Ende: Ich bin mein Körper. Ohne ihn existiere ich nicht mehr.

Ein materieller Körper läßt sich auch mit einem Auto vergleichen, denn beides sind «Vehikel», die wir benutzen, um durch das Leben zu reisen. Einige wenige sind mangelhaft und haben bald eine Panne, während andere von ihren Besitzern nicht gut gepflegt werden, so daß sich ihr Zustand rasch verschlechtert; wieder andere werden durch einen Unfall zerstört. Die meisten Vehikel jedoch brauchen nur regelmäßige Wartung und kleinere Reparaturen. Natürlich werden alle Körper und Autos schließlich älter und müssen abgestoßen werden. Doch wenn dies geschieht, hören weder der Fahrer eines Wagens noch der Besitzer eines Körpers auf zu existieren.

Die meisten von uns – auch diejenigen, die an ein Leben nach dem Tod glauben – benutzen Worte, als wäre dies nicht der Fall. Wir sagen beispielsweise: «Unser Sohn wurde letzte Woche beerdigt» oder «Großmutter wurde vor drei Tagen eingeäschert». Wir erklären: «Mein Vater starb an einer Herzkrankheit» oder «Wenn ich sterbe, möchte ich neben meinem Mann begraben werden».

Doch wenn wir wirklich der Überzeugung sind, daß jeder und jede von uns ein unsterbliches spirituelles Wesen ist, sollten wir begreifen, daß solche Gedanken und Worte vollständig die Tatsache leugnen, daß nur unsere physischen Körper sterben und begraben oder verbrannt werden. Elisabeth Kübler-Ross hat es so formuliert: «Der Tod ist so, als ob wir unseren Wintermantel beim Herannahen des Frühlings weghängten, da wir wissen, daß er schon zu sehr abgetragen ist und wir ihn sowieso nicht mehr anziehen wollen... Unser toter Körper ist nur eine Hülle, die das unsterbliche Selbst umschließt.» Deshalb müssen wir zwischen dem spirituellen Wesen und dem Körper, der gestorben ist, unterscheiden lernen.

Die Wahl unserer Worte ist sehr bedeutsam, weil die Sprache unsere Denkstrukturen und Gefühle verstärkt. Wir würden unseren Glauben an ein Leben nach dem Tod besser vertreten und von anderen leichter verstanden werden, wenn wir bereit wären, uns in einer Sprache auszudrücken, die mit unseren Überzeugungen übereinstimmt. Wir könnten zum Beispiel sagen: «Der Körper unseres Sohnes wurde letzte Woche beerdigt» oder «Großmutters Körper wurde vor drei Tagen eingeäschert». Oder wir könnten uns wünschen: «Wenn ich hinübergehe, möchte ich neben dem Körper meines Mannes begraben werden.»

Solche Formulierungen mögen uns zunächst merkwürdig vorkommen, aber sie spiegeln unseren Glauben an ein Leben nach dem Tod. Auch für kleine Kinder ist eine solche Wortwahl weniger verwirrend als der Satz «Mami ist im Himmel», wenn gleichzeitig die Erwachsenen weinen und sich benehmen, als hätte man die Mutter in Wirklichkeit für alle Ewigkeit in ein Grab gelegt.

Totenwachen, Beerdigungen und Trauerfeiern sind geeignete Rituale, um derer zu gedenken, deren Körper gestorben sind. Sie bieten eine Gelegenheit, ihr Leben zu würdigen und Erinnerungen auszutauschen. Sie sind der richtige Ort und der beste Zeitpunkt, ihren Heimgang zu feiern, während sie selbst auf dem Weg ins Licht sind.

Unsere NTK-Forschung und viele andere Quellen lassen darauf schließen, daß jede und jeder von uns etwas besucht, was wir «Schule des Lebens» nennen könnten. Wissentlich oder nicht sind wir alle gleichzeitig Schüler und Lehrer. Die Klassen sind ungeheuer vielfältig, aber der spirituelle Lehrplan ist im wesentlichen für alle gleich und darauf ausgerichtet, uns zu bedingungsloser Liebe zu führen. Wenn wir einen ausreichenden Grad spiritueller Bewußtheit erlangt haben, verspüren wir automatisch das Bedürfnis, anderen zu dienen. Verführerische materielle Ziele wie Reichtum, Macht, Ruhm und Prestige werden allmählich durch spirituelle Werte wie Liebe, Mitgefühl, Versöhnlichkeit, Toleranz, Lebensbejahung, Großzügigkeit und Frieden ersetzt. Sie mögen bemerkt haben, daß viele spirituell eingestellte Menschen sich entschließen, soziale Berufe zu ergreifen. Menschen, die Sterbeerlebnisse hatten, kümmern sich beispielsweise häufig ehrenamtlich oder von Berufs wegen um Todkranke und Trauernde. Doch die Form ihres Dienstes ist zweitrangig: In erster Linie geht es ihnen darum, anderen die Angst vor dem Tod zu nehmen und sie zu einem glücklicheren Leben zu ermutigen. Natürlich ist nicht die Art der Arbeit von Bedeutung, sondern unsere innere Einstellung dazu.

Menschen mit Sterbeerlebnissen betonen auch immer wieder, wie wichtig es ist, Wissen zu erwerben und anzuwenden, vor allem Selbsterkenntnis und Weisheit. Sie wünschen sich intuitiv mehr Erkenntnisse über die spirituelle Bedeutung des Lebens und die Naturgesetze, die hier herrschen. Manche beginnen sich für Religion zu interessieren, andere befassen sich lieber mit Metaphysik.

Der gemeinsame Nenner aller Suchenden ist folgender: Sie erkennen mehr und mehr, daß die materialistischen Ziele und

Süchte ihrer Kultur wie Salzwasser wirken. Je mehr sie davon trinken, desto durstiger werden sie – weil mehr niemals genug ist. Die Auffassung, daß Besitz und Macht Glück garantieren, wird als leeres Versprechen entlarvt, als Weg, der nur zur spirituellen Verarmung führt. Statt dessen entscheiden sie sich bewußt für die Ideale des spirituellen Weges und trinken das reine, frische Wasser, das Körper, Geist und Seele belebt und letztendlich zu innerem Frieden führt.

Wenn das Leben auf der Erde dazu da ist, uns bedingungslose Liebe und Dienst am Nächsten zu lehren, was ist dann der Tod? Warum sterben manche Kinder so jung, während andere erwachsen werden und viele Jahre leben? Denkbar ist, daß manche Seelen nur wenig Zeit benötigen, um ihre Ausbildung zu vollenden und anderen als Lehrer zu dienen, andere dagegen brauchen viel Zeit und viele Lektionen. Ungeachtet der Zeitspanne, die jemand auf Erden gelebt hat, ist sein Tod eine Art «Abschlußfeier» im Anschluß an das physische Leben und deshalb ein Anlaß zu Freude und Jubel statt zu Kummer. Der folgende Nachtod-Kontakt bestätigt diese Annahme:

Ruthanne, die früher in einer Gesundheitsberatungsstelle arbeitete, berichtete von dem folgenden Erlebnis mit ihrem Onkel:

> Vor seinem Tod war Onkel Frederick bettlägrig wegen seines Emphysems. Er war mein letzter lebender älterer Verwandter, und wir standen uns sehr nahe.
>
> Eines Tages sprachen wir über seinen bevorstehenden Tod, und ich sagte: «Warum bringst du es nicht einfach hinter dich? Deine Frau Adelaide wartet sicher schon auf dich.» Er sagte: «Wirklich? Glaubst du das?» Ich sagte: «Ja. Der Tod ist wie eine Abschlußfeier an der Schule des Lebens.»
>
> Nach seinem Tod ging ich zur Trauerfeier. Ich saß in der dritten Bank, zusammen mit meinen Cousins. Während des Gottesdienstes sah ich zu, wie der Sarg vom Eingang der Kirche nach vorne gerollt wurde.
>
> Ungefähr drei Meter über dem Sarg sah ich Onkel Frederick. Er trug einen schwarzen Talar und ein Barett. Er war froh und glücklich, geradezu ausgelassen! Er sah aus wie im Leben und

schien von innen zu leuchten. Er nahm das Barett ab, schwenkte es und sagte: «Du hast recht! Du hast recht! Es ist genauso, wie du gesagt hast!» Onkel Frederick war ganz der Alte! Er hüpfte auf und ab, was er in seinen jüngeren Jahren sicher getan hätte. Dann sagte er: «Weißt du, daß alle zurückkommen und bei ihrer eigenen Beerdigung zusehen können? Ich bin hier, um dir zu sagen, daß es wirklich so ist!»

Tante Adelaide war rechts neben Onkel Frederick, und die ganze Familie stand hinter ihnen. Ich sah lauter Leute, die ich erkannte – meine Eltern, meine Großeltern und andere Verwandte aus beiden Zweigen meiner Familie. Sie waren nicht transparent, aber ich sah hauptsächlich die Gesichter. Es war wie ein Gruppenbild.

Ich schlug die Hände vors Gesicht, weil ich vor Freude lachen und weinen mußte. Aber alle anderen glaubten, ich schluchze vor Trauer. Meine Cousins sagten: «Oh, Ruthanne, es ist schon gut, es ist schon gut.» Ich hätte gerne gesagt: «Ihr wißt überhaupt nicht, wie gut es ist!» Aber ich konnte mir nicht vorstellen, daß irgend jemand das verstanden hätte.

Wie tröstlich wäre es, wenn alle Menschen ihre «spirituellen Augen und Ohren» offen hielten und ihre verstorbenen Verwandten und Freunde bei der Begrüßung eines kürzlich verstorbenen Familienmitglieds sehen würden. Wie anders würden sie das Leben auf der Erde, den Zweck ihres Daseins und den Tod selbst betrachten, wenn sie diese Dinge aus einem spirituellen Blickwinkel wahrnehmen könnten.

Ruthannes Bericht und viele andere aus unserer Sammlung lassen erkennen, daß Verstorbene offensichtlich durchaus beschließen können, an ihrer eigenen Beerdigung teilzunehmen. Manche wollen vielleicht erfahren, was die Trauernden empfinden und was über sie gesagt wird. Natürlich bietet die Situation ihnen auch die Gelegenheit, die Trauernden zu trösten, indem sie allen versichern, daß sie auch weiterhin existieren.

Stellen Sie sich ihr Glück und ihre Zufriedenheit vor, wenn all die Menschen, mit denen sie bei der Beerdigung Kontakt aufnehmen möchten, für Nachtod-Kontakte prinzipiell offen wären! Wie würden sie sich wohl fühlen, wenn alle sie sehen und hören und ihre Botschaft des Trostes und der Hoffnung empfangen könnten? Sie könnten alle Trauernden davon überzeugen, daß sie geheilt und glücklich sind und eine wunderschöne neue Welt betreten haben, einen Himmel, der von Liebe und Freude erfüllt ist. Die Hinterbliebenen könnten lernen, daß der Tod nur eine vorübergehende Trennung ist und sie später einmal wieder vereint sein werden. Wie bei Ruthanne würden sich ihre Tränen in Lächeln verwandeln, denn sie würden die persönliche Gewißheit erlangen, daß uns alle nach dem Tod ein herrliches neues Leben erwartet.

Manche Menschen, die ein längeres Sterbeerlebnis hatten oder das Jenseits bei einer Reihe von außerkörperlichen Erfahrungen erforschen konnten, berichten, daß es aus einer unbegrenzten Anzahl subtiler Abstufungen oder Ebenen besteht. Diese reichen offenbar von den höchsten, hellsten himmlischen Bereichen, die mit Liebe und Licht erfüllt sind, durch eine mittlere Schicht von graueren, dunkleren Ebenen bis zu den niedrigsten Welten, denen praktisch alles Licht, alle Liebe und emotionale Wärme fehlt.

Diese Bereiche lassen sich als Bewußtseinsebenen oder Ebenen der Liebe deuten. Äußere «Landschaften» entsprechen demnach der spirituellen Wachheit oder Liebesfähigkeit derjenigen, die sich dort aufhalten. Diejenigen, die Gott wahrhaft lieben und anderen dienen wollen, leben auf höheren, helleren Ebenen weiter, in denen eine unbeschreibliche Schönheit herrscht, während diejenigen, die sehr eigensüchtig und ichbezogen sind, sich – zumindest vorübergehend – zu einem Aufenthalt in niedrigeren, dunkleren Regionen verurteilt haben.

Dies ist ein vertikales Modell des spirituellen Lebens nach dem Tod, aber es gibt auch ein horizontales, falls Ihnen das mehr zusagt. Stellen Sie sich den Himmel als einen Mittelpunkt vor, der von einer nahezu unbegrenzten Anzahl konzentrischer Kreise umgeben ist. Wenn Sie sich von innen nach außen bewegen, nehmen Licht und Liebe ab, bis außen nur noch Dunkelheit herrscht.

Menschen mit Sterbeerlebnissen berichten von einer «Rückschau auf das Leben» in Gegenwart eines mitfühlenden, nicht urteilenden Lichtwesens. Sie geben an, daß ihr ganzes Leben in

Bildern vor ihnen ablief, bis ins kleinste Detail, und sie alle Handlungen, Gedanken und Gefühle noch einmal durchleben mußten. Während dieses Vorgangs erkannten sie, daß ihre materiellen Errungenschaften auf der Erde wenig zählten im Vergleich dazu, wie sie andere Menschen behandelt hatten, denn Liebe und Freundlichkeit waren der eigentliche Maßstab, an dem Erfolg und Scheitern in ihrem Leben gemessen wurden. Ihnen wurde auch gezeigt, daß die Zeiten, zu denen sie sich mit echter Anteilnahme und Fürsorge um andere gekümmert hatten, die Augenblicke gewesen waren, die die «Engel zum Singen brachten». Waren sie dagegen unfreundlich gewesen und hatten anderen absichtlich oder unabsichtlich Schaden zugefügt, bekamen sie die Konsequenzen all der Leiden, die sie verursacht hatten, an sich selbst zu spüren. Diese Erkenntnis offenbarte ihnen auf dramatische Weise, daß wir alle miteinander verbunden sind und daß negatives Denken und Handeln eine Kettenreaktion auslöst und dadurch weiteren Personen Schmerz zufügt.

Anscheinend erlebt jeder von uns, mit der möglichen Ausnahme sehr kleiner Kinder, eine solche Rückschau, wenn wir in das Licht eingehen. Wir werden selbst beurteilen, ob wir uns anderen gegenüber liebevoll, unfreundlich oder sogar grausam verhalten haben. Unsere eigenen Gedanken, Gefühle und Handlungen bestimmen anscheinend, welche Existenzebene wir anfangs bewohnen. Wir werden also nach dem Tod weder belohnt noch bestraft. Statt dessen werden wir den Ort aufsuchen, den wir uns durch die Menge an Liebe, Mitgefühl und Freundlichkeit, die sich während unseres irdischen Lebens angesammelt hat, rechtmäßig erworben haben. Da wir alle über einen freien Willen verfügen, können wir uns entscheiden, spirituell «weiterzuschlafen» und Opfer zu bleiben, die allem und jedem die Schuld für die Umstände zuschieben. Oder wir können «aufwachen» und ein Leben in Übereinstimmung mit spirituellen Prinzipien führen. Wenn wir auf der Erde wenig oder nichts gelernt haben, können wir nicht erwarten, daß unser Leben in der spirituellen Dimension grundsätzlich anders verläuft.

In dem vorliegenden Buch haben wir absichtlich das Wort «verstorben» verwendet anstelle von «tot», da letzteres das endgültige Ende einer Existenz impliziert. Wenn Nachtod-Kontakte authentische Kontakte mit verstorbenen Familienangehörigen und Freunden sind, dann sind zweifellos diejenigen, denen wir dabei begegnen, durchaus «lebendig». Ihre Botschaften versichern uns zudem immer und immer wieder, daß das Leben weitergeht. Von dieser Perspektive aus kann man sagen, daß wir alle jetzt schon in der Ewigkeit leben!

Das Leben im physischen Körper hat immer einen Zweck und eine Bedeutung. Es dient uns allen zum spirituellen Lernen, bietet eine Gelegenheit für Veränderung, persönliche Reifung und Transformation. Doch niemand kann behaupten zu wissen, wie die Lektionen der anderen aussehen oder wie erfolgreich ein anderer Mensch seinen spirituellen Weg absolviert. Der Tod ist lediglich das letzte Stadium des physischen Lebens, wenn wir unsere irdische Schule beendet, unseren Körper abgelegt und die Abschlußprüfung absolviert haben. Die Gewißheit, daß es ein Weiterleben gibt, die uns Nachtod-Kontakte, Sterbeerlebnisse und außerkörperliche Erfahrungen liefern, kann dazu beitragen, unsere Angst vor dem Tod zu überwinden, so daß wir das Leben spontan und freudig annehmen können.

Beim Lesen dieses Buches haben Sie sicherlich bemerkt, daß Nachtod-Kontakte wesentlich mehr zu bieten haben als Trost für die Trauernden und Beweise für das Leben nach dem Tod. Sie enthalten zahlreiche Hinweise, wie wir unser Leben sinnvoller und zufriedenstellender gestalten können. Das liegt daran, daß in ihnen immer wieder die Bedeutung der Liebe, vor allem der spirituellen Liebe betont wird.

In unserer komplexen modernen Gesellschaft kann es sehr schwierig sein, alle Menschen «bedingungslos» zu lieben. Aber wir können immerhin versuchen, freundlicher und sanfter miteinander umzugehen. Wenn wir liebevoll und großmütig auf alle zugehen, denen wir begegnen, wird das unser Leben sehr bereichern und dazu beitragen, daß die Welt ein friedlicherer Ort wird.

Der Glaube an die Echtheit von Nachtod-Kontakten zieht immer weitere Kreise und kann potentiell die Welt verändern.

Wenn wir alle wüßten, daß wir ewige spirituelle Wesen sind, die vorübergehend einen materiellen Körper tragen und einen Weg gehen, der uns zur Erleuchtung führen soll – würde dieses Wissen nicht einen starken Einfluß haben auf unser Selbstverständnis und die Art, wie wir andere und das Leben insgesamt betrachten? Eine solche globale Erkenntnis könnte unser gegenseitiges Verständnis fördern und zu mehr Toleranz führen. Wir wüßten, daß wir alle, ohne Ausnahme, Reisende auf dem gleichen heiligen, spirituellen Weg sind. Zweifellos würden wir die anderen Menschen und den Planeten Erde mit größerer Achtung und Ehrfurcht behandeln.

Epilog

Wenn die Erde erst eure Glieder bedeckt, dann werdet ihr tanzen, in Wahrheit.

Khalil Gibran

Wenn Sie dieses Buch mit dem Herzen gelesen haben, werden Sie die Gültigkeit der großen spirituellen Realität erkennen, die jenseits der materiellen Welt existiert. Die Berichte werden Ihnen vertraut vorgekommen sein, als hätten Sie sie schon vorher gekannt. Sie dienen als Fenster zu einer staunenswerten, unbegrenzten Dimension, die Ihre ewige Heimat ist. Von dort aus sind Sie zur Reise in die Schule des Lebens auf der Erde aufgebrochen, und dorthin kehren Sie zurück, wenn Sie Ihre Lektionen gelernt haben.

Wenn Ihre spirituellen Sinne offen sind, können Sie die unendliche Schönheit schauen, die Sie erwartet, und die himmlische Musik hören, die Ihrer Seele wohltun wird. Diese transzendenten Momente der Gnade werden Sie an Ihre Identität erinnern, falls Sie sie gelegentlich vergessen und vom Schillern der materiellen Welt geblendet und von ihrem Getöse betäubt sind.

Es gibt keinen Tod für das spirituelle Wesen, das Sie in Wirklichkeit sind, nur einen Wandel, eine Transformation, wenn Sie Ihren materiellen Körper loslassen. Wie ein unsterblicher Schmetterling, der aus seinem Kokon schlüpft, werden Sie frei sein, um so hoch zu fliegen, wie Sie Ihre Schwingen, Ihr Bewußtsein, tragen. Wenn Sie nach Hause zurückkehren, werden Sie ein Wiedersehen mit geliebten Menschen feiern, die Ihnen vorausgegangen sind, und Sie werden erfahren, was Freude bedeutet.

Die
größte
Macht
des
Universums
ist
die
Liebe.

Literaturverzeichnis

Am weitesten sieht die Möwe, die am höchsten fliegt.
Richard Bach

Bach, Richard: *Die Möwe Jonathan*, Berlin 1987

Bethards, Betty: *There is no Death*, Novato/Kalifornien 1985

Cicero, Marcus Tullius: *Über die Wahrsagung*, hrsg. v. Christoph Schäublin, Darmstadt 1991

Egan, Eileen und Egan, Kathleen: *Blessed Are You – Mother Teresa and the Beatitudes*, Ann Arbor/Michigan 1992

Elliott, William: *Tying Rocks to Clouds – Meetings and Conversations with Wise and Spiritual People,* Wheaton/Illinois 1995

Gibran, Khalil: *Der Prophet*, Olten 1995

Graham, Billy: *Hoffnung, die beflügelt*, Neuhausen 1993

Greaves, Helen: *Zeugnis des Lichts. Ein Erfahrungsbericht vom Leben nach dem Tod*, Weinheim 1982

Jung, C. G.: *Erinnerungen, Träume, Gedanken*, hrsg. v. Aniela Jaffé, Olten/Freiburg 1986

Keller, Helen: *Mein Weg aus dem Dunkel*, Bern 1994

Kübler-Ross, Elisabeth: *Über den Tod und das Leben danach*, Melsbach/Neuwied 1984

Kübler-Ross, Elisabeth: *Life, Death and Transition.* Tonbandaufnahme eines Vortrags vom Juli 1976

Levine, Stephen: *Wer stirbt? Wege durch den Tod,* Bielefeld 1995

Marshall, Catherine: *Der Helfer*, Erzhausen 1992

Moody, Raymond: *Leben nach dem Tod*, Reinbek 1975

Paulus, Trina: *Hoffnung für die Blumen*, Interlaken 1990

Peale, Norman Vincent: «The Glorious Message of Easter», in: *Plus – The Magazine of Positive Thinking*, Pawling/New York, März 1994

Puryear, Anne: *Stephen Lives! His Life, Suicide, and Afterlife*, Scottsdale/Arizona 1992

Robinson, Jonathan: *Bridges to Heaven – How Well-Known Seekers Define and Deepen Their Connection with God*, Walpole/New Hampshire 1994

Russell, Robert: *Dry Those Tears*, Marina del Rey/Kalifornien 1951

Taylor, Susan: *In The Spirit*, New York 1993

Weatherhead, Leslie: *Life Begins at Death*, Birmingham 1969

White Eagle: *Wunder des Lichtes*, Grafing 1992

Woodson, Meg: *If I Die at Thirty*, Grand Rapids/Michigan 1975

Yogananda, Paramahansa: *Wo Licht ist. Den Herausforderungen des Lebens begegnen. Einsichten und Inspirationen*, Bern/München/Wien 1996

Danksagung

Trost aus dem Jenseits ist zustande gekommen durch das Engagement und die Unterstützung mehrerer tausend Menschen. Den Erfolg unserer Umfrage und die Existenz dieses Buches verdanken wir ihrer Mithilfe bei unserem NTK-Projekt. Der größte Dank gebührt den 2.000 Männern, Frauen und Kindern, die uns ihre geheimsten – und oft als heilig empfundenen – Erlebnisse mitteilten. Ihr Mut, ihr Vertrauen und ihr Glaube an die Bedeutung von Nachtod-Kontakten erhellen jede Seite dieses Buches.

Wir danken besonders Reverend Simon Stephens, Iris und Joe Lawley, Paula und Arnold Shamres, Theresa Goodrich, Susan Salisbury-Richards und Hunderten von amerikanischen und kanadischen Mitgliedern der *Compassionate Friends* für all das, was sie uns über bedingungslose Liebe und ihren Stellenwert in der Trauerarbeit gelehrt haben.

Viele Einzelpersonen und Organisationen haben uns Mut gemacht und uns den Kontakt zu Betroffenen ermöglicht; zu ihnen gehören Molly Folken, Sally Kopke, James Monahan, Kathleen Moore, Shirley Scott, Darcie Sims und Edie Stark von der *Association for Death Education and Counseling*; Henry Reed, Douglas Richards und Mark Thurston von *ARE*; Andrea Gambill von der Zeitschrift *Bereavement*; Rosalind McKnight vom *Creative Living Institute*; Phyllis Atwater, Nancy Evans Bush, Maggie Callanan, Valerie und Marty Chandler, Mally Cox-Chapman, Pat Fenske, Bruce Greyson, Bruce Horacek, Bonnie Lindstrom, Raymond Moody, Melvin Morse, Peggy Raso, Leon Rhodes, Kenneth Ring, Kimberly Clark Sharp, Jayne Smith und Harold Widdison von *IANDS*; Shirley Enebrad, *KOMO-TV*; Sheryle Baker, *The Life Center*; Anne und Herbert Puryear, *The Logos Center*; Janice Lord von *Mothers Against Drunk Driving*, die *National Hospice Organisation*; Nancy Ruhe, *Parents of Murdered Children*, Bill Roll, *PSI*; Linda und Al Vigil von *Sharing and Healing*; Paul Fenske und Kenneth Hurst, *SFFI* und der *Widowed Persons Service*, ein Programm der *American Association of Retired Persons*.

Unser Dank gilt auch den Journalisten, die in ihren Zeitungen Artikel über unser Forschungsthema veröffentlichten – Elaine Jarvik, *Deseret News*; Elizabeth Rhodes, *The Seattle Times* und Harry Wessel, *The Orlando Sentinel* –, sowie den vielen Menschen, die ihren Angehörigen, Freunden und Selbsthilfegruppen von unserer Arbeit berichteten, denn sie waren unsere beste Quelle für zusätzliche Befragungen.

Auch unseren Interviewerinnen Donna Bishop, Roberta Carson, Gean Peterson, Diane Silkey und Christina Strickland sowie unserer ersten Transkribentin Connie Johnson möchten wir herzlich danken. Unser guter Engel Carole Newman war uns als Interviewerin, Transkribentin, Redakteurin und unermüdliche Mitarbeiterin unentbehrlich. Unserem Sohn Will danken wir dafür, daß er uns sein Computerwissen zur Verfügung gestellt hat.

Bei den ersten Lesern des Manuskripts möchten wir uns für ihre zahlreichen Ideen und Anregungen bedanken: John Audette, Kathy und Jap Becker, Kay und Dick Boza, Kay und Virgil Bryant, Jerry Calder, Debra Davis, David Engle, Paul Fransella, Renate und Jerry Glenn, Lily Kang, Sharon und Gary Kramer, Torie Lane, Wayne Loder, Ralph Losey, Pat Maddox, Mineda McCleave, Kathleen Moore, Robin Moore, Brian Perks, Gail Ross, Tom Saunders, Shirley Scott, Michael Smith, Steve Spector und Merton Stromen. Auch die Verbesserungsvorschläge, die unsere Lektoren Donna French und Donald Pharr einbrachten, haben wir gerne aufgenommen.

Zuletzt danken wir ganz besonders Stephanie Guggenheim und Dennis Neal, unseren beiden jüngeren Söhnen Chris und Jon und Bills Töchtern Maire und Janet für ihre Liebe und emotionale Unterstützung. Da das auf zwei Jahre angesetzte Projekt insgesamt sieben Jahre in Anspruch nahm, brachten sie diesem Buch immer wieder neue Opfer. Danke!

Bill und Judy Guggenheim